Krieg, Tod und Leid

DOLOMITEN

BIBLIOGRAFISCHE INFORMATION DER DEUTSCHEN NATIONALBIBLIOTHEK
Die Deutsche Nationalbibliothek verzeichnet diese Publikation in der Deutschen Nationalbibliografie; detaillierte bibliografische Daten sind im Internet abrufbar: http://dnb.d-nb.de

2017 · Fünfte Auflage

Lektorat: Maria Mutschlechner, Barbara Pahl
Design & Layout: Wachtler KG, Innichen
Druck: Athesia Druck, Bozen

ISBN 978-88-8266-999-7

www.athesia-tappeiner.com
buchverlag@athesia.it

Michael Wachtler · Paolo Giacomel · Günther Obwegs

Krieg, Tod und Leid
DOLOMITEN

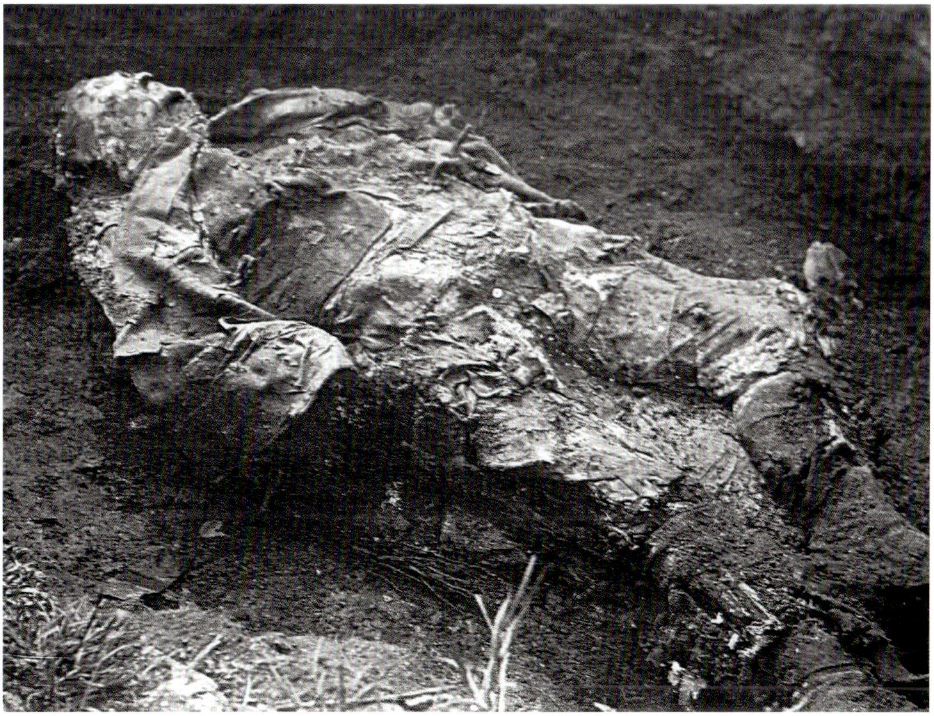

ATHESIA VERLAG

Der Krieg hat die Tendenz,
zum Äußersten zu schreiten.

Carl von Clausewitz

Inhalt

Bilder der Liebe vom Krieg

Archivio Sorelle Apollonio

Dies ist ein wichtiges Kapitel dieses Buches, vielleicht das wichtigste. Es birgt einen Appell und eine Botschaft. Die Bücher des Krieges erzählen immer von großen Schlachten, von Frontverläufen, von modernster Vernichtungstechnik und von erbitterten Kämpfen. Wir wollen mit einem Traum beginnen, der sich in Wirklichkeit ereignet hat: Als Menschen aufeinander zugingen und inmitten harter Kämpfe Frieden feierten. Ungeachtet der Tatsache, dass sie damit ihr Leben riskierten und wegen Hochverrat angeklagt werden konnten. Wir haben auf diesen Seiten nicht konstruiert, was wir spätere Generationen uns gewünscht hätten, nein, wir wollten Belege und Zeugnisse für einen anderen Kampf finden: Das Ringen um ein bisschen Frieden. Wir taten es mit den bemerkenswertesten Zeilen und den aussagekräftigsten Bildern dieser Front. Wie hier mit dem Bild dieser betenden Ampezzaner Frauen am italienischen Soldatenfriedhof »Aquile delle Tofane« (Adler der Tofane) bei Cortina.

Archivio Arch. Fabio Ortolani – Zeichnung C. Benesch

Zwei durch Rotkreuzbinden gekennzeichnete Sanitäter der Landesschützen helfen einigen am Boden liegenden verwundeten Italienern. Gerade diese Gesten der gegenseitigen Hilfsbereitschaft gehören zum Ergreifendsten des Krieges.

Von den guten Herzen

»Heute, zum Auferstehungsfest, hat Gott uns armen Soldaten an der Front einige Stunden des lang ersehnten Friedens gebracht. Allmählich ließ am Morgen das Gefechtsfeuer immer mehr nach – gegen neun Uhr hört man nicht einen Schuss mehr. Wir sehen weiße Fahnen auf der Seite des Feindes. Und einige kommen von den Felsen herüber zu uns. Auch wir machen Gleiches und gehen ihnen entgegen. Wir treffen uns und reichen uns freundschaftlich die Hände, wobei wir Tabak, Zigaretten und Brot austauschen. So wandern wir gemeinsam einige Stunden lang durch die Landschaft, die für uns zu einem Paradies auf Erden geworden ist. Doch oje, schon hören wir den Schuss einer Kanone, welche sowohl von einer Seite wie auch von der anderen in die Luft geschossen wird. Das ist das Signal der Trennung. Wir verlassen uns traurig im Wissen, dass wir ab nun wieder Feinde sind.«

Wir wissen heute nicht mehr, wer diesen Brief schrieb und wen er hätte erreichen sollen. Er kam von der italienisch-österreichischen Front und ging nach Katzenau, einem der großen Internierungslager der Österreicher. Wahrscheinlich war es ein mit den k.u.k. Truppen kämpfender Ladiner, der in fehlerhaftem

Archivio Arch. Fabio Ortolani

Wer hätte bis Sommer 1914 geglaubt, dass dieses einzigartige Gebiet, die Dolomiten, zum Kampfherd werden würden? Malerisch liegt der Misurina-See in dieser Ansichtskarte um 1900 da.

Italienisch diesen in die Tiefe gehenden Brief schrieb. Der Soldat kritzelte diese wenigen Zeilen nieder, obwohl er wusste, dass sie durch die Zensur mussten und dadurch keine noch so geringe Möglichkeit hatten, den Empfänger zu erreichen. Der einfältige Schreiber riskierte sogar eine schwere Strafe, denn auf solche Verbrüderungen standen harte Strafen bis hin zum Tod durch Erschießen.

Dieser Brief zeigt besonders eindrucksvoll, dass das sogenannte einfache Volk, die nummernlose Masse, immer schon anders dachte als seine Führer. Keiner hat dies so eindringlich und vielleicht auch so ausgewogen dargestellt wie Leo Spitzer in seinem 1921 erschienenen und heute fast verschollenen Buch »Italienische Kriegsgefangenenbriefe.« Leo Spitzer, einer der größten Romanisten des 20. Jahrhunderts, geboren 1887 in Wien, Jude, durchläuft als Sprachgenie in horrendem Tempo die Schulen. Schon mit 23 ist er Doktor, spricht perfekt eine Vielzahl von romanischen Sprachen, darunter auch Italienisch mit seinen Unterdialekten, was ihn während des Ersten Weltkrieges in eine leitende Stelle der k.u.k. Zensurbehörde bringt. Aber er ist vor allen Dingen Wissenschaftler, der sich nicht damit zufrieden gibt, bloß die Briefe auszusortieren. Er will in die Psyche der Internierten und Gefangenen, aber auch der schreibenden Familienangehörigen eindringen, und das mit einem Grundwissen wie kein anderer. »... bei dem gelegentlichen Tageseinlauf von 100.000 ital. Korrespondenzstücken«, womit er seine umfangreiche Arbeit charakterisiert, ist er nicht imstande, alles zu sehen, aber mit sicherer Hand wählt er jene aus, die am aussagekräftigsten den Krieg charakterisieren. Spitzer kopiert die Briefe, mit all den orthographischen Fehlern, und deutet sie – jene der italienischen Kriegsgefangenen, aber auch jene der italienisch- und ladinischsprachigen Reichsösterreicher. Durch seine Hände gehen die Briefe der besorgten Frau aus Cortina d'Ampezzo, die an ihren internierten Mann in Katzenau schreibt, gleich

Wiener Illustrierte Zeitung

Knapp hinter einer Tiroler Stellung nimmt dieser Kaiserjäger die Beichte entgegen.

wie der Brief des in Russland gefangenen Soldaten aus dem Gadertal. Irredentisten und italienische Deserteure sind darunter, wie auch einfache in Gefangenschaft geratene Soldaten, die lediglich ihren besorgten Angehörigen ein paar Zeilen schreiben wollen. So wird Leo Spitzer zur letzten Instanz; er kann Dokumente veröffentlichen, unabhängig davon, ob sie die Zensur passiert haben oder nicht. Und er setzt alles daran, um die Psyche des Krieges sowie den Seelenzustand der Soldaten und

Archivio Arch. Fabio Ortolani

»Der Retter«. Ein italienischer Alpinisoldat, erkennbar an seinem Hut, ist über eine Felswand heruntergestürzt, ein österreichischer Sanitäter leistet ihm die erste Hilfe.

der im Hinterland leidenden Menschen zu eruieren.

Leo Spitzer, der Jude, dessen abenteuerlicher Lebensweg in der Folge von Höhen und Tiefen geprägt sein wird. Denn das Genie Spitzer muss lange auf eine Professur warten, trotz exzellenter Kritiken. Marburg und Köln sind seine Stationen, doch schon im Jahr 1933 wird er entlassen und flüchtet sich noch rechtzeitig vor Hitlers Schergen in die Türkei. Was ihn nicht hindern soll, öffentlich bekannt zu geben, dass jeder Mensch in seinem Leben ein Buch mit dem Titel »Mein Kampf« schreiben sollte, als innere Seelenreinigung. Drei Jahre später emigriert er, hin und her gerissen zwischen Ehefrau und Geliebter, in die Vereinigten Staaten, wo das sprachliche Multitalent genauso schnell Fuß fasst wie überall. Als er 1960 dort stirbt, gehört er zu den größten Romanisten dieses Jahrhunderts, wobei er auf eine Unzahl von bahnbrechenden Veröffentlichungen zurückblicken kann.

Die anfangs als Blitzkrieg gedachte Strafaktion gegen Serbien hat sich zum größten Krieg aller Zeiten ausgeweitet. Zögerlich beginnt man Wege zu suchen, um einen Frieden zu erreichen, ohne das Gesicht zu verlieren. Doch es blieben alles nur tollpatschige und clowneske Versuche, die eher noch dazu beitragen, sich und die anderen der Lächerlichkeit preiszugeben.

Doch Spitzer ist bei weitem nicht der einzige, dem das »kleine bisschen Frieden im Krieg« so am Herzen liegt. Immer wieder tauchen auch heute noch entsprechende private Dokumente auf, doch sie werden im Wust der Frontbeschreibungen, Angriffe, Sprengungen und der immer noch an-

Raccolta Paolo Giacomel

Cortina d'Ampezzo, 1915. »Pace« – »Frieden« steht auf einem von einem Friedensengel gehaltenen Schild. Der Krieg in Galizien tobt mit Härte und trotzdem hoffen die einfachen Menschen auf Frieden. Und sie ahnen nicht, dass sie selbst bald schon inmitten des Kampfgebietes sein werden.

Archivio Arch. Fabio Ortolani

Das Weihnachtsfest wird gefeiert. Für die schon Monate im Felde kämpfenden Truppen ist es ein bewegender Augenblick, in dem die Sehnsucht nach Frieden wie nie sonst zum Vorschein tritt.

dauernden Streitigkeiten über Schuld und Nichtschuld der einen oder anderen Kriegspartei kaum beachtet. Doch legen gerade sie Zeugnis ab von den wahren Helden des Krieges. Menschen, die eine Seele und Empfindungen für ihren Nächsten besaßen.

Haltet zu Weihnachten Frieden

Denn hoch oben in den Bergen begannen sich kleine herzerwärmende Szenen voller Solidarität und Menschenliebe abzuspielen, die auch deswegen so hoch einzuschätzen sind, weil bei einem Verrat jeder mit dem Tode durch Erschießen zu rechnen hatte. Hier trafen die wahren Helden des Krieges zusammen, die uns in der Regel heute unbekannt sind; hier vollführten sie Taten im Kleinen, die vielleicht manchmal nur einige Stunden dauerten, die aber manch einem das Leben retteten und die wir auch heute noch nicht genug würdigen können. An hohen kirchlichen Feiertagen wie Ostern oder Weihnachten galt es als ungeschriebenes Gesetz, keine Kampfhandlungen stattfinden zu lassen. So prangten schon vor den Weihnachtsfeiertagen »im waldreichen Gebiet des Kreuzbergpasses an einigen Bäumen Anschläge der Italiener mit den Worten: »Haltet zu Weihnachten Frieden! Wir werden auch nicht schießen.« Und gerade die Höhenstellungen der Berge, wo manchmal die feindlichen Parteien ihre Stellungen bis auf wenige Meter herangebaut hatten, waren im Winter – so eigenartig es klingen mag – sicherer als andere. Sie lagen außerhalb der Reichweite des Artilleriebeschusses. Ein einlullender Winterschlaf vermischte sich dann schnell zu einem friedlichen Beieinander. Es gab zwar Einzelfälle der Unmenschlichkeit, wenn besonders verbrecherische Kommandanten dieses friedliche Zusammenleben zu zerstören begannen, die Achtung der Soldaten erkämpften sich diese aber niemals.

An der Tofana de Inze (Tofana III) liefen auf 2.190 m Meereshöhe an ei-

Archivio Arch. Fabio Ortolani – foto A. De Marinis

Ein in Gedanken versunkener italienischer Soldat, ohne Gewehr, nur mit einem Alpenstock ausgerüstet, schaut verträumt vom Nuvolau in Richtung Tofana, Castelletto und Col Dei Bois.

nem Punkt, Orte de Tofane genannt, die Schützengräben der Italiener wie auch der Österreicher in wenigen Metern Entfernung aneinander vorbei. Und hier kam es gleich wie am Monte Piana zu Verbrüderungsszenen, die, unter den einfachen Soldaten erzählt, mit Bedacht niemals bis zu den Offizieren vordrangen. Gemeinsam sollen beide verfeindeten Parteien dort die Bäume gefällt haben, um das nötige Brennholz für den Winter zu erhalten. Die Hälfte des Baumes erhielten die Italiener, die andere Hälfte die Österreicher. Es wurde brüderlich geteilt. Brot und Zigaretten, Tabak und Obst wurden ausgetauscht, jeder erhielt vom anderen seine traditionellen Spezialitäten. Die Ladiner, die hier vor allem an der Front standen, waren des Italienischen gut mächtig, und so bahnten sich Freundschaften an, die selten niedergeschrieben, aber im Laufe der Zeit weitererzählt wurden, bis wir oft nicht mehr wissen, ob sie der Wirklichkeit entsprachen oder nur den Träumen der Soldaten.

Leider! Bilder von diesen Augenblicken richtiger Menschenwürde kann es nicht geben, denn hätte es dieses Kriegsfoto gegeben, das auch dazu beitragen könnte, zukünftige Kriege zu vermeiden, es wäre nie erschienen. Man hätte es vernichtet und den Autor verdammt. Wie viel leichter ist es, Fotos, sehr oft auch gestellte, von Geschützen, von vor Waffen strotzenden Menschengruppen zu machen, und wie schwer ist es, die Augenblicke des Friedens im Krieg darzustellen.

Archivio Loris Lancedelli – Foto A. Piersanti

Tiroler Soldatenzeitung (2)

Schon einige Tage später sollten die Orte de Tofana den Italienern entrissen werden. Am 28. August 1917 bereiteten Geschütze vom Valòn Blanco den Angriff vor, während an der Tofana selbst vier Plotone des Landsturms und der Standschützen die Tofana durch einen Geniestreich nehmen sollten. Mittels gewagter Seilmanöver kletterten die österreichischen Soldaten an den senkrechten Wänden hoch, und sehr schnell überraschten die Österreicher die völlig verdutzten italienischen Soldaten. Mit kleinen Flammenwerfern wurden diese immer weiter zurückgedrängt, bis sie sich schließlich ergaben. Der Angriff schien von Erfolg gekrönt zu sein, hätte nicht ein österreichischer Fähnrich auf der anderen Seite den Zeitplan nicht eingehalten, sodass die ihres Sieges schon sicheren Landsturmtruppen, wohl auch durch den nun einsetzenden Beschuss durch die italienische Artillerie, zum Zurückweichen gezwungen wurden. Am Ende zählten die Italiener 26 gefangene Soldaten mit einem Offizier, zudem blieben sieben tote Österreicher und an die 60 Verletzte zurück, welche erst in gefährlichen und mühseligen Abseilmanövern aus den steilen Wänden gerettet werden konnten.

Mutter weine nicht, Vater wird wiederkommen

Der Krieg spielte sich nicht nur an der Front ab, und der Krieg involvierte nicht nur die Männer. Gerade im Krieg wirken

Ganz links: Zwei Soldaten an der Endstation der Seilbahn nach Forcella Averàu zusammen mit einem Hund und einer Katze. Im Vordergrund lehnen eine Gitarre und eine Mandoline. Ein Bild aussagekräftiger Idylle. Das Frontorchester: Musik verschönert manche Augenblicke der Ruhe. Dabei spielt es keine Rolle ob es sich um richtige Instrumente handelt, oder ob um Kriegswaffen, die für friedliche Zwecke umfunktioniert werden. Oben: Der 63-jährige Standschütze Johann Alenberger aus Untermais mit seiner Frau und den Urenkeln. Sein einziger Sohn Alois ist in Galizien gefallen.

die Gedanken und die Briefe der Frauen viel natürlicher und für uns, die diese in Friedenszeiten analysieren, leichter verständlich. Es sind die Männer, die Kriege führen und an der Front – ob sie wollen oder nicht – zu Bestien werden. Die Briefe der Soldaten werden nach Strich und Faden der Zensur unterworfen und schon der Gedanke daran trägt dazu bei, dass vielfach nur Banales und Unnatürliches mitgeteilt werden kann. Die Empfindungen der Frauen, Mütter und Ehegattinnen, aber werden kaum von den strengen Augen der Zensoren beanstandet. Sie erzählen zumeist von den Kindern und der Heimat. So wirken die Briefe der Frauen erschütternd, wie ihnen das erste Lallen und die ersten Worte der aufwachsenden Kinder wichtig vorkommen, während ihre Männer an der Front um Leben und Tod kämpfen. Und doch ergeben sie gegenübergestellt ein Bild, das zum Nachdenken anregt und vielleicht auch zukünftigen Generationen weiterhilft. So schreibt eine Frau aus Malè im Trentino an ihren gefangen genommenen Mann, dass ihr Kind jeden Tag zu ihr sage: »Mamma weine nicht, unser Vater wird wiederkommen.« Der kleine Nachwuchs macht ihr so neuen Mut. Und eine Ladinerin, welche in Stegen bei Bruneck eine leidliche Unterkunft gefunden hat, schreibt stolz an ihren in Russland gefangenen Mann. »... mein Kind tröstet mich, wo es nur kann. Ich kann Dir gar nicht beschreiben, wie lebendig es ist. Ich habe noch nie einen kleinen Balg mit 9 Mona-

Archivio Arch. Fabio Ortolani

»Frohe Weihnachten« steht sowohl auf dem Abzeichen als auch auf dem Bajonettmesser. Ein Kaiserjäger hat es sich kunstvoll eingraviert. Wahrscheinlich fiel er kurz später im Kampf und das Messer geriet in die Hand eines italienischen Soldaten, der es sich als Erinnerungsstück aufbewahrte.

ten gesehen, der nicht einmal eine Minute ruhig bleiben kann.«

Gerade das gemeinsame Kind verändert vieles. Die Mütter sind hin und her gerissen und nun selbst gezwungen, die Rolle des Familienoberhauptes zu übernehmen. Trotzdem weihen sie die Väter im Krieg in die banalsten Dinge mit ein. Dass sie alleine einen Paten gesucht haben, alleine taufen, alleine entscheiden müssen. Dazu noch die kleinsten Dinge der Feldarbeit und des alltäglichen Lebens. Trotzdem tun sie alles, um die Rolle des Vaters, des Erzeugers der Kinder, des Familienoberhauptes nicht zurückzusetzen, sie versuchen ihn sogar wichtig zu machen.

Gott steht über allem. Auch in den noch so kleinen Dingen wie der Feldarbeit zieht man ihn zu Rate. Und manchmal klingen die Sätze in all ihrer Tragik so humorvoll, dass man sie einer Komödie zurechnen könnte, herrschte nicht grausamer und wirklicher Krieg. So schreibt eine Tiroler Frau an ihren Mann an der Front: »Im Namen Gottes und der Jungfrau Maria, das ist der zweite Brief, den ich an Dich richte. Lieber S. unseren neun Kindern geht es gut … Liebster Gatte, da ich nun Familienoberhaupt bin, hast Du ein Anrecht zu erfahren, was geschäftlich zu Hause läuft. Also, am 27. Juli habe ich die kleine Kreatur zur Welt gebracht, ein Mädchen, Paten sind M. genannt P. und mein Bruder L. Darüber hinaus habe ich noch ein Kälbchen aus Not verkaufen müssen.« Die Frau schließt den Brief, indem sie noch penibel die Ernteergebnisse des Jahres auflistet.

Der Horizont der einfachen Bergbewohner reicht bis hin zu seinen Kühen, Schafen, Ziegen und Wäldern und in vielen Briefen geht es um nichts Anderes. Aus all der Tragik wächst hier plötzlich von der Frauenseite etwas Großartiges hervor. So wird der Mann zum zweiten Glied. Im Krieg herrscht das Matriarchat. Während die Männer sich zerfleischen, regieren daheim die Frauen. So schreibt ein Ladiner aus Innsbruck ungläubig an seine Frau nach Pieve di Livinalongo: »Du musst mir wirklich erzählen, wie Du es geschafft hast, die Felder zu beackern.« Es stellt für ihn ein großes Rätsel dar, wie sie es bloß schaffe, die Kühe auf die Bergwiesen zu

Tiroler Soldatenzeitung

Zum Weihnachtsfest ruhten meist die Waffen auf beiden Seiten. Man versuchte das Fest so zu feiern, als ob man es zu Hause gefeiert hätte. Doch meist erdrückten die Erinnerungen an die Lieben zu Hause jede weihnachtliche Stimmung. Österreichische Offiziere bei einer Weihnachtsfeier in einem Unterstand in den Dolomiten.

treiben und die störrischen Ziegen unter Kontrolle zu halten.

Es gab den von den Generälen und obersten Kommandanten geführten Krieg. Sie gewannen die großen Schlachten. Und es gab die Menschen überall und jenseits aller Grenzen, an der Front, in den Dörfern, in den Städten, die anders dachten. Dieses Denken fernab der Kriegstaktik nahm manchmal so skurrile Züge an, dass es erheiternd wirken kann. Denn man darf nicht vergessen, Kriege werden von Menschen geführt, mit ihren Gefühlen und einer Seele. Und so kam es immer wieder zu, von der obersten Heeresleitung als »unmöglich« und »strafbar« dargestellten, Verbrüderungsszenen auf allen Seiten der Front und manchmal in den unglaublichsten Augenblicken.

Bringe eine schöne Österreicherin mit nach Hause

So forderte eine sardische Mutter aus Sassari ihren kriegsgefangenen Sohn sogar auf: »... ich flehe dich inbrünstig an, bringe mir sicher bei deiner Rückkehr eine schöne Österreicherin mit nach Hause. Verstanden!« Sie glaubte wirklich daran, dass der Krieg von den Politikern geführt wurde und es unten eine Masse gab, die eigentlich nichts gegen den anderen hatte. Liebesverhältnisse waren in der Tat gar nicht so selten, sie wurden aber um so schneller zum Schweigen gebracht.

Ein anderer Kriegsgefangener teilte seinem Vater in Aversa (Provinz Caserta) mit: »Schicke mir ein Paar hocheleganter Schuhe, zwei allerfeinste Taschentücher,

Archivio Arch. Fabio Ortolani – foto A. De Marinis

Auf beiden Seiten der Front riefen Feldgeistliche die Soldaten auf, sich für das Vaterland zu opfern. Italienische Soldaten bei einer Feldmesse, gehalten von Don Pietro Zangrando, Kaplan des 7. Reggimento Alpini Belluno am Nuvolau bei Cortina.

zwei Paar Handschuhe … Du musst wissen, dass sich Dein Sohn A. offiziell mit der Tochter des Arbeitsherrn, der Millionär ist, verlobt hat.« Er hatte das Glück des Lebens gefunden, das ihm niemand mehr streitig machen durfte.

Es handelt sich um Einzelschicksale und doch verweben sie sich zu einem Ganzen.

Wir hoffen, dass die Kriegstrommeln Frieden verkünden

Sehr selten gelingt es sogar einem Soldaten, in diesem Fall wahrscheinlich einem in den Dolomiten kämpfenden Ampezzaner, all sein Leben in einem einzigen Brief zu komprimieren. »Mit diesen zwei Zeilen fasse ich Dir all mein Leben zusammen … Ihr wisst nicht, dass ich mich in einer tiefen Höhle befinde, dass ich, um diese Zeilen zu schreiben, eine Laterne benützen muss … am Tage besteht meine Arbeit darin, zu essen, zu rauchen und Kartoffeln zu kochen, nachts aber mache ich alles durch, was für einen Soldaten eine Tortur darstellt. Ich muss die Italiener bewachen, dass sie nicht über den Berg kommen. Wenn sie mich sehen, schießen sie Dundun auf mich, und wenn eine Kugel mich trifft, dann liege ich für immer waagrecht am Boden. Ich muss Gott danken, dass dies bis jetzt nicht der Fall war. … Wir hoffen mit ganzem Herzen, dass eines Tages die Kriegstrommeln Frieden verkünden. Wir werden von großen Mänteln geschützt, die wie die Vögel vereist

Tiroler Soldatenzeitung

Standschützen beim Empfang der Heiligen Kommunion. Fast jede Standschützenkompanie hatte einen Feldkuraten. Dieser stand den Alten und Jungen oft wie ein Vater zur Seite, wenn sie vom Heimweh bedrängt wurden.

sind und ich kann nicht mehr die Stunde abwarten, Dir die Hand zu geben, um dich zu küssen.« Kürzer kann man wohl nicht den Krieg und diese Sehnsucht nach einem klein wenig Frieden beschreiben.

Auch dies blieb nur eine kleine Episode im Krieg mit all seinen Schlachten, und je länger er andauerte, je härter gekämpft wurde, je mehr Tote er forderte, desto mehr glaubte man an ein Wunder, das dieses Abschlachten beenden könnte. Und je mehr Menschen daran glaubten, desto sicherer hoffte man, dass es eintreten müsste.

Am 10. Mai 1917 schrieb eine Frau aus Tiovio in der Provinz Pavia voll Freude an ihren in Mauthausen internierten Mann: »Wenn Du wüsstest, welches Wunder sich in Casorate in der Via San Protasio ereignet hat! Eine Henne legte ein Ei, in dessen Innern geschrieben steht: 1917, 26. Mai Frieden. Lache mich nicht aus, denn es ist die reine Wahrheit. Alle laufen hin, um es zu sehen.«

Vieles aus dieser Zeit mag heute lächerlich erscheinen, für die damaligen Menschen aber bedeutete jede noch so kleine Änderung im grausamen Trott, jede hoffnungsvolle Nachricht ein Aufkeimen des Lebensmutes, der half, wieder einige Wochen der Leiden und der Gefahren zu überbrücken. Jedes noch so kleines Anzeichen eines Friedens erweckte Hoffnung und Begeisterung, fernab der hohen Generäle und jener, die den Krieg wollten. Und war es auch nur eine im Traum erschie-

Archivio Arch. Fabio Ortolani

Eine italienische Weihnachtspostkarte voll von Ironie. Alpini-Soldaten lesen Briefe, während im Hintergrund ein Wahrsager einem die Zukunft prophezeit.

nene Mutter Gottes oder ein sprechender Christus.

Don Isidoro Alverà, Feldkurat beim Standschützenbataillon Enneberg, war bekannt für seine Hilfsbereitschaft, seinen Großmut und sein Pflichtbewusstsein. Geboren 1884 in der Nähe von Alverá, einem Ortsteil von Cortina, fühlte er sich schnell zum Priester berufen. Er war Ladiner durch und durch, tat in Campill im Gadertal seinen Dienst, bis der Krieg ausbrach und er sich zu – in seinen Augen – höherer Gottes- und Nächstenliebe berufen fühlte. So sorgte er sich im Gebiet des Col di Lana und am Siefsattel ab nun um seine kriegerischen Seelen.

Am Sonntag, 24. Oktober 1915, nach der sonntäglichen Messe, teilt man ihm mit, dass man einige italienische Gefangene gemacht habe. Er ruft sie in sein Lager und gibt ihnen zu essen. Sie berichten ihm, dass weiter unten ein weiterer Verletzter liege. Mit einigen Kameraden bricht Don Alverà auf, diesen Armseligen zu bergen. Sie finden ihn, er gibt sich als Emilio Barboi, Infanterist des 81. Brigaderegiments Torino, zu erkennen. Ein Schuss hat ihm den Oberschenkelknochen durchschlagen. Unter schwierigen Umständen bringen sie ihn auf einer notdürftigen Trage in die Höhe, während ein Arzt ihn notdürftig versorgt. Doch nun erfährt der Feldkurat, dass weiter unten noch ein Schwerverletzter liege. Er würgt noch einmal in aller Eile sein Essen hinunter und bricht mit drei seiner Kollegen auf. Im Nebel verliert er sie und wie er sowohl nach dem Verletzten, als auch nach seinen Kameraden sucht, wird er plötzlich von zwanzig italienischen Soldaten umzingelt.

»Ich erschrak und gleichfalls auch die anderen. Ich fragte nach dem Verletzten und auch danach, ob sie getroffen worden seien.« Don Alverà ist zu gutgläubig, denn sehr schnell wird ihm der Ernst der Lage klar gemacht. Sie befehlen ihm sich hinzulegen, andernfalls würden sie ihn erschießen. Er versucht sich noch einmal zu befreien, doch die anderen sind stärker. Ab nun ist er Kriegsgefangener, jener Kurat, der alles daran gesetzt hat, italienischen Verwundeten zu helfen. Und als ihm das am nächsten Tag eröffnet wird, kann er seinen Schmerz nicht mehr unterdrücken: »Ich bekam es mit der Angst zu tun, sodass ich hemmungslos zu weinen anfing. … Ich weinte so laut, dass mir Kopf und Brust Weh taten.«

Viele Jahre später, als der Krieg schon längst zu Ende war, kam manchmal jene Wahrheit ans Tageslicht, die während der Kriegszeiten einem Todesurteil gleichkam. So erreichte Rodolfo Dimai Lústro aus Cortina plötzlich ein Brief, der ihm den Atem raubte: »Ozzano, 13.1.1931 – Sehr geehrter Herr, verzeihen Sie mir, wenn ich Ihnen unbekannt bin. Aber wenn sie ihr Gedächtnis wachrütteln, werden Sie sich erinnern, dass wir im Kriegsjahr 1917 am Passo della Sentinella aus unseren Schützengräben herauskrochen, um miteinander zu reden. Sie gaben mir sogar die Adresse ihrer Mutter; ich schrieb ihr und sie antwortete mir … Erinnern Sie sich noch an das letzte Mal, als wir herauskamen, um uns zu treffen? Es war die Nacht zum 30. Oktober 1917. Am 1.November verließen wir die Stellung zum Rückzug. Erinnern Sie sich noch? … Ihr Ergebener Riviera Serafino.«

Welch ein Wiedersehen! Sofort wurde zurückgeschrieben und mehr als ein Jahrzehnt nach dem Krieg konnte zwischen dem Alpino aus dem Piemont und dem Kaiserschützen zum ersten Mal Frieden gefeiert werden.

Archivio Arch. Fabio Ortolani

Der berühmte Kaplan von Cortina, Don Emilio Boscarolli, spendet einem tödlich Verwundeten die letzten Sakramente. Der Geistliche wurde selbst gefangen genommen und in ein Gefangenenlager nach Turkmenistan gebracht, von wo er erschütternde Tagebuchaufzeichnungen hinterließ.

Ladiniens Seele erwache

Archiv Museo Ladin, st. Martin – Foto Tomesc Ploner

Wengen im Gadertal. Ein Vater prostet auf einem notdürftig im Freien aufgestellten Tisch seinem in den Krieg ziehenden Sohn zu. Beide tragen todernste Gesichter und wollen dieses vielleicht letzte Zusammensein mittels eines Fotos dokumentieren.

Archivio Arch. Fabio Ortolani

»Für Kaiser und Vaterland« betitelt sich diese handkolorierte Postkarte. Drei Generationen – Großvater, Vater und Sohn – ziehen in den Krieg. Die Stärke dieser bunt zusammengewürfelten und militärisch unorthodoxen Truppen lag darin, dass es galt, die eigene Heimat zu verteidigen.

Aufbruch in eine neue Zeit

Schon lange bevor der Weltkrieg in die Täler der Dolomiten hereinbrach, änderte sich die Lage in Ladinien grundlegend. Nach einer jahrhundertelangen Isoliertheit, wohl auch der Grund, dass dieser rätoromanische Dialekt mehr als 1.300 Jahre überleben konnte, strömten im 19. Jahrhundert zum ersten Mal Forscher, Bergsteiger und Touristen in diese entlegenen Täler. Allmählich regte sich auch ein erstes Selbstbewusstsein. Tita Alton aus Colfosco im Gadertal oder Hugo de Rossi aus Vigo im Fassatal veröffentlichten in ladinischer Sprache und versuchten die Anliegen der Ladiner auf eine breitere Basis zu stellen.

Archiv Museo Ladin, st. Martin – Foto Tomesc Ploner

Tomesc Ploner um 1900. Der Bauer aus Wengen im Gadertal wurde zum fotografierenden Autodidakten, der es mit seinen Bildern verstand, die Seele Ladiniens im Bild festzuhalten.

Der Weltkrieg zerstörte jedoch all diese Bestrebungen. Er verschlimmerte die Lage sogar. Denn die Ladiner verkümmerten ab nun zu einem jahrzehntelangen Inseldasein. Sie waren nicht Italiener, sie waren nicht Österreicher, und ihre wenige tausend Seelen umfassende Sprache erreichte nirgendwo politisches Gewicht. Besonders dramatisch wurde die Lage im nun einsetzenden Krieg.

Ladiner kämpften auf Seiten der k.u.k. Truppen, wie auch Einzelne als Irredentisten auf der Seite Italiens. Ganze Dörfer wurden kampflos den Italienern überlassen, während die Bevölkerung – hin und her gerissen zwischen Umsiedelung und dem Verharren in der Heimat – alsbald den Bombardierungen von allen Seiten ausgesetzt war. Österreicher wie Italiener vertrauten ihnen nicht, man verdächtigte sie Spione zu sein und beide Seiten begannen alsbald, sie weit weg von der Heimat irgendwo zu internieren.

Und selbst nach Ende des Krieges fand Ladinien, nunmehr zu Italien gehörend, keine Ruhe: In der Folge wurden die ladinischsprachigen Gebiete (bis heute) auf drei verschiedene italienische Provinzen aufgeteilt: Südtirol, Trentino und Belluno. Was dazu führte, dass – nach jehrzehntelanger Vernachlässigung – jede Region mit unterschiedlichen Gesetzen, Autonomiemaßnahmen und Schutzbestimmungen diese Jahrtausende alte Kultur zu retten oder in die Schranken zu weisen versuchte. Auch heute noch ist dieses Unrecht noch nicht getilgt, auch heute noch fressen sich Unterwanderung der Sprache, des Brauchtums und der Kultur wie zähe Moloche in diese ladinischen Dolomitengebiete. Selbst ein Jahrhundert nach Ende dieses Krieges harren die Ladiner immer noch eines effizienten Schutzes.

Archiv Museo Ladin, st. Marin – Foto Tomesc Ploner

Oben: Typische Bilder aus der Zeit um 1900 von ladinischen Familien, aufgenommen zum größten Teil in Wengen im Gadertal vom Bauernfotografen Tomesc Ploner. Man würde es kaum für möglich halten, dass diese Menschen während des Weltkrieges imstande waren, ihre Heimat zu verteidigen. Unten: Die »Wolf-von-Glanwell-Hütte« auf einer sehr frühen Aufnahme um 1904. Der Tourismus entdeckte in dieser Zeit die herrliche Bergwelt der Dolomiten.

Archiv Obwegs/Leitgeb

Wien, Heeresgeschichtliches Museum

Ein ganz anderer Krieg

Tausende Male ist schon versucht worden, das Warum dieses Krieges, der am Ende Europa in Trümmer legte und selbst noch den Keim für den nächsten Weltkrieg in sich trug, zu beschreiben. Vielleicht drückt es Robert Musil, einer der großen Schriftsteller dieses Jahrhunderts, selbst an der Dolomitenfront im Einsatz und in Bozen Herausgeber der »Tiroler Soldatenzeitung« am neutralsten aus. Er, der literarische Schöpfer des Mammutwerkes »Mann ohne Eigenschaften« sieht am Klarsten den allgemeinen Wertverlust, die allgemeine Sinnlosigkeit des Daseins, die ungeheure »Flaute«, die sich über Europa gelegt hat: »Dieser Mensch von 1914 langweilte sich buchstäblich zum Sterben. Deshalb kam der Krieg mit dem Rausch des Abenteuers über ihn, mit dem Glanz ferner unentdeckter Küsten.« Man ist sogar dankbar sein eigenes Leben hinzugeben, zu sterben, um im Ruhm weiterzuleben. Die Schüsse von Sarajevo sind der Befreiungsschlag, endlich ist die Gelegenheit gekommen, die Erde in ihren Grundfesten zu ändern. Bei einem anderen großen Literaten dieses Jahrhunderts, Franz Kafka, geht der Kriegsbeginn vorüber, als betreffe er ihn nicht einmal. Am 2. August 1914, eben hatte Österreich den Serben den Krieg erklärt und Deutschland schickt sich an das Gleiche zu tun, vermerkt Kafka in seinem Tagebuch »Deutschland hat Russland den Krieg erklärt. – Nachmittag Schwimmschule.«

Der Krieg kam wie der Rausch des Abenteuers

Was aber dann folgte, war der Beginn eines noch nie gekannten Mordens und Sterbens mit völlig neuen Waffen, an dessen Ende kein Stein mehr auf dem anderen blieb. Was sich ab dem Zeitpunkt in den Seelen der Menschen abspielte, bewegt uns auch heute noch. Schon der erste Mobilmachungstag stach tiefe Wunden. So

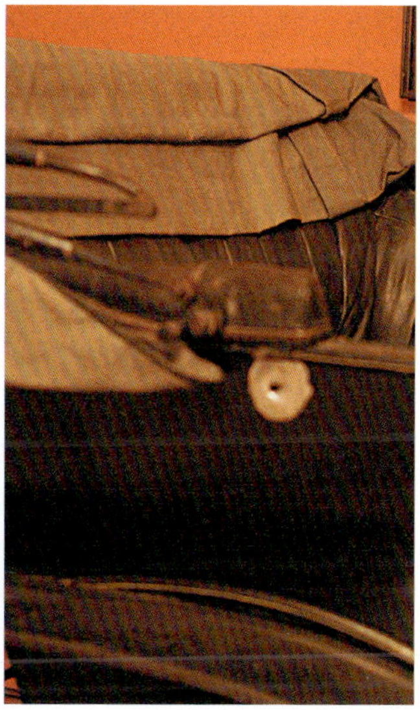

Wien, Heeresgeschichtliches Museum

Im Heeresgeschichtlichen Museum in Wien bewahrt man heute noch die in Blut getränkte Uniform, welche der Thronfolger Erzherzog Franz Ferdinand während der tödlichen Schüsse in Sarajewo trug, wie eine Reliquie auf. Auch das von Kugeln durchlöcherte Auto ist dort zu sehen.
Die Leichen des Thronfolgers und seiner Gattin wurden offen aufgebahrt, während der greise Kaiser Franz Joseph (andere Seite), auf die bedingungslose Unterstützung Deutschlands bauend, die ersten Kriegsvorbereitungen traf.

schreibt der junge Ampezzaner Kaiserjäger Luigi Pompanin Dimai (1890–1963) in sein Tagebuch: »Wir brachen mit einem von tausend stechenden Dornen zerrissenen Herzen auf.« Angelico indessen, der Bruder von Luigi, sucht die Einsamkeit: »... ich traf meinen Vater, aber ich hatte nicht den Mut, ihm die Hände zu reichen. Auf Wiedersehen, Ampezzo!« Nicht alle traf es, an die Front zu ziehen. Viele, zumeist Schwächere, Ältere oder Behinderte, arbeiteten als einfache Arbeiter, um Schützengräben auszuheben, Baracken zu errichten, Straßen anzulegen oder bei Hilfsorganisationen wie dem Roten Kreuz. Die Generalmobilmachung zerriss die Familien. So schreibt Silvio Zardini: »Gegen Abend ging ich nach Hause, um mitzuteilen, dass eine Allgemeine Mobilmachung angeordnet worden war und dass es auch mich traf. Meine Mutter fing zu weinen an und ich musste sie trösten. »Mutter, weint nicht, ich bleibe bei euch an den Grenzen Italiens!«

Die meisten Bewohner dieser Berge hatten noch nie weiter entfernte Gegenden gesehen. Zu ihnen kamen die Touristen um der schönen Bergwelt willen, doch selbst auf Reisen zu gehen, das fand sich in den Gedanken der Wenigsten. Trotzdem, als treue Untertanen eines Staatsgebildes, das so weit entfernt war,

Der Erste Weltkrieg war der erste Konflikt, den man als »Krieg der Technik« bezeichnen konnte. In rasend schnellem Tempo wurden neue Waffen entwickelt, die die Kriegsstrategien vollkommen erneuerten.
Ein Streifzug durch die Geschichte, wie im Heeresgeschichtlichen Museum in Wien, zeigt auf, dass Geschichtswissen meist anhand der Generäle und Kommandanten vermittelt wird. Selten stehen die einfachen Soldaten mit ihren Leiden und Freuden im Vordergrund.

L. DAUN

dass sie die inneren Zusammenhänge nur vom Hörensagen kannten, überwog bei den meisten das Gefühl, für eine gerechte und von Gott gewollte Sache zu kämpfen. Und vor allen Dingen wurde überall davon gesprochen, dass der Krieg nur von kurzer Dauer sein würde. Zu Kriegsbeginn herrschte überall entlang der Bahnstrecken eine kaum zu überbietende euphorische Stimmung. Der Tiroler Kaiserjäger Gerhard Oberkofler beschreibt es in seinem Tagebuch: »6. September 1914: Über die Fahrt ließ sich noch sagen, dass man fast zu Tode gelabt wurde, einerlei zu welcher Tages- und Nachtzeit. ... was misslich für die Schwerverletzten war, sie wurden immer geweckt und gestört.« Jeder wollte seinen Anteil am guten Gelingen des Krieges haben.

Die Hilfsbereitschaft in der Bevölkerung schwoll in den ersten Kriegsmonaten zu einem richtigen Wettlauf an. Tausende Veranstaltungen und Initiativen wurden ins Leben gerufen, wobei für alles Mögliche gesammelt wurde: Es gab Spendenaufrufe für »Verwundeten-Zigaretten«. Tabak unterdrückte Hunger und vertrieb Insekten, wirkte beruhigend, auch wenn er die Wundheilung hinauszögerte. Künstler veranstalteten »heitere Vortragsabende«, es gab eine »außerordentliche Staatslotterie für Kriegsfürsorgezwecke«, »Blumen für die Verwundeten« und selbst Filmveranstaltungen wie »Ehemänner in der Klemme«, ein bezeichnender Titel. Man überbot sich geradezu in allerlei skurrilen Ideen und Vorschlägen.

Archiv Obwegs/Leitgeb

Wie in jeder anderen Ortschaft in Tirol stellten auch alle Gemeinden in Ladinien eine eigene Schützenkompanie. In diesen wurde vor allem der Schießsport gepflegt. Die Schützenkompanie Pedraces im Gadertal vor dem Hotel Schwefelbad im Jahr 1914.

Anfang August brachen so die meisten in ein unbekanntes Land, das den meisten nicht einmal vom Hörensagen bekannt war, mit einem Gefühl der Beklemmung auf. Die Dorfplätze waren überall von Menschen gefüllt, die nicht wussten, wie sie sich verhalten sollten. So schreibt der Ampezzaner Silvio Zardini weiter: »Es gab welche, die schrien, andere weinten, wieder andere begannen zu singen. Kurz und gut, es war zum Verzweifeln diese Mütter, Schwestern und Bräute zu sehen, die sprachen: »Vielleicht werde ich dich nie mehr wiedersehen!« Für viele wurde es wirklich eine Fahrt ins »Nie-mehr-wiedersehen«.

Kaum durchfährt der Zug die Gegenden Galiziens, verändert sich die Stimmung von Silvio Zardini vollkommen: »Sicher, so schön wie in unseren Tälern ist es nirgendwo auf dieser Welt … Hier sieht man keinen Berg, der uns glücklich macht, keinen Wald mit seinem frischen Duft … mir scheint, bei uns befindet sich das Paradies auf Erden.« Schon bald beginnt das Abschlachten in einem bisher noch nie gekannten Ausmaß.

Die stolz in den Kampf ziehenden Tiroler Kaiserjäger wurden schon zu Beginn des Krieges im Osten verheizt, wobei die Verlustzahlen auch heute noch erschüttern: Auf dem Gipfelplateau von Korbania in den Karpaten, wohl nur 400 x 400 Meter groß, ließ man ohne jegliche Deckung 4.000 Soldaten mit dem Befehl zurück, diese Stellung bis zum letzten Mann zu halten, bei Schnee, Kälte und Wind den gegnerischen Truppen zum Wettschießen. Das einzige Wasser rann spärlich aus einem Massengrab hervor. Nach wenigen Tagen blieben noch 200 übrig. Bitter beklagte sich Leutnant Biedermann: Der zuständige Oberstleutnant befand sich »40 Kilometer hinter der Front …, und erholte sich bei Bier, Karfiol mit Butter, Forellen und lustigen Rodelpartien«. Und er verdammte seinen Vorgesetzten: »findet sich denn niemand, der ihn unschädlich macht, ihn wegjagt oder ins Irrenhaus steckt?«

Und auch der Festungskommandant von Przemysl Kusmanek konnte nur Grauenhaftes an Generalstabschef Conrad vermelden. In den ersten beiden Septemberwochen verloren die k.u.k. Truppen 400.000 Mann an Toten, Verwundeten oder Gefangenen. Ein schrecklicher Aderlass. Sie mussten schmutziges Sumpfwasser trinken, das 9. und 10. Landwehrregiment kam vom 25. August bis 11. September 1914 nicht mehr aus den dreckigen und nassen Schuhen und Kleidern heraus. Es kam zu sogenannten »Zeppelmärschen«, was bedeutete, dass bei jedem Halt die todmüden Soldaten wie tot niedersanken, um an Ort und Stelle einzuschlafen, und erst mit brachialer Gewalt wieder zum Weitergehen gezwungen werden mussten.

Ein grausames Schlachten und Sterben setzte ein, und immer wieder wurde neues Menschenmaterial in die Schlacht geworfen, um die verheizten und aufgeriebenen Truppen wieder notdürftig aufzufüllen. Selbst der Kampf um das zu bestrafende Serbien – der eigentliche Kriegsgrund –, von dem man sich erhoffte es binnen Stunden zu überrennen, artete zu einem Gemetzel aus: 250.000 Österreicher zogen aus, 140.000 fielen entweder durch Tod, Verletzungen oder Gefangennahme aus. Belgrad wurde erobert und ging wieder verloren. Immer wieder trafen spärliche Hiobsbotschaften daheim ein. So schreibt der »Anonyme Ampezzaner«: »21. Oktober 1914 … Aus Galizien erreichen uns grauenhafte Nachrichten; unser Feind ist nicht der Russe, sondern die Jahreszeiten. Man spricht von Hunderten von Erfrorenen in den Schützengräben. Aus unseren Zeitungen aber erfährt man nichts anderes als trockene Mitteilungen.«

Der Todesmarsch nach Asinara

74.903 österreichische Soldaten und 1.494 Offiziere waren in die Gefangenschaft der Serben geraten. 6.000 Mann kehrten am Ende noch lebend zurück. Dazwischen lagen zwei Jahre der Leiden und unmenschlicher Qualen, auf einem Weg, der von Serbien über Albanien nach Italien und von dort nach Frankreich führte. Serbien war aufgerieben worden, die geballte Macht der k.u.k. Monarchie hatte das Land des Mörders der Kaiserfamilie besiegt, doch über zwei Monate trieben die Reste der serbischen Armee ihre Kriegsgefangenen über 400 km nach Valona, einem albanischen Hafen, wo sie den italienischen Truppen übergeben werden sollten. 100 Gefangene starben manchmal in einer Nacht, in durchnässten Kleidern, ausgemergelt und ausgezehrt vom Hunger und der Kälte. Zu essen gab es, wenn überhaupt, manchmal eine Hand voll Mehl, angerührt im Brackwasser. Typhus, Malaria, Cholera, Dysenterie traten auf und forderten ihre Opfer, viele ertranken beim Übersetzen über die reißenden Flüsse. Am 15. Dezember 1915 kamen noch 460 Offiziere und 21.000 Soldaten in Valona an, um den italienischen Truppen übergeben zu werden. Doch damit war der Leidensweg noch lange nicht zu Ende. Die italienische Sträflingsinsel Asinara, vor Sardinien gelegen, 15 km lang und bis zu 7 km breit, war das nächste Ziel. Auf der Überfahrt wurden die übrig gebliebenen Gefangenen auf großen Schiffen zusammengepfercht, ohne Trinken und Verpflegung. Die wenigen Gesunden, ohnehin schon geschwächt, steckten sich mit den ansteckenden Krankheiten der anderen an. Ruhr trat auf. Wasser wurde erst 48 Stunden später auf die Insel gebracht, Zelte in diesen Wintermonaten erst nach zwei, Decken gar erst nach drei Wochen. Das Massensterben hielt weiter an, bald waren weitere 5.000 verstorben. Unbeerdigt ließ man die Leichen liegen. Und obwohl die wenigen italienischen Sanitäter alles versuchten, konnten sie trotzdem nicht Herr der Lage werden. Bis Juli 1916 starben nochmals 7.000 Österreicher. Nur mehr 13.000 wurden dann nach Frankreich überstellt, auch hier unter unmenschlichen Bedingungen gehalten, bis am Ende von der 76.500 Mann starken Gefangenentruppe nur mehr 6.000 nach Hause zurückkehrten. Nachrichten wie diese heizten das ohnehin schon gespannte Klima auf. Auch die Österreicher vergalten Gleiches mit Gleichen. Am 13. Jänner 1916 gab man die Order aus, dass auch serbische Gefangene »ohne jede Rücksicht auf Humanität … mit den schärfsten Mitteln, eventuell mit körperlichen Strafen«, behandelt werden sollten.

Oben: Ein der Spionage verdächtigter russischer Bauer wird verhaftet. Unten: Selbst die österreichischen Truppen, wissen nicht mehr, wie sie sich vor der Kälte schützen können.

Linzer Tagespost 1916

Bei unseren Feinden – im toten Serbien

Als die ersten Berichte des Schreckens eintreffen, versucht man bei den Gegnern Schuldzuweisung zu üben und sie als niedere Rasse hinzustellen. Oben links: »Die aus der serbischen Gefangenschaft befreiten österreichisch-ungarischen Soldaten waren in einer trostlosen Verfassung«, betitelt die Linzer Tagespost (Nr. 3 1916) dieses Bild. Oben rechts: Ein auf einem Baum zerfetzt liegen gebliebener Beobachtungsposten. Unten: Die Not der Zivilbevölkerung wird immer größer.

Hetzer, Eiferer, Weltveränderer

Italien, eigentlich durch den Dreibund seit 1882 in einer Allianz mit Österreich und dem Deutschen Reich verbunden, ziert sich in den Krieg zu ziehen. Die Entwicklungen auf den russischen und serbischen Kriegsschauplätzen berühren die Seele Italiens kaum, dafür aber erwacht umso mehr seine Volksseele nach Jahrhunderten des Niedergangs. Italien hat sich zu einem eigenständigen selbstbewussten Staat zusammengefunden, doch immer noch gibt es Italienisch sprechende Gebiete im k.u.k. Reich. Diese will sich Italien einverleiben und sieht mit einem Male die Gelegenheit zum Greifen nahe. So wankt der Staat zwischen den Mächten auf der Suche nach den größten Zugeständnissen hin und her, bis schlussendlich der Erbfeind ausgemacht wird: die k.u.k. Monarchie. Beide Länder waren schon 1848/49, 1859 und 1866 in kriegerische Streitigkeiten verwickelt gewesen. Zu oft war dabei Italien gedemütigt worden, nun war die Gunst der Stunde gekommen.

La Tribuna Illustrata aprile 1915 Disegni E. Albo Foto Ferri

Der italienische Dichter Gabriele D'Annunzio während einer flammenden Rede im Jahre 1915

Schon 1910 redet sich Filippo Tommaso Marinetti, 1876 geboren, bekannt geworden als Gründer des Futurismus, in Rage, was er am liebsten mit seinen nördlichen Nachbarn tun würde. Mit größtem Vergnügen würde er »... irgendeinen schmutzigen und grotesken nördlichen Professor mit Tirolerhut zerquetschen«. Und nebenbei bezeichnet er noch den Krieg als die »einzige Hygiene der Welt.« Er müsse kommen, um althergebrachte und morsch gewordene Werte wieder von neuem zu verändern.

Überall stehen so die Zeichen auf Sturm und viele sehnen sich aus irgendeinem Grund den Krieg herbei.

Der Engel des ewigen Galgens

Wobei Marinetti noch als harmloser Hetzer gegenüber Gabriele D'Annunzio gelten kann. Schon D'Annunzios Leben ist abenteuerlich genug und würde Bände füllen. 1863 kommt er in Pescara als Sohn wohlhabender Bauern zur Welt. Mit siebzehn veröffentlicht er seinen ersten Gedichtband, natürlich seinem König gewidmet. In der Schule gilt er als Genie, mit nicht einmal zwanzig Jahren verdreht er der vornehmen Herzogin Maria Hardouin di Gallese den Kopf, heiratet sie und beglückt sie mit drei Kindern. 1885 duelliert er sich fast zu Tode. Voll Stolz rasiert er sich ab nun seinen Kopf, um die große Narbe offen zur Schau zu tragen. Bald schon ist die Aristokratin der vielen amourösen Abenteuer ihres rastlosen Mannes überdrüssig. Zudem ist D'Annunzio bei einer Fülle von

Freunden hoch verschuldet. Er rettet sich nach Neapel und umgirrt die verheiratete Prinzessin Maria Gravina Cruyllas so lange, bis sie seinen Liebesbezeugungen erliegt. Sie lässt ihren Mann Hals über Kopf stehen und flüchtet sich in die Arme des armen Poeten. Bald kommt eine Tochter zur Welt, doch genauso schnell muss er auch Neapel fluchtartig vor seinen Schuldnern verlassen. Mit knapp über dreißig Jahren landet er im Liebesnest eines der wohl ersten weltweit bekannten Schauspielstars: Eleonora Duse. Dies hindert ihn in seinem Schaffensrausch nicht daran, seiner früheren Geliebten ein weiteres Kind aufzubürden, eine skandalträchtige Chronik über das Zusammenleben mit Eleonora Duse zu verfassen und sich in eine Reihe von weiteren Liebesabenteuern zu stürzen. Er wird Abgeordneter im italienischen Parlament, bis alsbald sein Ruf in Italien so ramponiert erscheint, dass er Hals über Kopf nach Frankreich flüchtet. Auch hier ist er nicht einen Augenblick allein. Nathalie de Goloubeff ist reich, umsorgt ihn und lässt ihn sein Desaster in Italien recht schnell vergessen. 1915, bei Eintritt Italiens in den Krieg ist er wieder zur Stelle, nunmehr 52 Jahre alt, aber immer noch vor Eifer und chauvinistischem Patriotismus sprühend. Jahre zuvor hat er schon alles getan, um die Kriegslust in Italien zu steigern. Er, das Enfant terrible der italienischen Literatur. Er übt sich in Verwünschungen gegen die k.u.k. Monarchie, nennt den Kaiser den »schmutzigen Henker von Habsburg« und den »Engel des ewigen Galgens!« Er übertrifft sich in immer neuen Wortprägungen und wohlklingenden Gedichten.

»Die Unersättlichkeit des Doppeladlers,
der – einem Aasgeier gleich –
das unverdauliche Fleisch der Leichen auskotzt!

D'Annunzio ist ein Meister des Wortrausches und schafft es, dank seiner effektvollen Selbstinszenierungen die Massen in Italien zu begeistern. So wird der heilige Krieg gegen Österreich ausgerufen. Denn schon nach den Schüssen von Sarajewo hat D'Annunzio das gesehen, was er immer vermutet hat: Blut und Böses auf der Seite des Doppeladlers. Er schwingt sich für den zaudernden italienischen Stiefel zum wortgewaltigsten Kriegsberichterstatter auf, sieht auf Seite der malträtierten Serben nur mehr »Greise ohne Augen, Frauen ohne Brüste, Kinder ohne Arme und Beine«. Gabriele D'Annunzio hat so endlich seine wahre Erfüllung gefunden.

Archivio arch. Fabio Ortolani

Die waghalsigen Flüge von Gabriele D'Annunzio über österreichisches Gebiet, wie hier über Trient, gingen in die Geschichte ein und machten den Aufwiegler zu einer weitum bekannten Persönlichkeit.

Monat um Monat hämmert er mit seinen Gedichten in die in seinen Augen schlafende Menge.

»Der Henker von Habsburg, der alte Schlächter der Kranken und Wehrlosen, der Verstümmler von Kindern und von Frauen, der lüsterne Greis, dem schon die Würmer in die Nase kriechen und dem

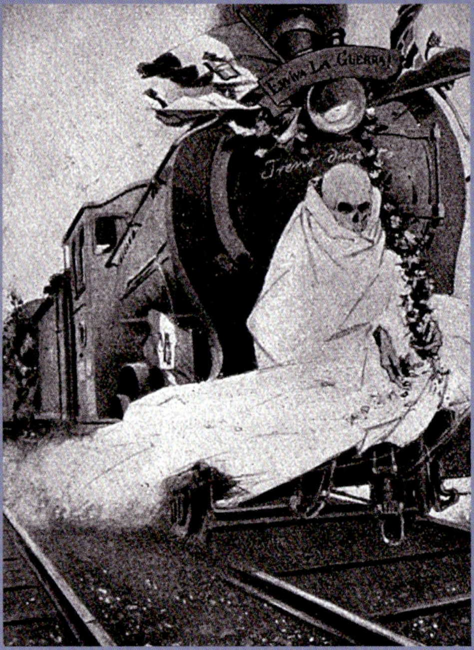

»Banditen«, ein neutrales Urteil (Schwedische Wochenschrift »Puck«)

Selbstmörder! (»Berliner Illustrierte Zeitung«)

Rache dem Verräter

Archivio arch. Fabio Ortolani (2)

Immer wieder wird den Italienern vorgeworfen die k.u.k. Monarchie verraten zu haben. Dieser Verrat wird in der österreichischen Propaganda zum Leitmotiv.

mit Eiter und Schleim die verfaulte Seele aus den Augen und vom Kinn tropft.« Kein Zweifel, alles reimt sich und rüttelt die Masse auf. Nur Adolf Hitler kann es mit ihm, zwanzig Jahre später, an Wortgewalt aufnehmen. Er schüttelt aus seinen Ärmeln wie ein Trommler ein Argument nach dem anderen heraus. Einmal sind es die »zahllosen Konkubinen«, Prostituierten und Syphilitiker, die seinen Gegner zugrunde richten, dann wieder besinnt er sich auf seine einstige römische Abstammung im Kampf gegen die germanischen Barbaren. D'Annunzio begeistert so lange die Massen, bis er seine Vollendung im Gedichtband »Asterope« mit dem Untertitel »Die Heiligen Hymen des gerechten Krieges« findet. Zum ersten Mal geht es um die »Menschenmassen« und den »Menschenteig«, die »pasta umana«, der durchgeknetet werden muss, um Propaganda in höchster Vollendung.

Doch D'Annunzio ist nicht nur ein Mann des Wortes, sondern auch der Tat. Legendär werden seine Husarenstreiche. Am 9. August 1918 fliegt er mit dem Flugzeug bis nach Wien und lässt tausende von Flugzetteln auf die verdutzten und unter der Kriegslast stöhnenden Einwohner herunterfallen. Dabei ist er, wie nie im Leben, bescheiden. »Wiener! Lernt die Italiener kennen! Wenn wir wollen, wir könnten ganze Tonnen von Bomben auf eure Stadt hinabwerfen, aber wir senden Euch nur einen Gruß der Trikolore, der Trikolore der Freiheit. Wir Italiener führen den Krieg nicht mit Bürgern, Kindern, Greisen und Frauen, wir führen den Krieg mit … eurer blinden, starrköpfigen und grausamen Regierung.« Und das alles nach Caporetto und der Fast-Niederlage. Bei einem Flugzeugabsturz verliert er ein Auge, was ihn aber nicht hindert, griesgrämig über den vermeintlichen Verrat der Entente, mit einer Hand voll von Freiwilligen im Jahr 1919, ein Jahr nach Kriegsende, die dalmatinische Stadt Fiume zu besetzen und dort eine eigene Republik auszurufen. Als Gabriele D'Annunzio am 1. März 1938 in seinem von ihm gewünschten Museum-Mausoleum am Gardasee stirbt, ist es schon längst um den hoch dekorierten Kriegshelden still geworden. Eigenartigerweise hat er sich auch mit dem Faschismus Mussolinis nicht so recht arrangieren können. Zurück bleibt so ein aufwühlendes Abenteurerleben, wobei zu sagen bleibt, dass es auf der Seite der k.u.k. Monarchie keinen gleich gelagerten Trommler gab.

»Die ›Alpini‹ (eigentlich Bersaglieri), der große Bluff der Italiener.« Die auf Felsbrocken in martialischen Posen abgebildeten italienischen Soldaten werden, in dem in der Linzer »Tages-Post« erschienenen Foto, verspottet.

Kampf um Cortina

Archivio Massimo Turkheimer, Foto cap. Edoardo Turkheimer

Am 30. Juni 1916 bombardieren die österreichischen Truppen mit schweren Geschützen Cortina. Es gibt Tote und Verletzte und auch die Bewohner Cortinas reagieren mit Unverständnis, dass die eigenen Truppen das Dorf sturmreif schießen.

Archivio Arch. Fabio Ortolani

Der weit gezogene Talkessel von Cortina. Seit 1511 gehörten die Ampezzaner zu den treuesten Anhängern der Habsburgermonarchie, wohl auch, weil sie eine weitgehende Autonomie erhalten hatten.

Jahre des Krieges und der Tränen

Als hätte das Schlachten im Osten nicht ausgereicht, ziehen auch von der italienischen Halbinsel immer bedrohlichere Donnerwolken heran. Je weiter das Jahr 1915 fortschreitet, desto sicherer wird es, dass sich an der Südwestseite des österreichisch-ungarischen Reiches eine neue Front bilden wird. Am 23. Mai 1915, Pfingstmontag, ist es so weit. Der italienische König Vittorio Emanuele III. erklärt der k.u.k. Monarchie den Krieg: »Der Feind, gegen den ihr kämpfen werdet, ist stark und eurer würdig. Bevorzugt durch seine Geländekundigkeit und seinen Waffen wird er Euch harten Widerstand leisten. Aber Euer unaufhaltbarer Siegeswille wird ihn sicher besiegen.« Auf beiden Seiten herrschen übertriebene Siegeszuversicht und Kampfbereitschaft: bei den Italienern, weil sie überzeugt sind, italienischsprachige Gebiete zu befreien und in ihr Heimatland zu führen, seitens der Österreicher, weil sie das verräterische Italien in die Schranken weisen wollen. Zum ersten Mal in der Geschichte werden so selbst die höchsten Gipfel zu Schauplätzen heftigster Kämpfe.

Während das oberste italienische Heereskommando an der Trentiner Front größtenteils auf Abwehr setzt, die dann und wann von Vorstößen zur Entlastung der anderen Fronten begleitet wird, soll die 4. Armee unter General Nava einen Angriffskrieg in die Täler der Dolomiten führen. Man will den Durchbruch ins Pustertal schaffen und sich von dort entweder zum Brenner oder, wie viele euphorisch glaubten, direkt nach Wien durchschlagen.

Archiv Obwegs/Leitgeb

Zwei Bilder der Jungschützen von Cortina, die zeigen, innerhalb welch kurzer Zeit sich die Lage vollkommen wandelte. Oben treten sie noch in ihren schmucken Trachten und den alten Wörndle-Gewehren auf (Aufnahme kurz vor Kriegsausbruch).

Die Befreiung der Freien

Aber schon im Jahr 1880 hatten die Österreicher, einen nahenden Krieg in Betracht ziehend, damit begonnen, einen »militärischen Grenzwall« aufzuziehen, um das Gadertal zu schützen. Am Valparola war mit Tre Sassi ein erstes Sperrfort errichtet worden, weitere strategische Positionen wie den Col di Lana und Sass de Strìa wollte man mit den Stellungen La Corte und Ruàz schützen. Bis nach Son Póuses nördlich von Cortina, Plätzwiese, Monte Piana und weiter zog man so ein Netz von Abwehrpositionen und Sperrwerken auf, die den Gegner daran hindern sollten, durch die Täler durchzubrechen.

Wie fühlt ein Dorf den nahenden Krieg? Was geht in dessen Einwohnern vor, wenn sie wissen, dass sie zum Postenschacher der Nationen geworden sind? Cortina d'Ampezzo wie auch Buchenstein und Colle Santa Lucia waren von Anfang an aufgrund ihrer Lage dazu bestimmt, kampflos den Italienern überlassen zu werden. Die Truppen der k.u.k. Monarchie zogen sich zu Beginn der Kampfhandlungen in die benachbarten nördlichen Berge zurück und mit ihnen auch die wehrfähigen Männer von Cortina. Schicksalhaft mutet es uns heute an, dass sie nun auf ihre Frauen und Kinder hinunterschauen konnten oder sogar das eigene Dorf beschießen mussten, sie aber mehr als zwei Jahre ihre Verwandten und Lieben nicht zu Gesicht bekamen. Kaum ein Dorf hätte es grausamer treffen können.

Von den Hängen des Lagazuoi über die Tofana, Son Póuses bis zum Monte Piano tat sich so eine Kampflinie auf, die während des ganzen Dolomitenkrieges kaum verschoben wurde.

Die Jungschützen von Cortina mit ihrem Hauptmann Angelo Dalus Zìrio posieren stolz vor dem Fotografen. »Treue Brüder« ist ihr Motto. Sie setzen auch in den Folgejahren ergeben ihr Leben für ihre Heimat ein.

Archivio LorisLancedelli

Am 24. Mai 1915 trifft das Alpinibatallion Val Chisone in Caprile ein, einen Tag später auch das 81. Brigaderegiment Torino. Trotzdem handelt es sich immer noch um ein überhastetes Unternehmen. Der Kommandant der 17/a-Division Diomede Saveri ist verzweifelt: »Unter solchen Bedingungen glaube ich nicht, dass wir mit den militärischen Handlungen beginnen können … es wäre wichtig, wenn man uns wenigstens einige Motorräder zuteilen könnte.« Aber es fehlt nicht bloß an Motorrädern, es fehlt an allem: an Kanonen, Maschinengewehren und selbst an Fortbewegungsmitteln. Trotzdem überschreiten am 25. Mai 1915 um 22.30 Uhr die Truppen des Königlichen Italienischen Heeres die Grenze bei Colle Santa Lucia. Die Brücke haben die k.u.k. Truppen gesprengt, während die Straßen aufgrund der starken Regenfälle aufgeweicht und morastig sind. Eigenartigerweise finden die Truppen nicht jene freudige und jubelnde Aufnahme, die ihnen vorher von den Irredentisten glaubhaft gemacht worden ist. Ist schon in Cortina der Empfang mehr als frostig, so kann am 26. Mai Leutnant Arrighi in Colle Santa Lucia nur nüchtern feststellen: »Die Bevölkerung von Colle S. Lucia begegnet uns mit stärkstem Misstrauen. Zum Glück sind im Dorf nur die Alten und die Frauen zurückgeblieben, sonst wären wir wohl mit Gewehrschüssen empfangen worden. Sie hatten Waffen, aber seit sie für Österreich in den Krieg ziehen mussten, haben sie diese mitgenommen. Es hätte keinen guten Eindruck auf unsere Soldaten gemacht, wenn gerade diese italienischsprachigen Brüder uns sogleich mit Kugeln begrüßt hätten.«

Der herzliche Empfang lässt auf sich warten

Es war alles andere als ein herzlicher Empfang! Noch mehr zur Ablehnung in der Bevölkerung trug die Beschlagnahme der Wohnungen und Häuser bei. Der erste Schritt zum Krieg in den Dolomiten war getan. Was nun folgte, war ein langes Ringen. Aber auch auf der österreichischen Seite fand in den Augen der Cortineser Bevölkerung nicht alles Wohlgefallen. Einige Bürger, denen man unterstellte, mit dem Gegner zu liebäugeln, wurden vorsorglich nach Katzenau gebracht und dort interniert. In den Augen der Ampezzaner eine Provokation. Was nun folgte, war das nächste Abschiednehmen. Ein Jahr zuvor war die Blüte Ampezzos in einen fern der Heimat stattfindenden Krieg gezogen. Nun spielte er sich vor der Haustür ab. Der 18-jährige Isidoro Alverà Graèr erinnert sich in seinem Tagebuch, wie trist die Stimmung ist, als er sich von seinen Eltern verabschiedet: »… als ich sie zum letzten Mal grüßte, dachte ich mir: ›Wer weiß, ob wir uns jemals wiedersehen!‹ Vater und Mutter hatten Tränen in den Augen, so dachte ich: ›Es liegt an mir, allen Mut zu machen.‹« Trotzdem überfällt ihn bei Son Pòuses eine unendliche Traurigkeit über sein Schicksal: »… während wir eine Rast einlegten, schauten wir auf unser trauriges Tal zurück und einer flüsterte dem anderen zu: ›Wann werden wir nochmals zu unseren Familien und unserer Heimat der Tränen zurückkehren?‹« Der Dekan von Cortina, der allseits geschätzte Don Antonio Pallùa, hätte es nicht treffender ausdrücken können, das Jahr 1915 als »das Jahr des Krieges und der Tränen« zu bezeichnen.

Abwarten hoch oben in den Bergen

Die Strategie der Österreicher war eigenartig, erwies sich aber in der Folge als gut durchdacht. Sie zogen sich in das Hinterland Ampezzos zurück und verschanzten sich dort in den schwer zugänglichen Bergen. Der Plan der italienischen

»Italienische Einwohner aus den von uns geräumten Gebieten in Tirol haben sich vor den ›Befreiern‹ hinter unsere Front geflüchtet, wo sie von den Behörden versorgt werden.« Zeitungsnotiz in der »Wiener Illustrierten« aus dem Jahr 1915.

Wiener Illustrierte Zeitung (2)

Archivio Arch. Fabio Ortolani

»Poesie und Prosa. Wie unsere italienische Bevölkerung die einrückenden Bersaglieri angeblich als Befreier empfangen hat, will uns das französische Blatt ›L'Illustration‹ in dem frei erfundenen Bilde zeigen. Wie es wirklich ist, zeigt unsere obige photographische Aufnahme.« Zeitungsnotiz und Fotobericht (oben und unten links) in der »Wiener Illustrierten« aus dem Jahr 1915. »Tue deine Pflicht und schweige« steht auf dieser italienischen Feldpostkarte. Das Sich-Gedanken-über-den-Krieg-Machen, soll in den Hintergrund gedrängt werden.

Am 25. Mai 1915 überschreitet das Königliche Italienische Heer die Brücke des Codalunga zwischen Selva di Cadore und Colle Santa Lucia und setzt somit seinen Fuß in ladinisches Land, um es zu »befreien«.

Truppen dagegen sah vor, innerhalb kürzester Zeit Südtirol zu durchbrechen, um von dort Richtung Wien zu schwenken. Aber sie mussten vorerst durch jene unzugänglichen und abweisenden Berge hindurch, welche die meisten der Soldaten aus den weiten Ebenen Italiens nur vom Hörensagen kannten und wo schon seit den Zeiten der alten Römer jeder danach strebte, durch diese »montes horribiles«, diese wilden Zinnen und Grate, schnell hindurchzukommen.

In Cortina herrschte gespanntes Abwarten. An die hundert Einwohner, zumeist Frauen oder ältere gut situierte Männer, verließen das Dorf und brachten sich im benachbarten deutschsprachigen Südtirol in Sicherheit. Die meisten aber blieben dort, wo sie aufgewachsen waren, wohl auch auf Anraten von Don Antonio Pallúa, der ihnen Gottes Segen versprach, dass dem Dorf ein Bombenhagel erspart bleiben würde. Zwischen zwei Übeln sah er es als das kleinere an, auf Gott vertrauend daheim der Dinge zu harren. Obwohl Cortina d'Ampezzo nun sowohl von den österreichischen Granaten getroffen, als auch von den Italienern geplündert und zerstört werden konnte, zeigte keine der feindlichen Parteien sonderliches Interesse daran, hehre Prinzipien zu schänden.

Trotzdem herrscht sehr schnell überall Angst und Verzweiflung. Ludovina Lacedelli drückt es in einer Karte so aus: »... wir harren hier verzweifelnd wie der Tod aus. Aber es gibt noch einen dünnen Faden der Hoffnung.«

Man hatte die Italiener nicht gerufen, also konnten sie diese Gegend auch nicht befreien. Das Habsburgerreich hatte sich im Laufe der Jahrhunderte kaum um diese

Archivio Arch. Fabio Ortolani – foto a. De Marinis (2)

Das Dörfchen Andraz fiel im Gegensatz zu Cortina d'Ampezzo schnell den Bomben zum Opfer. In diesem Fall waren es sogar die eigenen, auf Seite der Osterreicher abgefeuerten Geschosse, die diesen Brand auslösten.

wenige tausend Personen zählenden Tiroler-Ladiner gekümmert, sodass sie eine Art Selbstverwaltung aufbauen konnten, deren Stärke demokratische Grundprinzipien waren. Diese Rechte, aufgebaut auf uralten Traditionen, wurden im Laufe der Jahrhunderte auch niemals angetastet. Maria Menardi de Vico, die fleißige Tagebuchschreiberin, drückt es stellvertretend für die anderen aus: »Sie glauben wohl diese Berge mit Leichtigkeit erobern zu können, aber uns ist schon jetzt klar, dass sie sich die Zähne ausbeißen werden. Es wird ihnen nichts nützen, gegen diese Mauern aus Fels und Stein ankämpfen zu wollen, die uns Mutter Natur zur Verteidigung unseres geliebten Tirol gab.«

Der italienische Vorstoß kommt nur äußerst schleppend voran. Am 27. Mai 1915 wird der Oberbefehlshaber der italienischen Truppen, General Luigi Cadorna, zum ersten Mal ungeduldig. Er mahnt zu einem entschiedeneren Vorgehen. Endlich, fünf Tage nach Kriegserklärung, wird das schon längere Zeit geräumte Gebiet zum ersten Mal von den Italienern besetzt. Die italienischen Soldaten überfällt eine trügerische Euphorie. Ohne einen Schuss abfeuern zu müssen, sind sie zu stolzen Eroberern geworden. Der Krieg ist scheinbar zu einem Kinderspiel ausgeartet, der Siegestaumel machte blind.

Die Ampezzaner Bauern empfinden aber sehr schnell Wut über die neuen Herren. Der alte Luigi Siorpaes Ringa aus dem Weiler Staolin bei Cortina drückt es folgendermaßen aus: »27. Mai: Es kamen ihrer immer mehr. Wie Ameisen oder die Fliegen im August zogen sie daher. 28/29. Mai: Nun beginnen die Soldaten sogar bei uns Schützengräben auszuheben und unsere Felder zu zerstören.« Für den alten

Mann waren sie keine Befreier der »italienischen Ladiner«, obwohl sie sich in einer verwandten Sprache unterhielten, sondern Menschen, die ab nun Tod und Zerstörung brachten. Eine Aussage des alten Samuele Zambelli Nanéto (1869–1950) wurde zum geflügelten Wort: »Schön und gut! Diese kommen um uns zu befreien, aber wer befreit uns von diesen hier?«

Schon jetzt offenbaren sich allerdings die Schwächen des italienischen Heeres. General Cadorna verfasst am 10. Juni 1915 voll Groll eine Mitteilung an seine Truppen, in dem er sich bitter über die mangelnde Zusammenarbeit zwischen Artillerie und Infanterie beschwert: »Die Artillerie schießt hin und her, ohne zu wissen, wo die Infanterie sich befindet und was sie gerade macht.« Und lehrbuchmäßig rät er den Truppenteilen besser die Broschüre »Frontalangriff und taktische Kriegführung« durchzustudieren, wo genau erörtert werde, wie man den Gegner besiegen könne. Am Ende verlangt er in harschem Ton »guten Willen, lebendige Interessiertheit und innere Bereitschaft von allen Kommandanten«.

Die Gunst der Stunde ist vertan

In diesen Tagen, wo nur wenige schlecht ausgerüstete Truppen die Grenzen Tirols sicherten, wäre es ein Leichtes gewesen, durch die Täler durchzuziehen. Leichtfertig wurde die goldene Gelegenheit vertan, was sich ab nun rächen sollte.

Immer noch geht der zögerliche Aufmarsch weiter; nun will man Österreich durch schiere Stärke erdrücken. Von allen Seiten streben immer mehr fremde Truppen nach Cortina. Die Bevölkerung befürchtet das Schlimmste: Vergewaltigungen, Zerstörung, Bombardierungen. Der neue Gemeindevorsteher Agostino Demai will die Bevölkerung beschwichtigen: »Krieg zieht in unserem Dorf ein, aber er wird von den Soldaten geführt und nicht von der Bevölkerung.«

Trotz dieses ersten und unerwarteten Erfolges verharren die Italiener, auf ihrem strategischen Wanken aufbauend, unbeirrt weiter. Bis zum Untergang. Mehr als zögerlich versuchen sie die Linie ins Pustertal zu durchbrechen. Am 4. Juni wird der 11-jährige Ampezzaner Antonio Majoni Danèl aufgefordert, italienische Truppenteile nach Pocòl zu begleiten, da sie geländeunkundig seien. Er wundert sich, dass sie nicht die Straße benutzen, sondern sich durch die dichten Wälder hindurchschleichen. Stunden vergehen. Bei jedem auffälligen Geräusch stürzen sich alle zu Boden oder suchen hinter den Bäumen Deckung. Sie fürchten sich vor dem Gegner. Der Einzige, der seelenruhig stehen bleibt, ist der 11-Jährige, der sich über ihr Verhalten belustigt zeigt.

Nur so konnte das »Wunder an der italienischen Front« geschehen, wie die Österreicher es nannten. Mangels regulärer Truppen, die alle an der Ostfront im Einsatz waren, rekrutierten die Tiroler aus ihren Reihen die älteren Jahrgänge und die allerjüngsten sowie andere bislang nicht zum Heer eingezogene Personen. Diesen »Standschützen,« geländekundig wie niemand anderer, reichten die wenigen Tage Atempause, um mit dem zu Hilfe gerufenen »Deutschen Alpenkorps« – zumeist bayrischen Truppenteilen – den allzu zögerlich vorgetragenen Angriff der Italiener schon am Anfang zum Stillstand zu bringen. Ein kühn vorgetragener Vorstoß der italienischen Truppen hätte wohl den Stellungskrieg der folgenden Monate und Jahre auf Anhieb überflüssig gemacht.

Denn sehr schnell sollte es anders kommen. Ab nun setzte ein Einigeln und Festnageln ein. Und hier gerieten die Italiener sofort in Schwierigkeiten. Sie kannten weder die Eigenheiten des Terrains, noch die Namen der Berge. Sie wussten weder über die wahre Truppenstärke des Gegners Bescheid, noch waren sie sich bewusst, wie sich die einheimische Bevölkerung diesen »ungewollten Befreiern« gegenüber verhalten würde.

Einigeln in den Bergen

Alsbald setzte das erste grauenhafte Sterben ein. Luigi Siorpaes Ringa vermerkt es sarkastisch und mit grauenhafter Klarheit in seinem Tagebuch: »15. und 16. Juli. Drei Tage des Terrors, es schien eine Hölle aus Feuer zu sein. Man sah dauernd Verletzte vorbeiziehen, die schwereren Fälle wurden auf Tragen dahergebracht; drei davon legten sie auf den Stiegen der Kirche zur Heiligen Juliana nieder: Es fehlten ihnen Arme und Beine; sie ließen sie dort einfach sterben, ohne dass ihnen jemand zu Hilfe geeilt wäre. Sie sagten, dass ihre Regierung solche Menschen nicht mehr bräuchte.« Die Regierung braucht keine sterbenden Soldaten in diesem unmenschlichen Gemetzel. Es handelt sich um Nummern, mehr nicht.

Die Methoden sind manchmal rüde und makaber genug: »Jungens, auf zur Ehre des Bataillons; wer zurückweicht, den werde ich töten!«, feuert ein unbekannt gebliebener Gefreiter vor einem Angriff seine Männer an. Er ist der erste, der dem folgenden Gemetzel zum Opfer fällt. Noch immer sind die italienischen Truppen, obwohl gegenüber den Österreichern in der Mehrzahl, schlecht ausgerüstet. Aber auch für einen Großteil der Gegenseite sind diese Berge absolutes und fürchterliches Neuland. So schreibt ein dem deutschen Alpenkorps angehörender bayrischer Soldat: »Liebstes Kathrinchen … ich befinde mich augenblicklich in den sogenannten Tolomidischen Bergen. Es ist ein verdammter Ort, den ich nicht einmal einem Hund wünschte. Alles ist hoch, überall gibt es Grate und Zinnen und alles scheint niederzufallen. Welch schlimme Berge haben diese Tiroler. Hier ist alles kaputt und alles faul.«

Als sich der Krieg auf die höchsten Bergspitzen hin verlagert hat, wird beiden Heereseinheiten schnell klar, dass nun die Stunde der bergerfahrenen Spezialisten, der Skifahrer, Kletterer oder geländekundigen Führer gekommen ist. Wenige ausgewählte Schützen, ausgerüstet mit kümmerlichen Gewehren, sind imstande – hinter Felsen und Bergspitzen verborgen –, ganze Bataillons zurückzuwerfen, welche sich noch dazu über steiles felsiges Gelände hinaufarbeiten oder über schneeverwehte Schneisen hinaufrobben müssen, ohne irgendwie besonders geschützt zu sein. Denn was nun folgt, endet für die angreifenden Italiener mit einem Massaker und Abschlachten, an dem die obersten Heerführer ihren Anteil der Schuld übernehmen müssen. Bei jedem blinden Anrennen gegen die gut postierten Verteidiger gibt es hunderte von Toten, doch Lehren werden daraus keine gezogen.

Nachdem die erste günstige Chance ungenützt verstrichen ist, wechselt man Taktik und stellt sich alsbald auf einen lang andauernden Gefechtswechsel ein. Von nun an dominieren schwere Artillerieangriffe, gefährliche und mit allerhand Kriegslisten vorgetragene Überfälle und ein Kampf, in dem es darum geht, wer länger zwischen Kälte und Sturm auszuharren vermag. In manchmal stundenlangen Märschen versuchen die Italiener hinter die österreichischen Truppen zu gelangen, was aber kaum von Erfolg gekrönt ist. Schwerwiegender als das gezielte gegnerische Feuer, ist sehr oft das eigene. Die zu niedrig angetragenen Schüsse tragen das ihrige dazu bei, die eigenen Mannschaften von hinten zu meucheln, während die viel höher gelegenen Stellungen der Ös-

Archivio Arch. Fabio Ortolani, Foto A. De Marinis (3)

Der italienische Offizier Alberto de Marinis, 1868 geboren, kam mit einem der ersten Truppenkontingente in die Dolomiten. Anschließend kam er in der Folge am Tagliamento zum Einsatz, wurde dort im Jahr 1917 verletzt, vertrat aber Italien auch nach dem Krieg in Europa bei militärischen Anlässen. Bemerkenswert sind seine Aufnahmen, die er während der Zeit in den Dolomiten anfertigte. Sie zeigen vielfach den harten Einsatz der Soldaten. Fein säuberlich beschrieb er jedes einzelne Foto. Oben: »Vorposten und Unterstände im Wald von Buchenstein«; unten links: »Das Sperrfort La Corte nach der Bombardierung durch unsere Truppen am 18. 9. 1915;« unten rechts: »Detail des Sperrforts La Corte von Ornella aus gesehen«

terreicher vor diesen Schüssen sicher sind. Sehr bald stellen sich erste Fälle von Befehlsverweigerung ein. Ein Infanterist, der 46-jährige Oreste Agnelli Zampa, schreibt nüchtern den allgemeinen Zustand nieder: »Ein Korporal wurde degradiert, weil er nicht angreifen wollte ...« Der oberste Befehlshaber General Cadorna ist erbost: »Vor allem muss ich weiter fortfahren Generäle zu liquidieren: Nava hat den Angriff im Cadore wegen seiner Langsamkeit und weil er alle verärgert hat, zu Fall gebracht.« Trotz aller Versuche will nichts gelingen. Die Gräber füllen sich, die Moral liegt am Boden.

Mit Bomben und Kanonen

Auch in Cortina d'Ampezzo verändert sich einiges. Die Kirchenglocken verstummen. Luigi Siorpaes Ringa ist traurig. »13. Juni. Herz-Jesu-Sonntag: Alle erwarten sich, dass unsere schöne Glocke das Ave-Maria ertönen lässt; aber umsonst. Nicht einmal die kleinen Glocken läuteten, aber um 4.30 hörte man von drei Seiten die Kanonen donnern.«

Am 29. Juni tritt an Stelle von Oberstleutnant Saverio Nasalli Rocca der neue Kommandant der 2/a-Division, Generalmajor Antonio Cantore. Er ist wegen seiner Strenge berüchtigt. Und er setzt auch gleich Taten. Zunächst soll ganz Cortina geräumt werden. Es braucht große Überzeugungskraft, dass dieser Befehl nicht in die Tat umgesetzt wird. Trotzdem findet er immer wieder nichtige Anlässe, um die Menschen zu schikanieren. Die Frauen von Cortina, glaubt er, würden sich an den vielen Leichen, die aus der Totenkammer herausgebracht werden, ergötzen. Dies sei ihm schon mehrmals aufgefallen. Und diese Ladiner, besonders die Kinder, müssten ab nun erst recht im Sinne Italiens erzogen werden. Wer auch nur scheinbar Anzeichen von Auflehnung zeigt, wird verhaftet und in den verschiedensten italienischen Provinzen zwangsinterniert. Es sind ihrer nicht wenige, die diesen bitteren Gang antreten müssen.

Sehr schnell zwingt man den Bürgermeister von Cortina, Demai, einen Teil des Waldes, seit Jahrhunderten im Besitz der Regole, einer einzigartigen Selbstverwaltung, dem Königlichen Italienischen

Italienische Soldaten schauen vom requirierten Hotel Concordia aus den beiden Ampezzanerinnen in ihrer traditionellen Trachten nach.

Heer zur Verfügung zu stellen. Vom kommissarischen Verwalter des Dorfes wird diese, durch Druck erzeugte »freiwillige« Geste in den höchsten Tönen gelobt, bei den Ampezzanern aber zieht dieses Verhalten noch mehr den Unmut und Zorn der Bevölkerung nach sich, dient dieses rücksichtslose Vorgehen doch dazu, auf einer Seite die italienischen Truppen im Kampf gegen ihre eigenen Leute zu stärken, auf der anderen aber einen Keil in die lokale Selbstverwaltungsdomäne zu treiben.

Ein Dorf wird erniedrigt

Cortina d'Ampezzo, das Herz Ladiniens, blutete und trug Trauer und Verzweiflung. Soldaten patrouillierten nun ein Dorf, das einst berühmt war für seine Hotels. Diese waren nun zu Spitälern oder Truppenquartieren umfunktioniert worden. Unter den erschreckten Gesichtern der alten Ampezzaner grasten nun auf ihren Wiesen die Pferde der fremden Herren oder es wurde Getreide für die Truppen angepflanz; viele Felder waren enteignet worden. Doch mehr denn je war Cortina d'Ampezzo ein Symbol, auf das man blickte. Nachrichten erreichten diesen Ort schneller als andere. Das Dorf erhielt einen strategischen und symbolischen Wert, eine Unzahl von Generälen und anderen hohen Offizieren gingen hier ein und aus. Tagtäglich marschierten Heerscharen von Soldaten durch das Dorf, um zu den vordersten Linien bei Son Pòuses, Cima Bòis, Lagazuói oder dem Monte Piano zu gelangen. Dazwischen gab es immer wieder lange Kolonnen von Rössern, Eseln, Maultieren, aber auch Schlachttieren. Hunde begleiteten treu ihre Herren. Dazwischen fuhren Motorräder und Autos, während immer wieder Sanitätstransporte Tote oder Verletzte in die Krankenhäuser brachten. Militärkapläne aus den verschiedensten Teilen Italiens sorgten ab nun für das göttliche Heil, sowohl der Truppen, als auch der Einheimischen. Die Umerziehungsmaßnahmen griffen immer noch nicht. Die Einheimischen wären liebend gerne ihre Befreier wieder losgeworden. So wurde Cortina d'Ampezzo zu einer einzigartigen Insel inmitten des Krieges. Cortina war im Krieg und doch war hier der Krieg anders als an anderen Orten.

Cortina d'Ampezzo. Trauerfeierlichkeiten zu Ehren des 1914 in Sarajewo erschossenen Thronfolgers Ferdinand d'Este und seiner Gemahlin.

Archivio Massimo Turkheimer, Foto cap. Edoardo Turkheimer

Was nun erblühte, waren die kleinen und kleinsten Freuden, sehr oft aufgebaut auf Schabernack und List. Gerade die Ampezzaner, die auf österreichischer Seite vielfach im Gadertal oder im Pustertal Dienst taten, freuten sich umso mehr, wenn es ihnen gelang Nachrichten in ihre Heimat zu bringen. Wenn auch nicht oft, wenn auch immer der Zensur unterworfen. »Liebster Max!«, schrieb am 21. Jänner 1916 Paolino Zardini Sorìza, der in Colfosco Dienst tat, an seinen Freund und verbarg gleichzeitig ein rätselhaftes Wort im Brief: »Der Winter ist mild. Judas ist ruhig.« Das verräterische Italien, der Judas, stellte die k.u.k. Truppen im Gadertal vor keine größeren Probleme.

Kleine Freuden der Glückseligkeit

Dafür aber träumt der Ampezzaner Kaiserjäger Adolfo Menardi, am Col di Lana im Dienst, Tag und Nacht von seiner Angebeteten Carolina, die er in unzähligen Tagebucheintragungen anhimmelt. In seinen Illusionen geht er sogar so weit, dass er glaubt, sich als Held nach Cortina durchzuschlagen:

Archivio Massimo turkheimer, Foto cap. Edoardo Turkheimer

Viele Bauernhäuser und Hotels wurden von der Heeresleitung requiriert, da sie als Ställe, Wohnungen, Krankenhäuser, Büros und Magazine dringend benötigt wurden.

»Die Menschenmassen prallten an unseren Bajonetten ab … Ein wildes Schlachten begann … Du standest am Balkon, mit einem Blick der Liebe. Dann wurde ich wieder zur Bestie. Ich spaltete einem nach dem anderen den Kopf. Aber eine schöne Nebenbuhlerin verletzte mich schwer, drei andere zerstörten mir meinen Arm. Ich schleppte mich zu deinem Heimathaus. … dort verbandest du mich notdürftig.« Es ist der Sieg der Träume über den Krieg – die Freuden des kleinen Mannes, der glaubt, nur dadurch seiner Ohnmacht gegenüber den großen strategischen Entscheidungen zu entfliehen. Ein paar Zeilen, eine Postkarte, heimlich hingeschrieben, eine Notiz, all das hat so heute oft mehr dokumentarischen Wert als die großen Planspiele der Generäle.

Die Italiener, immer noch an ihren Sieg glaubend, taten nun alles, um Cortina in ihrem Sinne zu formen. An die zweihundert Arbeiter, zumeist aus Süditalien, machten sich daran, die Militärstraßen auszubauen und neue Verbindungen zu errichten. Auch dies zum Missfallen der auf ihre Traditionen und ihre Heimat stolzen Cortineser: »Arme Ampezzaner! Diejenigen, die aus dem Krieg zurückkehren, werden es nicht mehr finden, wie es einst war. Sie werden die zerpflügten Felder sehen, die zerstörten Häuser, die entholzten Wälder, die nicht einmal genügend Bäume haben, um unsere Häuser wieder aufzubauen«, schreibt die treue Chronistin Maria Menardi. Noch immer sind fast alle Einwohner von Cortina felsenfest überzeugt, dass ihre Truppen siegreich zurückkehren werden und dass dies alles nur eine Frage der Zeit sei. Und sie hoffen bei jedem über Cortina kreisenden österreichischen Flugzeug, dass es nicht von den Geschossen der Italiener vom Himmel heruntergeholt werde. Es gibt auch schon die ersten Luftkämpfe, etwas vollkommen Neues für diese Bergbewohner, das sie aus ihren Häusern heraustreibt, um für »ihr« Flugzeug den Daumen zu halten. Zumeist handelt es sich

Archivio Raffaele Grammendola, foto Alfredo Grammendola

Ein Mädchen in Ampezzaner Tracht lässt sich mit einigen Soldaten aus Kalabrien für ein Erinnerungsfoto verewigen.

noch um Aufklärungsflieger. Die Technik ist noch nicht ausgereift, um Bomben in Massen auf die darunter liegenden Stellungen oder Dörfer zu werfen.

Doch der Krieg schreitet mit unverminderter Härte weiter fort, er verstärkt sich sogar. Die immerfort von beiden Seiten abgefeuerten schweren Geschosse sind in Cortina laut zu hören und lassen die Häuser derart erzittern, dass es die italienische Heeresführung vorzieht, die heilige Messe ins Freie zu verlegen.

Die Ampezzaner sind skeptisch hinsichtlich der Lügen, die ihnen von den Italienern aufgetischt werden:

»19. Mittwoch. Heute teilte uns Herr Vikar Don Rizzardi nach der Predigt mit, dass die Österreicher aus ihren Flugzeugen vergiftete Süßigkeiten werfen und er uns davor warnt, sie aufzulesen. Wir glauben ihm solche Lügen nicht!« Nein, dass die eigenen Soldaten ihre Frauen und Kinder vergiften, das trauen sie ihnen niemals zu. Es will einfach nicht gelingen, die Ampezzaner im Sinne Italiens umzuerziehen. Aus den verschiedensten Gründen, in den meisten Fällen mit dem Vorwurf, den Gegner mit Informationen zu versorgen, werden immer noch Menschen vom Dorf verhaftet und in Italien interniert, um dort italienisiert zu werden.

Der Tag der Befreiung oder der Besetzung?

Am 28. Mai 1916 jährt sich dann zum ersten Mal der »Tag der Befreiung vom österreichischen Joch«. Die Italiener erwarten sich, dass dieses große Ereignis gebührend von den Ampezzanern gewürdigt wird. Diese allerdings würden am liebsten

Archiv Obwegs/Leitgeb (3)

Ganz oben: Eine Traktierkolonne einer Artilleriekompanie während einer Rast bei Pederù im Gadertal. Unten links: Das österreichische Heer war ein »bunter Haufen«. Fast jede Waffengattung hatte ihre eigene Uniform. Aber im Verlauf des Krieges änderte sich das durch den Mangel an Stoff und anderem. Auf diesem Foto aus der Zeit zu Beginn des Krieges erkennt man noch verschiedene Uniformen. Später trugen alle österreichischen Soldaten die gleiche hechtgraue Uniform (Pikolein im Gadertal 1915). Unten rechts: Kaiser Karl wird von den Schülern von Pederoa und Wengen begrüßt. Öfters besuchte der junge Monarch die Dolomitenfront und wollte damit die Soldaten zum weiteren Durchhalten animieren.

Archivio Massimo turkheimer, Foto cap. Edoardo Turkheimer

Der Kriegswinter 1916/17 gehörte zu den schneereichsten seit Menschengedenken. Allein in Tallagen um Cortina fiel zwischen November 1916 und Jänner 1917 die unglaubliche Menge von 835 cm Schnee.

an diesem Tag den Namenstag von Kaiser Franz Josef feiern. Fragen die Soldaten die, in ihren Augen störrischen, Einwohner von Cortina, ob sie sich nun doch endlich als Italiener fühlen, dann antworten diese stolz »Ampezzaner« zu sein.

Festlich wird Cortina herausgeputzt, überall prangt die italienische Trikolore. Sogar eine eigene Hymne, strotzend voll Lobesgesängen auf den neuen Heilsbringer hat man komponiert, welche postwendend von den Ampezzanern umgedichtet wird: »Freue dich, dass du diese Erde den Barbaren genommen hast!« wird zu »Weine doch, nachdem uns ein Barbar die Heimat genommen hat!«

Bürgermeister Demai spricht man die Ehre zu, im Namen der neuen Herrscher die festliche Einladung aussprechen. Er tut es auch und lädt zum ersten Jahrestag der »italienischen Besetzung« seiner Heimat ein. Die Einladung wird überall ausgehängt und sofort herrscht blankes Entsetzen bei den neuen Verwaltern. Niemals hätte er »Besetzung«, schreiben dürfen, sondern »Befreiung«, schilt ihn Zivilkommissar Pasi. Bürgermeister Demai entschuldigt sich vielmals, dass er des Italienischen noch nicht mächtig sei. Die Ampezzaner verstehen die Botschaft ihres ersten Bürgers. Die Feier wird zu einem Fiasko und trägt noch mehr dazu bei, das Misstrauen der Bevölkerung gegenüber ihren neuen Herren zu verstärken. Auch wenn sich der italienische König höchst persönlich dazu veranlasst sieht, sich dankend zu äußern, dass »ihn die tiefen Gefühlsbezeugungen der Bevölkerung sehr gefreut haben«. Knapp eine Woche später, am 4. Juni 1916, dem »Tag der neuen Verfassung«, geben die Besatzer dem wankenden Bürgermeister Gelegenheit, sein vorhergehendes – in ihren Augen unrühmliches – Verhalten gutzumachen. »An diesem Tag zeigt das mit der großen gemeinsamen Mutter so tief

Archivio col. Gianni Bellò. Foto ten. Ettore Boschi

Dieser starke Winter lähmte nicht nur das Geschehen an der Front, sondern auch das ohnehin schon daniederliegende Dorfleben.

verwurzelt stehende Ampezzo seine großartige Bewunderung über den Heldenmut der Soldaten«. schreibt nun Demai und sein Schreiben wird prompt in den italienischen Zeitungen veröffentlicht, was den Großteil der Bevölkerung Cortinas nur zur Bemerkung veranlasst, dass dies »sicher nicht auf seinem Mist gewachsen sei«.

Und in der Tat, es war auch so. Der Zivilkommissar hatte, um die eine Woche zuvor stattgefundene Posse zu vermeiden, den Text selbst verfasst und den Bürgermeister unterschreiben lassen.

Das Jahr 1916 endet, wie es sich die meisten zwei Jahre zuvor niemals hätten vorstellen können. Die Einwohner von Cortina können nur den Kopf schütteln, als die angesehene Tageszeitung »Corriere della Sera« am 31. Dezember 1916 die zwei aus dem Jahr 1593 stammenden und vom österreichischen Feldmarschall Radetzky den Ampezzanern zum Geschenk gemachten Kanonen als Kriegsbeute der Italiener abbildet, wobei sie längst schon kriegsuntaugliche Museumsrelikte sind und die Kinder darauf schon seit Jahrzehnten herumgetollt sind.

So hoffen dennoch viele, dass endlich das Jahr 1917 den lang ersehnten Frieden bringen wird. Jeder fühlt, dass beide Seiten schon wanken, und dass niemand mehr die Kraft zum Sieg hat. Doch wie der Frieden ausschauen soll, davor haben die meisten Angst. Seit Jahren schon hört man in Cortina keinen Glockenschlag mehr, aber auch sonst scheint alles wie festgefahren zu sein. Man gedenkt der 150 irgendwo in Italien internierten Cortineser und jeder hütet sich davor, seine innersten Empfindungen aus Angst vor Strafe irgendwie preiszugeben. Doch die Lage verschlechtert sich von Tag zu Tag. Der Schriftverkehr mit ihren zum Großteil an der Tiroler Front oder in Österreich lebenden Verwandten wird immer mehr eingeschränkt. Nur mehr eine Postkarte mit maximal zwanzig Wörtern pro Monat ist ab nun erlaubt. Und auch diese kommt höchst selten an, weil sie entweder der Zensur zum Opfer fällt oder aus irgendwelchen Gründen zurückbehalten wird. Trotzdem bereitet jede einzelne Postkarte, wen auch immer sie erreicht, große Freude und bringt Kraft, wieder die eine oder andere Woche in dieser fürchterlichen Zeit zu überstehen.

Archivio Raffaele Grammendola, foto Alfredo Grammendola

Ampezzanerinnen mit ihren Waschkörben vor dem Cafè Sport, im Hintergrund die Pfarrkirche.

Selbst das Wetter scheint sich gegen die Menschen verschworen zu haben. Die Schneefälle erreichen katastrophale und seit Menschengedenken ungekannte Ausmaße. Allein im November 1916 fallen in Cortina 175 cm, im Dezember 1916 gewaltige 332 cm und selbst im Jänner noch weitere 328 cm. Und so geht es auch noch in den restlichen Wintermonaten weiter.

Auch die Natur meint es nicht gut mit den Menschen

Die Truppen hoch oben in den Bergen beginnen zu meutern und fordern mehr Verpflegung und vor allen Dingen bessere Ausrüstung. Die italienische Regierung indessen entsendet wortgewandte Prediger zur Hebung der desolaten Moral. In der Pfarrkirche von Cortina verspricht der Barnabiterpater Giovanni Semeria (1867–1931), berühmt geworden wegen seiner feurigen Reden wie auch wegen seiner imposanten Gestalt, den Soldaten Himmelreich und Ewigkeit. Entsetzt und angewidert wenden sich die Cortineser von ihm ab, geht es doch um ihre eigenen Ehegatten und Verwandten, die getötet werden sollen. Selbst die Schulkinder, nun streng getrennt zwischen Buben und Mädchen, müssen erst lernen mit den neuen Gegebenheiten umzugehen. Neben dem Kreuz hängt in den Schulklassen kein Kaiser Franz Josef mehr, sondern Vittorio Emanuele III. Sie erlernen nun die Geschichte Italiens, pauken die Anzahl der italienischen Provinzen und Regionen, rezitieren Dante, Ugo Foscolo und Alessandro Manzoni und schwenken wie ein Leichentuch die italienische Trikolore. All dies hindert die Kinder nicht daran – sehr zum Missfallen der Lehrerin – anstelle der italienischen Hymne immer wieder wie zum Trotz die kaiserlich-österreichische anzustimmen. Es ist nicht so einfach, eine Jahrhunderte alte ladinisch-ampezzanische Kultur und Tradition von einem Tag auf den anderen verschwinden zu lassen, auch wenn es präzise Anweisungen gibt, die Schüler im Sinne Italiens zu erziehen.

Sag niemals die Wahrheit

Jeder hilft dem anderen, wo er nur kann. Das Gemeinschaftsgefühl schweißt die Menschen zusammen. Aus Nocera in Süditalien erteilt die dort internierte Maria

Bernardi ihrer Freundin Emma in Cortina folgenden Ratschlag: »Sag niemals die Wahrheit, sie wird bestraft! Tut niemals Gutes, man dankt es Euch nicht! Habt kein Pflichtbewusstsein, ihr werdet eingesperrt! Und wenn ihr das alles trotzdem tun wollt, warten Gefängnis auf euch, Hunger, Kälte, Beleidigungen, Erniedrigungen. Man wirft mit Steinen nach Euch und tut Euch vieles an, was nicht einmal meine Feder niederschreiben kann!«

Auch den berühmten Bergführer Antonio Dimai Deo (1866–1948) hat man in die Gegend von Florenz deportiert. Er hatte sich geweigert, Alpini auf die sich in österreichischer Hand befindliche Tofana zu führen, wo seine Freunde und Nachbarn kämpften. Der belgische König, Kletterkamerad von Antonio Dimai, höchstpersönlich erwirkt schlussendlich seine Freilassung.

Die Bewegungsfreiheit der Ampezzaner wird immer weiter eingeschränkt. Um das Gemeindeterritorium verlassen zu können, müssen sie sich einen eigenen internen Reisepass ausstellen lassen, höchstpersönlich unterschrieben vom Bürgermeister, dem Zivilkommissar und auch noch vom Hauptmann der Carabinieri.

Die Preise für lebensnotwendige Güter steigen ins Unermessliche. Während auf einer Seite aufgrund der Requirierungen die seit alters her angebauten Saubohnen auf den Feldern verschimmeln, herrscht auf der anderen Seite Not.

Noch etwas erregt am 28. Mai 1917 in Cortina Aufsehen: Der zweite Jahrestag der »Besetzung« oder, wie man es nehmen mag, der »Befreiung« wird gefeiert und aus mysteriösen Gründen macht ein italienisches Flugzeug in der Nähe von Campo eine Bruchlandung. Man verbietet zwar streng Fotos davon zu machen, aber das Ereignis wird schnell bekannt. Die Ampezzaner beginnen sich zu wundern. Kreisen doch seit Monaten österreichische Flugzeuge in großer Zahl oberhalb von Cortina, wobei es den Italienern nie gelungen ist, eines abzuschießen. Und dann muss dieses italienische nun aufgrund eines in den Benzintank eingedrungenen Projektils notlanden. Geläutert vom Eklat, der ein Jahr zuvor stattgefunden hat, schreibt in diesem Jahr Zivilkommissar Dr. Gandolfi den feierlichen Text für Bürgermeister Demai vor. Er klingt so unnatürlich und geschwollen, dass jeder der Ampezzaner sogleich weiß, dass dieser nie auf den Bürgermeisters zurückzuführen sein kann: »Ampezzaner! Heuer jährt sich zum zweiten Mal der schicksalhafte Tag der Befreiung aus dem österreichischen Joch und der Tag, wo auch für uns der Stern der Freiheit sich niedersenkte! Sollen gemeinsam unsere Chöre jubeln und wir ewig diesem heldenhaften Heer dankbar sein, das für uns, unsere Brüder und die Menschheit freiwillig sein Blut ließ. Ampezzaner! Wir sind mit Stolz erfüllt, uns endlich mit der großen Mutter Italien vereint zu haben und treue Untertanen eines gütigen und weisen Königs geworden zu sein. Im Wissen, dass ein großartiger Sieg und ein geeintes Italien als ewiger Leuchtturm des Fortschritts und der Menschheit vor uns steht, wollen wir gemeinsam aus voller Brust anstimmen: Es lebe Italien! Es lebe der König! Es lebe das Heer!«

Dieser Text löste Achselzucken aus; einige der Ampezzaner verübelten es sogar dem Bürgermeister, seine Unterschrift darunter gesetzt zu haben, doch verzieh man ihm, da er sonst wohl auch zu den nunmehr schon zweihundert Internierten hinzugekommen wäre.

Das »Befreiungsfest« findet unter starkem Regen statt, eine dankbare Entschuldigung für viele Ampezzaner. Bürgermeister Demai erhält an diesem Tag aufgrund seiner Verdienste für sein neues Vaterland den Titel »Cavaliere d'Italia«. Sonst hat man alle Hände voll zu tun, die von Bomben zerpflügten Felder instand zu halten, um wenigstens noch einige Lebensmittel ernten zu können.

Am meisten ärgert sich der alte Luigi Siorpaes Rìnga über das zerstörerische Verhalten der italienischen Truppen auf seinen geliebten Feldern und Wäldern. »... Diese Wilden zerstören mir alles, die Wälder und Wiesen, und zudem stehlen sie mir noch meine Kartoffeln und das Brennholz für den Winter. Ich weiß nichts, was sie Gutes haben. Sie sind eine wilde Horde von Schmutzfinken, die um mein Haus herumvagabundieren.« Er schreibt es voll Zorn und in krakeliger Schrift nieder und nur das Wissen, eine Internierung in Süditalien zu riskieren, bringt ihn einigermaßen zur Vernunft.

Wie steht es mit der Treue?

Die seit drei Jahren getrennt von ihren Männern oder Frauen lebenden Ampezzaner beginnen sich immer mehr um die gegenseitige Treue zu sorgen, eine nicht so abwegige Frage. Am 8. Mai 1917 schreibt Maria Rimoldi-Pompanin ihrem Mann, Landsturm Giuseppe Pompanin: »Liebster Giuseppe! Ich hoffe, dass es dir gut geht und dass du dich immer an deine liebe Familie und deine Ehegattin erinnerst, die fern von dir leidet und immer an dich denkt, auch wenn wir ohne unsere Schuld getrennt wurden.« Endlich am 3. August 1917 erreicht Maria Rimoldi Post von ihrem geliebten Mann. Obwohl er ihr alle zwei Wochen geschrieben hat, haben die anderen Briefe nie ihr Ziel erreicht. Und noch ehe er Worte des Trostes und der Treue an seine Frau und die Kinder richtet, fleht er die gehasste Zensur an, diesen Brief nicht zu verwerfen. »Ich bitte die hoch verehrte Zensur inständigst, dass sie es genehmigt, diese wenigen Zeilen an meine liebste Familie zu senden, die seit vielen Monaten nichts von mir hört.« Und er bestätigt hoch und heilig seiner liebsten Gattin, dass er »immer treu lebt«. Dann richtet er noch einige Mahnungen an seine Kinder, dass sie ihrer Mutter Ehre machen sollen und erkundigt sich nach seinen Eltern, wobei er auf jede noch so traurige Nachricht gefasst ist.

Während schlechte Nachrichten über Italiens allgemeine Kriegsmoral Cortina nur spärlich erreichen – die Zensur ist allgegenwärtig – spielt sich seit Sommer 1915 am Isonzo eine Tragödie ab, die ihren Höhepunkt im Jahr 1917 erreicht. Ein Schlachten und Morden nie gesehenen Ausmaßes findet hier statt, wobei das Ende – der Sieg der österreichisch-ungarischen Truppen – paradoxerweise gleichbedeutend mit dem Untergang des alten Kaiserreiches wird.

Dass sich etwas ändert, bemerkt man anhand der großen Truppenbewegungen an allen Fronten. Der alte Standschütze Luigi Michielli (1857–1920), aufmerksam und kritisch wie immer, nach seinen Fronteinsätzen bei Son Pòuses und am Col di Lana nun im Pustertaler Niederrasen kränkelnd und im Ruhestand seinen 60. Geburtstag feiernd, findet die richtigen Worte: »Sie wollen einen Friedhof aus Europa machen, diese fürchterlichen Tyrannen. Ich hoffe, dass sie Gott bald dafür bestrafen möge!«

Am 1. November 1917 schaffen die Österreicher bei Caporetto den Durchbruch. Die wenigen in Cortina noch vorhandenen wehrfähigen Männer zwischen 15 und 60 müssen sich beim italienischen Heereskommando melden. Sie sollen nicht bei den Österreichern verbleiben. Ein österreichisches Flugzeug wirft indessen schon Tausende von Flugblättern ab: »Am 31. Oktober haben die österreichisch-deutschen Truppen den Tagliamento erreicht ... und sie setzen

Der italienische König Vittorio Emanuele III. in Cortina. Ein unbekannt gebliebener Ampezzaner Tagebuchschreiber beschreibt diesen Besuch ohne besondere Anteilnahme: »Es sind einige Offiziere ausgestiegen, unter ihnen war auch der König dabei. Wir haben ihn gleich erkannt. Ich hätte nie geglaubt, dass er so klein wäre.«

ihren Angriff gegen die Reste der II/a Armeeeinheit fort … Wie könnt ihr nur nach solch einer Katastrophe noch an die Worte eurer Herrscher glauben, die euch immer nur den Sieg und den Traum einer Eroberung Österreichs versprechen?« Zum ersten Mal scheint ein dauerhafter Friede möglich. Italien wankt. Und doch ist auch diese Hoffnung nur von kurzer Dauer. Noch ein weiteres Jahr wird dieses Schlachten weitergehen, wobei es noch schlimmer kommen wird als bisher. In den Dolomiten, in Cortina, jener kleinen ladinischen Stadt, wo über drei Jahre die Uhren anders gegangen sind, das so zu einem Symbol des Krieges geworden ist, kehrt zum ersten Mal seit langem ein leidlicher Friede ein.

Sämtliche italienischen Truppen verlassen fluchtartig Cortina, Brücken werden in aller Eile gesprengt, Teile des Kirchenschatzes geraubt, selbst die drei Militärkapläne müssen, obwohl sie sich gut in Cortina eingelebt haben, mit der Truppe mitziehen, was Don Menegus, den Dekan von Cortina, schreiben lässt: »Wer dies liest, erinnere sich daran: Es waren dies alles nur arme Soldaten, welche, wenn sie frei hätten entscheiden können, dies alles niemals gemacht hätten. Mögen der Herr und die Heilige Jungfrau della Difesa, wie auch in vielen anderen Fällen, uns weiterhin schützen!«

Ein kurzer Frieden

Feststimmung ist angesagt: man erwartet die Ehegatten, Männer, Kämpfer, die man schon seit mehr als zwei, z.T. drei Jahren nicht mehr gesehen hat. Festlich werden die Straßen geschmückt, der alte Cesare Demengo, Veteran aus dem Krieg von

Archiv Obwegs/Leitgeb

Im Krieg galt es, jeden Augenblick des Friedens zu nutzen. Vor allem Namenstage wurden, wenn es möglich war, von den Soldaten gebührend gefeiert. Standschützen des Bataillons Enneberg bei einer Namenstagsfeier im Kampfabschnitt Col di Lana.

1866, lässt es sich nicht nehmen, ein eigenes Lied für »seine Truppen« zu komponieren. Überall herrscht Freude.

Ein Sohn von Giuseppe Menardi Tre Croci findet eine Handgranate, unvorsichtig lässt er sie auf den Boden fallen, sie explodiert und zerfetzt den 13-jährigen Knaben vollständig. Solche Zwischenfälle stehen in der nächsten Zeit, selbst in den nächsten Jahren an der Tagesordnung.

An die dreißig Männer hatte man mit Gewalt und rechtswidrig zum italienischen Heer eingezogen und sie mussten nun am Isonzo – Ironie der Geschichte – auf italienischer Seite kämpfen. Weitere 47, welche in der Zeit der Besetzung mit den Italienern sympathisiert oder kollaboriert hatten, gingen freiwillig mit, da sie Strafaktionen der Österreicher befürchteten, darunter auch Bürgermeister Demai Belìn und seine Familie, und darüber hinaus »die leichten Mädchen, die hinter ihren Liebhabern hinterhereilten.«

Jubelstimmung herrscht nun in Cortina, die vorhandenen Lebensmitteldepots der Italiener werden schnellstens geleert und man erhofft sich wieder, dass endlich eine Zeit des Friedens und des Wohlstands einkehren möge. Doch die Männer, die hier in Cortina d'Ampezzo am 5. November 1917 einziehen, sind nicht die Gesichter des Sieges: verdreckte und herabgekommene Männer in Uniform ziehen vorbei, mit eingefallenen Wangen und hohlen Augen. Das ist kein Triumph, das sind Hunger und Tod.

Das Leid in der Bevölkerung will einfach nicht zu Ende gehen. Wieder ändert sich alles. Die italienischen Lehrerinnen sind geflüchtet, die in italienischer Geschichte und Literatur erzogenen Kinder müssen nochmals umlernen. Die Hungersnot erreicht nie gekannte Ausmaße, die Ladiner beginnen sogar in den alten italienischen Militärbaracken nach Lebensmitteln zu suchen. Doch die Glocken von Cortina d'Ampezzo läuten wieder. Manch ein verwahrloster, vom Hunger geplagter russischer Kriegsgefangener oder italienischer Deserteur treibt sich einsam in den Wäldern herum. »Wann kommt endlich Frieden?«, ist die am häufigsten gestellte Frage, auf die aber niemand eine Antwort geben kann.

Cortina wird bombardiert

»30. Heilig-Kreuz-Sonntag. Vormittags, gegen viertel nach sechs beginnen sie Cortina zu bombardieren ...« So beginnt Maria Menardi eine ihrer täglichen Tagebucheintragungen. Die Österreicher haben es auf wichtige Einrichtungen des italienischen Heeres abgesehen. Bis zum Jahre 1917, wird Cortina an insgesamt vierzig Tagen beschossen. Es gibt Feuersbrünste, Zerstörungen, Tote und Verletzte innerhalb der Zivilbevölkerung. Die Herz-Jesu-Prozession muss unterbrochen werden, alle verlaufen sich in ihre Häuser, wobei sie darauf bedacht sind, die am meisten gefährdeten zu meiden. Sogar die für Cortina so wichtige Kirche »Madonna della Difesa«, in der sich schon seit Jahrhunderten bei allen Katastrophen die Ampezzaner geschart haben, wird durch Geschosse in Mitleidenschaft gezogen. Schon am ersten Tag wird ein zur Sanität abgestellter Soldat tödlich getroffen. Aber beruhigt kann trotzdem der »Anonyme Ampezzaner« diesen Tag mit den Worten abschließen: »Obwohl an die zweihundert Granaten niederfielen, brach keine Feuersbrunst aus. Es war die Jungfrau della Difesa, die uns schützte.« Doch die Bombardierung von Cortina geht weiter und einige beginnen an der Loyalität ihres Heimatlandes zu zweifeln. Es sind eigenartigerweise die italienischen Truppen, welche die Bevölkerung beruhigen. General Eugenio Caputo sieht sich zur folgenden Stellungnahme veranlasst: »Die Angriffe galten vor allen Dingen unseren Magazinen ... und den Transportfahrzeugen. Es scheint, dass es der Feind noch nicht darauf anlegt, Corti-

Archivio Loris Lancedelli, foto cap. Mario Mainardis

Am 1. August 1916 liegt Cortina d'Ampezzo im Bombenhagel wie noch nie zuvor. 130 Granaten schlagen in der einstigen Tourismushochburg ein und richten viele Schäden an.

Archivio Loris Lancedelli, foto cap. Mario Mainardis

25. Juli 1916: Einige Geschosse treffen das Hotel Vittoria, wobei auch Luigi Verocai getötet wird.

Archivio Loris Lancedelli, foto cap. Mario Mainardis

Archivio Sorelle Appolonio

Links: 14. Juli 1916. Um 6 Uhr morgens schlägt eine Granate in das Haus der Brüder Majoni ein, das auch als Poststation dient. Rechts: Zwei Soldaten präsentieren sich auf dem Balkon eines bombardierten Hauses dem Fotografen.

na zu zerstören. Das sollte die gute Zivilbevölkerung einigermaßen beruhigen und sie mit gutem Gewissen die Festtage feiern lassen.« In erstaunlich ehrlicher und objektiver Weise fügt er hinzu, dass sicherlich nicht ein Dorf, das nur mehr aus Frauen, Alten und Kindern besteht, Ziel solcher Angriffe sein kann.

General Caputo fühlt mit der Bevölkerung mit, lobt ihr Verhalten und zeigt dadurch seine Korrektheit und Integrität auf. Doch trotz allem beginnen die Cortineser zu leiden. Immer mehr Häuser werden zerstört, der alte Alverà Bortolo Padrin, wird, von den Feldern nach Hause eilend, von einem Granatsplitter getroffen. »In weniger als einer Stunde musste der Arme, nach dem Empfang der Heiligen Sakramente, unter unsäglichen Schmerzen dahinscheiden.« Der Glaube an Gott hält immer noch den letzten Lebenswillen aufrecht. Menschen scharen sich um ihre Mitmenschen und leiden trotzdem allesamt gleich still. Denn der Tod geht nun im Dorf ein und aus. Am 21. Juli wird Luigi Ghedina Sport von einer Bombe tödlich getroffen, am 23. Juli, einem Sonntag, ein 6-jähriges Mädchen, zwei Tage später ein älterer Mann. Viele nehmen an den Trauerfeierlichkeiten teil, selbst General Caputo lässt es sich nicht nehmen, eine Ansprache an die Bevölkerung zu halten und die Toten dabei als »unschuldige Opfer des Krieges« zu bezeichnen. Die Ampezzaner sind derselben Meinung, zeigen sich allerdings über andere Aussagen des Generals entrüstet. Um die vollkommene Zerstörung von Cortina zu vermeiden, geht nun auch die italienische Heeresführung daran, bestimmte militärische Einrichtungen in die Peripherie zu verlegen, um damit weitere Bombardierungen zu verhindern.

Die toten Augen im Fels

Archivio arch. Fabio Ortolani, Foto A. De Marinis

Ein italienisches 149er Geschütz wird durch knietiefen Morast in die Höhe gezogen. Es bedurfte manchmal tagelanger Anstrengungen eines ganzen Pionierbataillons, um endlich ein Geschütz hoch oben auf den Bergen zum Einsatz zu bringen.

Archivio Arch. Fabio Ortolani

Eine Patrouille der Kaiserschützen mit zwei »Schwarzlose«-Maschinengewehren. Zum leichteren Vorwärtskommen im felsigen Gelände tragen sie den Alpenstock, während sie eine Menge von Munitionskisten mit sich führen.

An der wilden Dolomitenfront

Von der Marmolata führte alsbald die Frontlinie über den Padon-Kamm zu den Buchensteiner Bergen und dem Col di Lana. Über den Siefsattel ging es weiter zum Sas de Stria, um dort die Straße vom Falzarego-Pass zum Val-Parola-Pass zu überqueren und sofort wieder in die Felsenregionen des Lagazuoi zu gelangen. Von der Punta di Bòis zog sich die Kampflinie weiter über die Spitzen der Tofanen zum Vallon Blanco, Son Pòuses – Forame, von dort zum Monte Piana, den Drei Zinnen, um über die Sextner Rotwand den Kreuzbergpass zu überqueren. So verlief in groben Grundzügen die Frontlinie, an der sich in den folgenden Jahren nicht mehr viel verändern sollte.

Vom italienischen Heer wurde eine erste Front Sass de Stria – Val Parola – Bosco Castello – Col di Lana angelegt; eine Beobachtungslinie stand zwischen dem Falzaregopass und dem oberen Teil des Valparola-Baches. Eine Verteidigungslinie zog sich längs der Val Costeàna dahin, der eine zweite und dritte zwischen Cinque Torri, Averàu, Col di Larzonéi, Villagrande-Colle Santa Lucia und Selva di Cadore folgten. Am Averàu standen zudem noch große Scheinwerfer, um auch nachts das Gelände zu beobachten.

Überall auf den Höhenstellungen hatten die Österreicher leichte Geschütze positioniert, die sehr oft die darunter liegenden italienischen Truppen in Verlegenheit brachten. Der Vorteil der höheren Stellungen machte sich bezahlt, teilweise ließen die Kaiserjäger sogar Rollbomben in die tiefer gelegenen italienischen Stellungen fallen, die dort explodieren sollten.

Sprach man von Anfang an auf Seiten der italienischen Truppen von einem Angriffskrieg, so schreibt der Kommandant der Brigata Torino schon am 29. Juli 1915 von einem Verteidigungskrieg und fürchtet sich vor einem eventuellen Angriff der k.u.k. Truppen: »... wir müssen Sorge tragen, eine dauerhafte und starke Verteidigungslinie für den Fall eines gegnerischen Angriffs aufzubauen.« Da es weder gelungen war die Tofana noch den Lagazuoi zu erobern, begann man sich rund um die Cinque Torri einzuigeln, wohl überlegend, dass dies die ideale Verteidigungslinie selbst bei einer Wiederbesetzung von Cortina durch die österreichischen Truppen darstellte. Gleiches tat auch das k.u.k. Heer. Es verstärkte vom Lagazuoi bis hin zum Monte Piano die Stellungen und 29 Monate erbittertes Kriegsgeschehen reichten trotz Tonnen und Abertonnen von Geschossen jeden Kalibers nicht aus, die eine oder die andere Front ins Wanken zu bringen.

Archivo arch. Fabio Ortolani, Foto A. De Marinis

Ein wichtiges kriegshistorisches Dokument: Der Gipfel des Col di Lana mit dem Innenteil des Kraters nach der Explosion der italienischen Mine am 17. April 1916

Das Sperrfort Tre Sassi

Hinter dem Falzarego-Pass in Richtung Val Parola hatten die Österreicher zwischen 1898 und 1901 das Sperrfort Tre Sassi errichtet. Es sollte einen direkten Durchbruch ins Gadertal unmöglich machen. Doch schon zu Kriegsbeginn besaß dieses Sperrfort bei weitem nicht mehr die zu diesem Zeitpunkt kriegstechnisch erforderlichen Voraussetzungen. Die Ampezzaner nannten es »Intrà i Sàs« (zwischen den Felsen), daraus wurde im Laufe der Jahre die allgemein gängige, aber falsche Bezeichnung »Tre Sassi« (Drei Felsen) geprägt. Von Anfang Juli 1915 an begann die italienische Artillerie das Sperrfort mit 210er Mörsergranaten zu beschießen. Der Alpino Pietro Mezzacasa (1892–1978) aus La Valle Agordina beschreibt den gewaltigen Aufwand, den man trieb, um dieses Symbol des verhassten Feindes dem Erdboden gleichzumachen: »2. Juli 1915. ... Sie tragen uns auf 130 Kanonen zum Einsatz zu bringen, um das Sperrfort Tre Sassi dem Erdboden gleichzumachen. ... Um uns herum gibt es auf einer Länge von 20 Kilometern nur Kanonen unterschiedlichen Kalibers. ... Mein Gott welch ein Krieg! Den ganzen Tag über herrschte ein höllisches Geschützfeuer.« Die 36. Granate endlich traf das Sperrfort, das keinen strategischen Wert mehr besaß, voll und von da an eine Unzahl anderer. Die letzten österreichischen Truppenteile flüchteten, ließen aber die Lichter brennen, um weiterhin den Eindruck zu erwecken, dass es voll funktionsfähig sei. Weitere 1.700 Schuss wurden bis zum 15. August 1915 abgefeuert, 500 davon trafen voll. Am Ende verursachte die Zerbombung von Sass de Stria den Italienern gleich viel Kosten, wie die Österreicher zum Bau benötigt hatten. Diese gelungene Zerstörung hob die allgemeine Stimmung in der italienischen Armee aber kaum.

Die Dolomiten waren nicht Libyen, wo eine gewisse Anzahl von Soldaten und Offizieren herstammte. Man wurde sich bewusst, dass man die Strategie ändern musste, doch wie, daran schieden sich die Geister. Am 17. Juli 1915 vermerkt die fleißige Tagebuchschreiberin Maria Menardi: »Unaufhörlich hört man die Kanonen

Archivio Giorgio Fontanive

Das von den Österreichern zwischen 1898 und 1901 erbaute Sperrfort Tre Sassi am Falzarego. Es wurde von den italienischen Truppen schon in den ersten Kriegstagen zerbombt.

besonders bei Tra i Sassi. Die vergangene Woche hatten die Italiener riesige Verluste. Man spricht von 12.000 zwischen Toten, Verletzten und Verwundeten.« Und einige Tage später schreibt sie, dass auf dem kleinen Abschnitt rund um Tra i Sassi, die Italiener schon 60.000 Mann verloren hätten. Es handelte sich allerdings um übertriebene Angaben.

Archivio Arch. Fabio Ortolani

Italiener bei den Cinque Torri

Vom Passo Giau steigt das Gelände steil hinauf zum Nuvolàu (2.575), um dort wieder zum Falzarego-Pass hinunterzusinken. Von hier aus hat man einen herrlichen Blick auf die ganzen umliegenden Berge, Teile der Frontlandschaft: Von der Marmolata über den Col di Lana, Tofana bis hin zu den Drei Zinnen.

Der Nuvolàu und der Averàu wurden in den ersten Kriegstagen kampflos von den Italienern besetzt und sehr schnell ausgebaut. Unterhalb bildeten die Cinque Torri mit ihrer gleichnamigen Hütte gleichfalls einen hervorragenden Beobachtungspunkt hin zum Falzarego-Pass und dem Lagazuoi. So begannen das 30. Alpinibataillon Val Chisone, Fenestrelle, Val Cordèvole und das 7. Belluno schnell mit dem Ausbau dieser wichtigen strategischen Punkte rund um die Cinque Torri, um von hier aus die österreichischen Truppen am Falzarego, Lagazuoi, Hexenstein allmählich zu zermürben und den Durchbruch ins Gadertal zu schaffen. Es wurde zu einem vergeblichen Unterfangen. Keiner Partei war zu Kriegsbeginn bewusst, welch unüberwindbares Bollwerk die Berge bildeten.

Die Österreicher hatten zwischen 19. und 23. Mai 1915 Cortina kampflos geräumt, dabei aber 700 wehrfähige Männer eingezogen, sodass die Bevölkerung auf 2.000 Personen schrumpfte, zumeist Kinder, Frauen oder Männer über 50 Jahren. Sehr schnell fielen die schon vor dem Krieg von den Österreichern erbauten Schutzhütten auf den Bergen rundherum den Bomben zum Opfer. So die Sachsendankhütte am Nuvolàu und selbst das ehrwürdige Falzaregopass-Hotel. Beide wurden von den Österreichern zerstört, um sie nicht in die Hände des Feindes fallen zu lassen. Da sich nun allmählich

Archivio Massimo Turkheimer, Foto E. Turkheimer

abzeichnete, wo die eigentlichen, hart verteidigten Frontlinien von den k.u.k. Truppen aufgebaut worden waren, setzte man vorerst von italienischer Seite alles daran, langsam kriegstechnisch wichtige Infrastrukturen aufzubauen, welche alle darauf abzielten, anschließend die Basis für einen massiven Durchbruch zu bilden. Schwere Geschütze wurden zu den Cinque Torri hinaufgeschafft, moderne Kommunikationseinrichtungen aufgebaut, Schützengräben aus dem harten Felsen ausgehoben und vor allen Dingen wurden die Truppen mit dem ihnen fremden Gelände vertraut gemacht. Jederzeit freute man sich über die Ablöse, um ins nahe gelegene Cortina hinunterzusteigen, wo ein Theater, Gasthäuser, Restaurants, aber auch reichlich gefüllte Lebensmitteldepots sowie zumindest die Begegnung mit dem weiblichen Geschlecht für Abwechslung sorgten.

Archivio Loris Lancedelli, Foto A. Piersanti

Oben: Fünf italienische Offiziere, darunter einer auf einem Esel, lassen sich in der Nähe der 1904 erbauten Cinque-Torri-Hütte verewigen. Im Hintergrund der Avèrau. Unten: Ein italienischer Soldat unterhalb der romantischen Felsblöcke der Cinque Torri. Links: Eine kolorierte Postkarte der Cinque Torri aus der Zeit vor dem Krieg.

Angriff auf Sas de Stria und Sief

Bald schon wurde den italienischen Truppen klar, dass einige wenige österreichische Truppen auf den Berghöhen ganze Armeen leicht in die Schranken weisen konnten. Trotzdem wurde der Befehl ausgegeben, diese Höhenstellungen am Sas de Stria, am Lagazuoi und so weiter bis hin zum Monte Cristallo anzugreifen. Es waren die reinsten Höllenfahrtskommandos.

Der Gefreite Carlo Giussani, Infanterist beim 81. Regiment, beschreibt die Vorgangsweise in der Auswahl der Selbstmordkandidaten für einen solchen Angriff in diesem Fall zur Besetzung des Sas de Stria: »13.5. … Jemanden von uns wird es treffen. Sie werden durch das Los entschieden. So harren wir voll Angst den Ausgang dieses Entscheids ab. Ich habe mich schon in einem Brief an meine Eltern verabschiedet …« »15.5. Das Los hat entschieden und zum Glück hat es mich nicht getroffen.« Fünfzig Mann müssen aber zum Sturm auf den Berg ansetzen. Der Erfolg ist deprimierend. Das Schicksal ereilt den verängstigten Infanteristen einige Tage später. Er muss das Gewehr schultern, wieder erteilt er seinen Freunden den Auftrag, seinen Eltern im Falle seines Ablebens eine Mitteilung zu ma-

Foto Günther Obwegs

Heute wird der Hexenstein von vielen Touristen bestiegen. Auf dem Weg zum Gipfel trifft man auf die Reste des Krieges.

Archiv Hannsjörg Ubl

Schützengraben am Hexenstein. Schon vor dem Krieg plante die österreichische Heeresleitung diesen Berg als wahres Festungswerk auszubauen. Bei Kriegsbeginn 1915 gab es aber nur wenige Meter in den Fels gesprengte Schützengräben.

chen, dann werden ihm der Helm, eine Handgranate und eine Flasche mit Rum ausgehändigt. Um Mitternacht in Richtung Siefsattel. Dort sieht er das unmittelbare Grauen des Krieges: »Auf jeden Schritt lag ein Toter; einige lagen mit dem Bauch nach oben; andere wiederum entstellt nach einem langen Todeskampf. Gewehre, Nahrungsmittelrationen und andere Dinge lagen herum, welche ausgereicht hätten einige tausend Leute zu versorgen.« Auch dieser Angriff wird zu einem Desaster. Die Überlebenden fluten Hals über Kopf zurück. Der Gefreite Giussani hat sein Gewehr verloren und ist »müde, verschwitzt und voll von Blut«. Doch damit sollte die Tragödie noch nicht zu Ende sein. Die Österreicher erspähen die bunt zusammengewürfelte Truppe im Wald und richten noch einmal ein Geschütz auf sie. Die einschlagende Granate mäht aus den Reihen der schon zitternd in den Kampf Gezogenen noch einige nieder und richtet weitere Verwüstungen an. Im Lager der Italiener werden die letzten Reste einer hoffnungsvoll ausgezogenen Truppe mit Jubel und viel Wein empfangen.

Archiv Obwegs/Leitgeb

Der Monte Castello war Angelpunkt für die Versorgung des Kampfabschnittes Fanes.

Artillerie auf dem Vormarsch

Von einer gut funktionierenden Artillerie hing in diesem Krieg sehr vieles ab. Diese bestand aus zwei Kommando-Einheiten: eine, welche die Angriffe plante, und eine andere, die für den Transport der Geschütze zuständig war. Der Belagerungseinheit unterstanden eine Fülle von wichtigen Untergruppen: Flugzeuge oder Ballons zur feindlichen Geländeerkundung, Kommunikationsspezialisten wie Telefonisten, Radiofonisten, aber auch ausgebildete Scheinwerfer-Truppen, um jederzeit die gegnerischen Linien zu beobachten. Die Offiziere trugen immer ihre Fotoapparate mit sich, um die Veränderungen zu dokumentieren. Es war aber auch wichtig herauszufinden, von welcher Seite die gegnerischen Projektile kamen, um sie so schnell als möglich unschädlich zu machen. Diesem lehrbuchmäßigen militärischen Aufbau standen auf der österreichischen Seite zwar an Geländegängigkeit weit überlegene Truppen gegenüber, die aber bei weitem nicht mit den technischen Raffinessen des Gegners mithalten konnten. Hier verließ man sich viel mehr auf das Gefühl. Fotoapparate waren Mangelware, Telefoneinheiten selten.

Große Geschütze in diese Höhen zu transportieren erforderte gewaltige logistische Leistungen der Truppen. Besonders die großen Haubitzen wurden durch die Muskelkraft riesiger Menschenmassen in die Höhe gezogen. Um zum Beispiel zwei 210er Haubitzen auf die Cinque Torri zu bringen, einem idealen Punkt, um von dort aus die österreichischen Linien im Travenànzestal zu beschießen, benötigte man zehn Tage. Sorgen bereitete vielfach der hohe Waffenkonsum. Überhaupt wenn sich über Wochen keine Fortschritte zeigten und der Gegner aus verborgenen Stellungen unbeeindruckt zurückschoss und gleichfalls Schneisen der Zerstörung in die italienischen Linien zog. Mit Fortdauer des Krieges ging man auch immer mehr dazu über, den Gegner in der Nacht zu beschießen, um damit die feindlichen Truppen zu demoralisieren.

Archivio arch. Fabio Ortolani, Foto A. De Marinis

Ein schweres italienisches 149er Geschütz. Der Soldat in der Mitte hat eine eigene Schutzkleidung übergeworfen, um sich vor Verschleiß und Dreck zu schützen.

Archivio Loris Lancedelli, Foto A. Piersanti (3

Eine Hundertschar von Alpini zieht in der Gegend der Cinque Torri eine Kanone mühsam in die Höhe. Auf den Alpini-Hüten ist keine Feder mehr zu sehen, da diese im September 1915 aufgrund praktischer Überlegungen und aus Gründen der Tarnung abgeschafft worden ist. Gewaltige logistische Leistungen sind notwendig, Stahlseile werden zum Ziehen eingesetzt, und trotzdem versinkt die sperrige Kanone immer wieder im Schlamm.

Archivio Loris Lancedelli, Foto A. Piersanti (2)

Mit den Kanonen auf die Berge

Oben: Eine italienische Kanone 149 A mit 5 m Rohrlänge und 464 mm Durchmesser wird aufgebaut und mittels Hebekran zusammengefügt. Unten: Auf österreichischer Seite ist man nicht sehr viel weiter. Auch hier muss mittels Muskelkraft das schwere Geschütz in die Höhe gezogen werden.

Archiv Hannsjörg Ubl

Tiroler Soldatenzeitung (2)

Die Schlachten im Ersten Weltkrieg wurden meist von der Stärke der Artillerie entschieden. Vor jedem Angriff wurden die Stellungen des Feindes »sturmreif« geschossen. Ganz oben links und rechts: Im Gebirgskrieg verwendete man oft Mörser, welche durch ihre steile Geschosslaufbahn auch geschützte Ziele hinter Bergkämmen treffen konnten. Mitte links: Artilleriestellung auf der Strudelalpe, Plätzwiese. Unten links: Ein kaverniertes Geschütz im Kampfabschnitt Hexenstein. Rechts: Ein im Schneetreiben operierendes 7,5 cm Skoda-Gebirgsgeschütz.

Archiv Obwegs/Leitgeb

Tiroler Soldatenzeitung (2)

Oben und unten links: Im Gebirgskampf bewährten sich vor allem kleine und leichte Gebirgshaubitzen. Man konnte sie selbst auf die höchsten Gipfel schleppen. Unten rechts: Größere Geschütze bedurften immer einer gut ausgebauten und sicheren Stellung. Ein 30 cm Mörser, im Hintergrund der Sassongher.

In den ersten Kriegswochen wurde der Krieg vor allem von kleinen Patrouillen geführt. Oben: eine österreichische Patrouille im Kampfabschnitt Fanes. Unten: Eine Standschützenpatrouille kommt von ihrem Einsatz zurück.

Wachen und Patrouillengänge

Wer zur Wache abkommandiert war, hatte harte Zeiten vor sich. Zwar versuchte man sich mit allen möglichen Mitteln besonders in den kalten Winternächten zu wärmen, doch es war sehr oft ein vergebliches Unterfangen. Erfrierungen waren an der Tagesordnung. Die Benützung von Schlafsäcken während der Wache war selten erlaubt: sie verdreckten schnell oder sogen sich mit Wasser voll, zudem verminderten sie die Wachsamkeit der Einheiten. Dafür waren sie aber vermehrt in den Baracken im Einsatz, wo sie an Stelle des überall vorhandenen und unhygienischen Strohs beliebt waren. Wacheposten erhielten dafür aber schwere Mäntel und Schuhe mit Fellummantelung. Patrouillen waren mit Seil und Alpenstock ausgerüstet, zudem mit Steigeisen und genagelten Schuhen. Elektrische Lampen mussten alle eineinhalb Stunden gewechselt werden, dazu erhielt jeder eine Ration Kerzen, Öl und abblendbare Beleuchtungen, um Spezialarbeiten, wie die Instandsetzung von kaputten Telefonleitungen und andere Tätigkeiten, durchführen zu können. Seltene Fronturlaube nach vielen Monaten härtesten Einsatzes gehörten zum bevorzugten Gesprächsthema in allen Truppengattungen. Soldaten, welche die begehrten Beurlaubungsscheine, wenn auch nur für wenige Tage, in den Händen hielten, wurden von den anderen beneidet oder man trug ihnen eine Fülle von Glückwünschen und Ratschlägen auf. Die Soldaten mussten sich bei den Polizeistellen daheim melden, verspätete Rückkehrer wurden wie Deserteure behandelt und, wenn keine höhere Gewalt vorlag, mit dem Tod durch Erschießen bestraft.

Tiroler Soldatenzeitung

Das Leben in den Baracken

Wo Verteidigungslinien aufrechterhalten werden mussten, bedurfte es neben unzähligen Munitionsdepots auch einer umfangreichen Logistik, die lückenlos imstande sein musste, die sich teilweise weit hinziehenden Stellungen zu sichern. Es entstanden Siedlungen, entweder in Form von kleinen Zelt- und Barackenstädten oder sogar als in die Felsen gesprengte Höhlen. Gerade in solchen Felshöhlen verspürte man weniger den die Seele auszehrenden – manchmal Tag und Nacht andauernden – Lärm der einschlagenden Geschosse. Die Soldaten fühlten sich darin viel sicherer. Auch war die Brandgefahr geringer. Je länger der Krieg andauerte, desto wohnlicher wurden die Baracken eingerichtet. War man im ersten Kriegswinter nicht imstande, vorauszusehen, wie viel an Essen, Kleidung und anderen lebenswichtigen Dingen benötigt wurde, so legte man alsbald größere Depots an, die auch bei lang andauernden Schlechtwetterperioden immer noch ausreichend waren.

Archivio Loris Lancedelli

Tiroler Soldatenzeitung

Oben: Italienische Baracken auf der Tofana. In der Regel waren sie an vom Feind nicht einsehbaren Orten konstruiert. Unten links: Österreichische Soldaten in einer einfachen Holzbaracke am Col di Lana. Zumeist waren die hygienischen Zustände äußerst dürftig und von allen Seiten drang Feuchtigkeit ein. Unten rechts: Die ersten Unterkünfte waren im Grunde nichts anderes als bessere Hundehütten. Aber mit der Zeit verstand man es das Leben an der Front durch bessere Unterkünfte erträglicher zu machen. Manche Unterkünfte erscheinen heute fast wie kleine »Villen« in den Bergen.

Die kleinen vergessenen Helden

Unter den Zigtausenden gingen viele Soldaten und Offiziere namenlos dahin und wir erinnern uns heute an keine einzige ihrer Taten. Sie bildeten die viel gerühmte Menschenmasse. Andere wiederum hinterließen ihre Spuren. Weil sie vielleicht an einem Tag ihres Lebens eine besondere Tat vollbrachten, weil sie unter eigenartigen Umständen starben, weil sie Erlebnisse niederschrieben, fotografierten oder weil sie zu jenen gehörten, über die berichtet wurde. Manchmal handelte es sich um pure Anekdoten, die sie in die Bücher eingehen ließ, dann wieder ragten sie wirklich aus der Masse heraus.

Ein italienisches Gesetz sah vor, dass ein heldenhafter Einsatz während des Krieges sämtliche Vorstrafen tilgte. Fabio Leone saß wegen Mordes im Gefängnis und so sah er die Gelegenheit gekommen, sein düsteres Vorleben ein für alle Mal rein zu waschen. Im Juli 1915 sollte Forcella Boìs in Besitz genommen werden. Er meldete sich freiwillig zum Todeseinsatz und bat sogar darum, dass gerade sein Rucksack randvoll mit Handgranaten gefüllt werden sollte. Dann griff er in der Nacht verwegen und den Tod verachtend die österreichischen Stellungen an. Bevor er ging, verabschiedete er sich noch mit den Worten: »Mir ist bewusst, dass ich niemals mehr zurückkehren werde, aber ich gehe trotzdem.« Er warf mit Todesmut sämtliche Handgranaten in die österreichischen Stellungen, doch schon bald wurde er dabei schwer verletzt. Nichtsdestotrotz schaffte er es noch, unter größten Schmerzen zum italienischen Lager zurückzukommen, wo er mit den Worten zusammenbrach: »Jetzt, da ihr mir verziehen habt, bin ich glücklich. Gott segne euch!« So wusch er sich rein, während ihn seine Kollegen sogar in einem gesonderten Grab bestatteten. So schrieb es der Infanterist Oreste Agnelli, von allen »Zampa« genannt, nieder. Doch auch er kam nicht sehr viel weiter. Noch am 31. Juli 1915 beschrieb er, wie die Gewehrkugeln oberhalb seines Kopfes hin- und herpfiffen. Er schrieb noch »August« hin, um hoffnungsvoll seine Tagebuchaufzeichnungen fortzusetzen, doch dies sollte auch schon seine letzte Eintragung sein.

Zwei Monate genügten dem armen »Zampa«, um sein Tagebuch mit eindrucksvollen, vielfach alltäglichen Beobachtungen zu füllen. Voll Idealismus und patriotischer Gefühle war er von Rom aus losgezogen, doch die Wirklichkeit war anders, als er es sich vorgestellt hatte.

Am 4. Juli 1915 werden die Soldaten abkommandiert eine traurige Pflicht zu erfüllen. Sie müssen »Blumen pflücken gehen und einen Kranz für das Grab des armen Gefreiten Lais flechten«. Abends hält General Luigi Segato einen von Patriotismus und Durchhaltewillen übersprühenden Vortrag. Doch am nächsten Tag werden sie schon um 2 Uhr morgens aus dem Schlaf gerissen. Sie bekommen Kaffee, müssen die Rucksäcke richten, die Zelte abbrechen und mühevoll ins Hochgebirge marschieren. So geht es bis 6 Uhr abends dahin, bis sie wieder die Zelte aufschlagen müssen. Seine Truppe wird dazu auserwählt, Brot zu besorgen: »Der Hinweg ging noch, doch der Rückweg in vollkommener Dunkelheit war grässlich. Wir wussten nicht, wo unseren Fuß hinsetzen. Jederzeit hätten wir uns den Hals brechen können … Während der Essensausgabe hören wir wildes Gewehrfeuer. Das Licht wird ausgeschaltet, wir bekommen nichts mehr zum Essen. Eine Stunde dauert das Gefecht, dann falle ich

Archivio Fazio Ortolani

Manchmal treibt der Krieg seltsame Blüten. Die österreichischen Truppen haben, um einen höheren Mannschaftsstand vorzugeben, täuschend echt nachgeahmte Blechsoldaten aufgestellt, die Italiener dagegen sind stolz darauf, schlussendlich den Trick erkannt zu haben. In einer Ausgabe des Corriere della Sera wird die Schlauheit der Soldaten dementsprechend gewürdigt.

todmüde nieder und schlafe schnell ein. Die ganze Nacht regnet es, zum Glück werde ich nicht vollkommen durchnässt.«

Dann am 7. Juli beginnt von neuem der todbringende Kampf. Wieder heißt es vor der Dämmerung aufstehen, eine heilige Messe zur seelischen Reinigung wird gefeiert. »Dann beginnen unsere Batterien damit, ein höllisches Feuer gegen die gegnerischen Linien zu eröffnen. Überall schlagen die Granaten ein und wir stellen überglücklich fest, wie genau unsere Einheiten treffen. Wir sind alle zusammengelaufen und wir übertreffen uns in Meinungen und Kommentaren über die Österreicher, welche dieses Meer aus Eisen und Feuer aushalten müssen. Gegen Abend erfahren wir, dass unsere Leute zwei gegnerische Schützengräben besetzt haben und an die 30 österreichische Gefangene gemacht haben. Ich sehe aber nur vier an mir vorüberziehen, welche von unseren Alpini geführt werden.« Aus diesen wenigen und symptomatischen Zeilen sieht man den Unterschied zwischen Traum und Wirklichkeit. Die Zahlen der gefangen genommenen Soldaten der Gegenseite werden aufgebauscht, jene der eigenen niedrig gehalten.

Trotzdem gelang es den Italienern mit diesem Überraschungsangriff die Cima Boìs unter ihre Kontrolle zu bringen, auch dank des Einsatzes von Angelo Schioccet, der später als »Teufel der Tofane« zu Ehren gekommene Gefreite. Sie blieb auch später noch in italienischer Hand, da die österreichisch-deutschen Truppen an einer Rückeroberung kein sonderliches Interesse zeigten.

Schützengräben im Felsen

Sehr schnell wurde allen Seiten klar, dass Geländegewinne kaum oder nur in geringem Maße möglich waren. Also begann man sich einzuigeln. Gegen die Scharfschützen war man machtlos, sie mähten die Soldaten zu Dutzenden nieder. Eine riesige »Menschenvernichtungsmaschinerie« wurde geboren. Durch den Bau der Schützengräben begann man gegen einen unsichtbaren und gesichtslosen Feind zu kämpfen. Die Techniken des Baus der Schützengräben wurden immer mehr verfeinert, mussten doch teilweise bis zu zwei Meter tiefe Rinnen in das felsige Gelände gegraben oder gesprengt werden bzw. durch andere Hilfsmittel wie Steine oder Sandsäcke erhöht werden. Man begann mit Trockenmauern zu arbeiten, verwendete Stützen und Sandsäcke und versuchte, so gut es ging, die Gräben wohnlich zu gestalten. Knüppelwege, Stroh und Heu dienten dazu, während man sogar daran ging, sie mit Öfen, Tischen und Stühlen einzurichten. Sträucher und Äste, aber auch kunstvolle Steinbauten, Naturrasen und Sandsäcke sollten sie vor dem Feind unsichtbar machen. Die Schießlöcher wurden mit Zement und Eisenschilden verstärkt. Um den Scharfschützen möglichst bequeme Schussrampen zu bieten, wurden hohe Stufen angelegt. Sappeure und andere Erdarbeiter gruben teilweise in

Archiv Dino Gaspari de Min

Im Verlauf des Krieges wurden die Waffen immer wirksamer. Oft wurden Waffensysteme der Feinde kopiert. Österreichischer Kaiserjäger mit einer nach italienischem Vorbild gebauten Sturmpistole.

Gruppen von bis zu hundert Mann in zwei Turnussen Tag und Nacht, um die Gräben auszuheben. Immer mehr ging man in der Folge daran, die verschiedenen Stellungen mit Telefonleitungen untereinander zu verbinden.

Stacheldrahtzäune sollten verhindern, dass die gegnerischen Truppen bei einem Überraschungsangriff ungehindert Zugang zu den Schützengräben erhielten. Überall trug man deshalb Vorsorge, die Stacheldrahtzäune so engmaschig wie möglich um die Gräben zu ziehen, damit plötzliche einsetzende Sturmangriffe im Keim erstickt werden konnten. So zogen sich bald als letzte Vorposten vor den feindlichen Stellungen – die manchmal nur wenige Meter entfernt lagen – kilometerlange Gräben hin. In die Schützengräben eindringendes Wasser stellte die Pionierkorps vor eine harte Probe. Man musste Möglichkeiten finden, dieses abzuleiten. In allen Heeren nahm man auf Sonn- und Feiertage keine Rücksicht. Wenn im Winter große Schneemengen anfielen, mussten die Schützengräben in mühsamer Arbeit freigeschaufelt werden, oder, wenn die Schneemenge über 50 cm erreichte, sogar ein weiterer Graben im Vorfeld ausgeschaufelt werden.

Und es fehlte nicht an kuriosen Einrichtungen und Kriegslisten. Um die Wachen vor anrückenden Gegnern zu warnen, wurde am Stacheldrahtverhau alles Mögliche – sogar leere Konservendosen mit Steinen oder Glocken – aufgehängt. Was dazu führte, dass bei starkem Wind ein fast unerträgliches Geläute und Klin-

Tiroler Soldatenzeitung

Um den Feind in der Stellung abwehren zu können, bedurfte es nicht nur guter Wachen, der Schützengraben musste im Winter auch vom Schnee befreit werden.

Archiv Dino Gas

Foto Jg. Dinkhauser

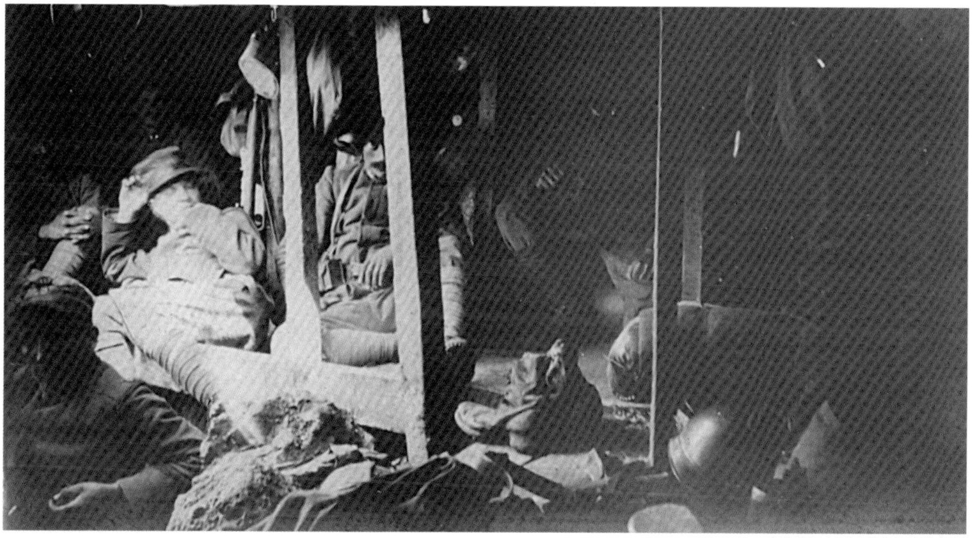

Der idyllische Eindruck der Weinflasche (unten) täuscht. Die Schützengräben ähnelten sehr oft mehr Erdhöhlen, welche mit einfachsten Mitteln instand gehalten wurden. Man verwendete alles, was es nur irgendwie in der Nähe gab: Zweige, Erdreich, mit Schotter gefüllte Jutesäcke. Ratten liefen herum, und sehr oft standen die Gräben knietief unter Wasser, während Fäkalien entsetzlich rochen und unter dem demoralisierenden Feuer des Feindes manchmal die eigenen Toten tagelang herumlagen. Feuchtigkeit und Nässe setzten den Soldaten zu. Und auch die Behausungen waren menschenunwürdig. Läuse setzen sich überall fest.

Archivio arch. Fabio Ortolani, Foto Achille Rosica

geln losging, sodass die Wachsamkeit noch einmal verstärkt werden musste. Wo Stacheldrahtverhau aufgrund des felsigen Geländes nicht möglich war, verwendete

Archivio arch. Fabio Ortolani, Foto A. De Marinis

Ein Soldat warnt mit einem Megafon seine Kameraden vor den herannahenden Projektilen.

man in langen Reihen aufgestellte spanische Reiter. Darüber hinaus deponierte man an den Steilhängen der Felsen vor den Schützengräben noch eine Unzahl von aufgeschichteten Steinen, um sie im Falle eines bevorstehenden Angriffs auf den Gegner stürzen zu lassen.

Gefürchtet waren die Befehle, die gegnerischen Gräben zu überrennen. Schutzlos wurden die Soldaten gezwungen vorwärts zu laufen, während von hinten eigene Spezialeinheiten darüber wachten, dass Drückeberger gleich ihre verdiente Strafe in Form einer gezielten Kugel erhielten. Obwohl den Soldaten eingebläut wurde in weit auseinander gezogenen Reihen auf die vom Feind besetzen Gräben zuzustürmen, war fast immer der instinktive Herdentrieb stärker und sehr schnell vereinten sich die Soldaten zu einem Menschenhaufen, wo die gegnerischen Scharfschützen ein Leichtes hatten, Mann um Mann niederzuschießen. Ab einer gewissen Nähe wurden die Gewehre hinderlich und man begann damit, gezielt Granaten in die gegnerischen Stellungen zu werfen.

Sehr schnell wichen die vor allen Dingen auf italienischer Seite am Anfang gebrachten Propagandafloskeln wie »der Kampf um die heiligen Grenzen des Vaterlandes« oder »die Befreiung der unterdrückten Völker« der Realität. Der Krieg zeigte allen schnell sein wahres Gesicht. Schon einen Monat nach Kriegsbeginn hatte man zum Beispiel nur in der Gegend um die Cinque Torri bei Cortina mehr als 500 Meter Schützengräben ausgehoben, Wege zu den Stellungen angelegt, Schlafbaracken, Magazine und Küchen erbaut, Höhlen als Munitionsdepots in die Felsen gesprengt und man war doch keinen Meter näher am Ziel, endlich entweder durch das Höhlensteintal oder durch das Gadertal ins Pustertal zu stoßen. Aber das sollte erst der Anfang einer nie enden wollenden Sisyphosarbeit sein. Nach dem ersten Kriegswinter, im Frühling 1916, brachen viele der Gräben in sich zusammen, oder Schlamm und Schmutz machten sie zu nicht aushaltbaren Brutstätten von Krankheiten und Ekel. Die notdürftig gebauten Zementmauern bröckelten, zermalmt von der Kälte des Winters, manch eine Baracke stürzte in sich zusammen oder wurde vom Frühlingstau in die Tiefe geschoben. Das Holz begann knapp zu werden, und keine der Kriegsparteien konnte der allgemeinen Auflösung mehr Herr werden.

Das Leben in seiner Alltäglichkeit

Sowohl Österreicher als auch Italiener formten eigene Einheiten, deren Aufgabe darin bestand, Straßen und Baracken zu bauen, Seilbahnen und Lazarette, Ess- und Schlafstellen zu errichten. Es handelte sich um sehr wichtige Einrichtungen, die eine Fülle von Handwerkern, von Maurern über Tischlern, Mineuren, Hydraulikern, Elektrikern und Schlossern mit einbezogen. Es handelte sich meist um für die vorderste Front untaugliche Männer, die in eigenen Kompanien organisiert waren. Darüber hinaus gab es Tierärzte für die kranken oder verausgabten Tiere wie Pferde, Esel, Hunde und Maultiere. Alsbald begannen sich eigene Strukturen zu entwickeln, aufgebaut auf genaue Planungen und Vorgaben, deren Aufgabe darin bestand, jenen noch so kleinen Vorteil zu ergreifen, der vielleicht kriegsentscheidend sein mochte. Eigene große Pferdeställe wurden aus Holz gebaut, um bis zu 500 Tieren in den Wintermonaten Platz zu bieten. Die Pferdehalter wurden angewiesen neben den Tieren zu schlafen, um sie nicht aus den Augen zu lassen.

Es gab eigene Autogaragen, wo die damals noch anfälligen Fortbewegungsmittel repariert werden konnten; eine Vielzahl von Arbeitern wurde dagegen beim Straßenbau eingesetzt, der in diesen Jahren eine nie gekannte Blüte erlebte. Überall, wo es technisch möglich war, legte man primitive Schotterstraßen an, um im felsigen Gelände mit Seilbahnen den Materialtransport fortsetzen zu können.

Foto C. Balelli

Tiroler Soldatenzeitung

Links: Ein italienisches Militärmagazin. Gerade im Hinterland gab es sehr viel zu tun, um die Truppen an der Front optimal versorgen zu können. Rechts: Italienische Gefangene schneiden Brennholz.

Archivio Loris Lancedelli, Foto A. Piersanti

Oben: In der Gegend der Cinque Torri wird ein Stollen in den Dolomitfelsen getrieben. Eine gleiche Tätigkeit vollführt ein österreichischer Sappeur am Lagazuoi. Unten links: Der Standschütze Giuseppe Lezuo aus Arabba (rechts im Bild) feiert mit seinen Kameraden. In diesen Zeiten der Not war eine Flasche Wein Grund genug für eine ausgelassene Festlichkeit. Im Hintergrund ein russischer und ein serbischer Gefangener. Unten rechts: Italienische Pioniere beim Bau einer Baracke.

Archiv Obwegs/Leitgeb

Archiv Giorgio Fontanive

Archivio Loris Lancedelli, Foto Italo Carretta

Oben: Ein mit Sandsäcken und Zweigen notdürftig geschützter italienischer Unterstand. Ganze Wälder wurden kahl geschlagen, um den Bedarf an Brennholz und Baumaterial zu decken. Unten: Eine Unzahl von Granaten musste immer für den Kampfeinsatz zur Verfügung stehen. Dies erforderte eine umfangreiche Logistik. Am Fuße des Averàu bei Cortina ist ein italienisches Geschütz in Stellung gebracht worden, das auf die österreichischen Stellungen gerichtet ist.

Archivio Arch. Fabio Ortolani, Foto A. De Marinis

Foto C. Balelli, Bibl. Naz. Macerata

Die Beobachtung des Feindes

Mit immer ausgefeilteren Techniken versuchte man die Schachzüge der gegnerischen Truppen mitzuverfolgen. Eigene Beobachtungskommandos wurden eingerichtet. Sie waren mit Ferngläsern mit großer Zoomleistung ausgerüstet, eigenen Messgeräten, genauen Karten, außerdem erhielten sie immer die neuesten Nachrichten von den Spähern und den Geschützposten. Darüber hinaus wurden eigene Personen darauf spezialisiert, genauestens die Ergebnisse der angerichteten Schäden während der Beschießungen festzustellen und die Zielgenauigkeit zu überprüfen. Diese Beobachtungsposten hatten weiters die Aufgabe, der Artillerie neue mögliche Ziele mitzuteilen oder die Angriffshandlungen zu unterbrechen, weil der Aufwand an eingesetzten Sprengmitteln nicht im Einklang mit den dabei zu erzielenden Ergebnissen stand.

Archivio arch. Fabio Ortolani, Foto A. de Marinis (2)

Linke Seite: Italienische Soldaten beobachten auf der Cima Gallina die österreichischen Stellungen am Lagazuoi. Eine Fülle von Jutesäcken, mit Schotter gefüllt, schützen die Soldaten. Oben: Zwei Alpini auf dem Col dei Bos, im Hintergrund der Fànisturm. Es ist Oktober 1915, die Soldaten tragen wollene Mützen gegen die Kälte und gerade in dem Augenblick, als das Foto gemacht wird, werden sie von österreichischen Scharfschützen vom weit entfernten Fànisturm beschossen. Unten rechts: Zwei italienische Soldaten auf Beobachtungstour bei den Cinque Torri. Unten links: Der österreichische Thronfolger Karl verfolgt eine Kampfhandlung in den Dolomiten mit.

Tiroler Soldatenzeitung

Der Schreckenstein fliegt in die Luft

Vor dem Krieg hieß der 2.656 hohe Felsen Punta di Bòis, die Italiener nannten ihn während des Krieges Castelletto, weil er einer Burg ähnlich sah, während die Österreicher einen Decknamen erfanden: Schreckenstein. Daneben türmt sich der Lagazuoi auf. Beide Berge verbindet ein gemeinsames Schicksal. Sie waren während des Ersten Weltkrieges hart umkämpft und beide wurden in einem letzten Anfall von Verzweiflung oder strategischer Kriegslist in die Luft gejagt, um die oben ausharrenden Verteidiger, denen mit nichts anderem beizukommen war, zu vertreiben.

Noch ein Detail hat diese Cima di Bòis in die Geschichte eingehen lassen. Aus der Kernformation der Verteidiger dieses Berges, den Kaiserjägern, gingen eine Reihe von später berühmt gewordenen Schriftstellern oder Schauspielern hervor, so Luis Trenker, Hans Schneeberger, aber auch Hubert Mumelter und Carl von Raschin. Immer wieder rannten die italienischen Truppen gegen diesen Felsen und wurden doch mit Leichtigkeit abgeschlagen, weil die Standortvorteile zu eindeutig waren.

Das führte dazu, dass die Italiener Strategie zu wechseln begannen. Anfang des Jahres 1916 gab Col. Giuseppe Tarditi, als guter Organisator, bekannt, den Befehl zur Sprengung eines ca. 400 Meter langen Vortriebsstollens unterhalb des Berges. Am 11. Juli 1916 war es dann so weit. Unter Beisein des Königs, Vittorio Emanuele III., des Oberbefehlshabers der italienischen Truppen, General Cadorna, und vieler anderer hochrangiger Persön-

Archiv Obwegs/Leitgeb

Luis Trenker, der später berühmt gewordene Regisseur, Buchautor und Filmemacher (ganz links), mit Teilen seiner Kaiserjäger-Streifenkompagnie Nr. 6. Nach dem Rückzug der Italiener im Jahr 1917 wurde Trenker Ortskommandant von Cortina. Sein packendes schriftstellerisches Werk »Berge in Flammen« bezieht sich auf die Sprengung des Lagazuoi ein Jahr später.

lichkeiten, welche von einem sicheren Spähpunkt bei den Cinque Torri aus das Geschehen beobachteten, wurde die Punta di Bòis in die Luft gesprengt. 37.000 kg Sprenggelatine kamen dabei zum Einsatz. Schon vorher, am 17. April 1916, hatten die Italiener den Gipfel des Col di Lana in die Luft gejagt.

Vielleicht am besten drückt Hans Schneeberger die allgemeine Stimmung während der Sprengung aus: »Zerflatternde Gedanken: Die Sprengung ... schon jetzt ... so früh schon ... Die Sprengung und das Ende. Die Brust wird eng ... immer enger ... ich kann kaum mehr atmen. Die Luft ist breiig, dick vom Staub und satt vom Gestank des Schwefels. Ich taumele hoch ... ich taumele hinaus. Der Himmel ist verschwunden. Eine Wolke hüllt alles ein: Berg und Hütten, Himmel und Sterne.« An die 30 Österreicher starben, davon 20 Mann, weil sie verbotenerweise in einer mitten im Sattel stehenden Baracke geschlafen hatten. Kriegsentscheidend war diese Sprengung auch nicht. Die Italiener rückten zwar etwas vor, aber dann blieb alles wieder beim Alten.

Die Sprengung des Schreckenstein am 11. Juli 1916 mit Eintragungen von Hauptmann Carl von Raschin. Über den Wahrheitsgehalt des Fotos ranken sich einige Geschichten. Kritiker bemängeln, dass es um 3.30 Uhr morgens unmöglich so hell gewesen sein kann. Auf der anderen Seite bleibt ungeklärt, wie das Foto hätte retuschiert werden können.

Archiv Luis Trenker, Foto Scherl

Archivio Loris Lancedelli, Foto Mario Mainardis

Links: eine Granate schlägt am Gipfel des Lagazuoi ein. Rechts: Ein österreichisches Geschütz im Innern einer Kaverne.

Archivio arch. Fabio Ortolani

Wissen ist Macht

Eigens spezialisierte Mannschaften waren damit beschäftigt, die Nachrichtenübertragung zwischen den Truppen aufrechtzuerhalten. Einmal geschah dies durch das Telefon, durch den Telegraphen, das Radio oder auch durch optische Übertragungsmittel. Immer wieder waren diese technischen Errungenschaften Ziel von Sabotageakten der gegnerischen Truppen, aber auch Wind und Wetter trugen das Ihrige dazu bei, dass Einheiten ausrücken mussten, um diese notdürftig zu reparieren. Obwohl Italien auf diesem Gebiet gegenüber den deutschsprachigen Nationen nachhinkte (um 1900 gab es in Deutschland ein Telefon auf 215 Einwohner, in Italien eines auf 2.243), holte man im Laufe des Krieges schnell auf, da man die Wichtigkeit dieser technischen Errungenschaften erkannte. Unten links: Ein Kaiserjäger mit seinem Telefon unter einem notdürftig errichteten Zelt; unten rechts: eine österreichische Telefonzentrale.

Kaiserjägermuseum, Innsbruck

Tiroler Soldatenzeitung

Oben: Eine Telefonzentrale der österreichischen Truppen im Landrotal. Es dauerte nicht lange, da waren fast alle Höhenposten telefonisch miteinander verbunden. Unten: Ein italienischer Telefonposten am Nuvolàu auf 2.311 m gibt Nachrichten nach unten weiter.

Archivio arch. Fabio Ortolani, Foto A. de Marinis

Archivio arch. Fabio Ortolani, Foto A. de Marinis (2)

Oben und unten links: Eine Flammenwerfereinheit probt bei Cortina die Kraft dieser vernichtenden Waffe. Die Flammenwerfer entwickelten sich zu einer gefürchteten Kriegstechnik.

Flammenwerfer und Giftgas

Ab dem Jahr 1915 wurden auf beiden Seiten Gasmasken ausgegeben. Anfangs waren es noch sehr rudimentäre Masken, die Nase und Mund bedeckten und hauptsächlich die Augen vor Tränengas schützten (oben rechts bei einer Übung in Cortina). Es handelte sich um mehrere übereinander gelegte Schichten von Gaze oder in ein Gewebe hinein earbeitete Baumwolle. Später setzten sich andere Modelle durch, die aus bis zu 32 Schichten Gaze aufgebaut waren und in eine hauchdünne Wachsschicht getaucht wurden, um die Verdunstung der neutralisierenden Lösungen zu verhindern.

Die Nacht soll zum Tag werden

Archivio arch. Fabio Ortolani, Foto A. de Marinis (2)

Oben: Tiroler Standschützen bei einem Scheinwerferkurs. Damit versuchte man nachts das Treiben hinter den feindlichen Linien zu beobachten. Unten links: Ein Scheinwerfer von 90 cm Durchmesser wird von italienischen Soldaten mühevoll in die Höhe transportiert. Unten rechts: Dem menschlichen Erfindungsreichtum waren keine Grenzen gesetzt. Diese Reflektoren, welche, je nachdem, ob sie mehr oder weniger lang aufblitzten, Morsezeichen ähnelten, dienten dazu, den eigenen Kameraden Nachrichten weiterzuleiten.

Oben und unten rechts: Österreichische Flugzeuge in der Gegend von Bozen. Unten links: ein bei Cortina abgestürztes italienisches Flugzeug.

Archivio Dino e Gabriella Gaspari de Min (2)

Fliegen: Wettlauf der Technik

Im Ersten Weltkrieg wurden sowohl die Soldaten als auch die Zivilbevölkerung zum ersten Mal von einem neuen Phänomen beunruhigt: den immer wieder aufkreuzenden Fliegern. Als die ersten Flugzeuge über die Dolomiten schwebten, rannten die Menschen mit hochgereckten Nasen aus ihren Häusern, bis sie wieder den Blicken entschwanden. Noch warfen sie keine Bomben, sondern flogen über die Häuser und beobachteten die gegnerischen Stellungen. Zu schnell hatten sich die Theorien der Kriegsführung geändert. Hatte Jahre zuvor noch die Kavallerie eine hohe Bedeutung und, damit verbunden, ein hohes gesellschaftliches Ansehen, so fiel dies nun den Fliegern zu. Mochten auch die mit Stoff bespannten Tragflächen gegen Feuer keinen Schutz bieten und der Fallschirm noch ein Fremdwort sein, in der Presse war jeder Absturz eines Fliegers, ob eines Gegners oder der eigenen Mannschaft, ein gefundenes Fressen.

Foto C. Balelli, Bibl. Naz. di Macerata

Seilbahnen: Mühelos auf die Gipfel

Foto C. Balelli, Bibl. Naz. di Macerata

Tiroler Soldatenzeitung

Seilbahnen erleichterten das Leben der Truppen ungemein. Nun war es nicht mehr notwendig, überall die schweren Lasten in die Höhe zu schleppen. Ganz oben: Eine primitive Seilbahn trägt einen italienischen Soldaten auf den Col dei Bos. Unten links: Seilbahn am Vallon Tofana. Im Hintergrund, wie eingekreist vom Seilbahnmasten ist jener Ort zu sehen, wo der italienische General Cantore erschossen wurde. Unten rechts: Eine Seilbahn überquert in Schwindel erregender Höhe das Gelände und bringt zwei österreichische Soldaten in die Höhe.

In General Winters Hand

Anfang Oktober 1915 setzten die ersten Schneefälle in den Dolomiten ein. Viele Italiener mussten sich erst an die rauen und schneereichen Winter im Hochgebirge gewöhnen. In aller Eile wurden Öfen, Metallschlitten, Kartonagen, Decken, Skier und alles nur Erdenkliche für einen harten Winterkampf geordert. Viele Wälder wurden abgeholzt, um das dringend benötigte Brennholz zu erhalten. Die Barackensiedlungen wurden zu Todesfallen, der Rauch der schlecht abziehenden Kamine raubte den Atem. Erfrierungen standen an der Tagesordnung. Die Gewehre eisten an den Fingern der Bedauernswerten an und hinterließen schmerzende offene Wunden. Die Kampfhandlungen gingen zwar im Winter zurück, sie ruhten aber nie gänzlich. Denn beide Parteien erhofften sich, vielleicht im Winter die nötigen strategischen Vorteile herauszuholen, um die feindlichen Truppen zu überraschen. Man versuchte es mit neuen Materialien, kaum erprobt, aber zu tausenden den Heeren zur Verfügung gestellt. Es gab Schuhe aus Presskarton, die laut Herstellerangaben weit besser als die alt bewährten Lederschuhe waren. Sie waren allerdings nicht biegsam, beeinträchtigten zudem noch die Blutzirkulation, während sich der Schnee in die Innenschuhe presste, was wiederum zu Erfrierungen führte. Wintermäntel gab es sehr oft nicht für jeden Einzelnen, sondern nur für ganze Truppenteile. Aber auch die Kleidung musste umgeändert werden. Österreicher wie Italiener warfen sich nun weiße Jacken um, damit

Archivio Loris Lancedelli, Foto M. Mainardis

Weiße Überzugsmäntel wurden im Winter zu Tausenden als Tarnanzug verteilt. Auch wurde Wert auf wasserundurchlässige Kleidung gelegt.

sie im Schneegelände unerkannt blieben. Die Tragtiere dagegen erhielten besonders hohe Hufeisen. Sehr schnell lernte man im zweiten Kriegswinter glücklicherweise aus den Katastrophen des vorangegangenen. Die Dächer der Baracken wurden verstärkt und wo immer es ging, legte man Felsenkavernen an. An verschiedenen Orten standen Schilder »Lawinengefahr,« Skifahrer und Träger erhielten sogenannte »Lawinenschnüre« ausgehändigt, um im Notfall sie schneller freigraben zu können. Jede Winterwanderung stellte ein unkalkulierbares Risiko dar.

Denn der Winter 1916/1917 wurde zum schlimmsten seit Menschengedenken. In Cortina fielen zwischen November 1916 und Jänner 1917 gewaltige 835 cm Schnee. Sehr oft bildete die Telegraphie die einzige Möglichkeit, um mit den hoch oben in den Bergen eingeschneiten Truppen zu kommunizieren. Überall, auch an sonst sicheren Stellen, donnerten Lawinen herunter. Sie kamen in diesem Winter unerwartet und sehr oft unvorhersehbar. Manch eine halbwegs aufgebaute Idylle in den Barackensiedlungen wurde von einem Augenblick auf den anderen zerstört. Starker Husten, Grippekrankheiten, Erfrierungen waren an der Tagesordnung. Auch der später weltberühmt gewordene Arzt Lorenz Böhler nennt in seinem Tagebuch sol-

Archiv Hannsjörg Ubl

Tiroler Soldatenzeitung

Im Winter kämpften Freund und Feind gegen gewaltige Schneemassen. Der Winter 1916/17 gehörte zu den schneereichsten des 20. Jahrhunderts. Links: Österreichische Soldaten räumen den Schnee aus ihren Stellungen. Rechts: Als die Schneemassen zu groß wurden und die Räumung der Straßen nicht mehr möglich war, begann man Tunnels in den Schnee zu graben, wie hier im Höhlensteintal.

Foto C. Balelli

Eine Alpinitruppe kämpft sich in Richtung Tofana III vor. Gerade dieses Bild zeigt, wie gefährlich diese Strecke an Tagen war, wo Lawinengefahr herrschte.

che Fälle. »18. XI. … Es kommen 7 Männer aus einer Feldwache zu mir. Sie alle haben sich die Hände erfroren. 24 Stunden mussten sie in der Kälte ausharren, da sie aufgrund gegnerischen Feuers nicht imstande waren, zurückzukehren.«

Zum Feind gesellte sich in diesen Monaten ein weiterer Gegner hinzu. Die Natur, und sie forderte, besonders im Winter, mehr Tote als der Feind. Autos mussten nun durch Sanitätsschlitten ersetzt werden, sehr oft von Hand gezogen, die immer wieder Unterkühlte oder Erfrorene in die Spitäler brachten. Als im Winter 1917 die Schneehöhen nie gekannte Ausmaße erreichten, ging man sogar daran, um Lawinenopfer zu vermeiden und um überhaupt vorwärts zu kommen, Tunnels in den Schnee zu graben. Diese erreichten beträchtliche Längen und Höhenunterschiede. »Da jeden Tag Unglücksfälle passierten, haben sie damit begonnen, einen unterirdischen Stollen unter dem Schnee zu graben. So zieht er sich nun über 500 Meter bei einer Höhe von bloß 80 cm dahin. Ich kann euch nicht diesen Weg der Leiden beschreiben, den wir ertragen mussten, um diesen Weg zu durchqueren. Besonders dann, wenn er sich fast senkrecht in die Höhe zog. Aber zum Glück gab es ab nun weniger Tote«, schreibt der wintererfahrene Mailänder Soldat Carlo Giussani. Anfang April 1917 setzten im Dolomitengebiet starke Stürme ein, die eine Fülle von Telefonleitungen und Sesselbahnen knickten, während Lawinen auch weiterhin ihr zerstörerisches Werk vollbrachten und hunderte Soldaten hinmähten.

Archiv Sorelle Appolonio

Arch. Marco Zardini

Archivio Gianni Bellò, Foto Ettore Boschi

Links: Ein Alpino hat einen Tunnel zu seiner Baracke in den metertiefen Schnee gegraben. Rechts: Auch im Hochwinter blieben die Stellungen besetzt.

Unten: Ein italienisches Zeltdorf unterhalb des Col dei Bos. Gegen die Nässe wurden die Zelte erhöht gebaut und mit einem Graben rundherum versehen.

Archivio arch. Fabio Ortolani, Foto A. De Marinis (2)

Zwei Winteransichten: Links: Auf der Straße von Greppa nach Prá Pontin türmt sich der Schnee meterhoch und muss mühsam mit der Hand weggeschaufelt werden. Rechts: Italienische Truppen in der Nähe des Col dei Bòs.

Im Dezember 1916 geht in der Nähe des Schlosses Andraz eine gewaltige Lawine nieder. 62 Soldaten sterben, dazu noch an die 50 Mulis. Es handelt sich immer um Geschichten von Einzelschicksalen, deren Tagebuchaufzeichnungen auch heute noch unter die Haut gehen. Infanterist Carlo Giussani wird am 13. Dezember abends aus seinem Bett geholt. Im Schein der Lampen durchsuchen sie den Schnee nach Opfern. Die ersten Toten werden geborgen. Dann hört er ein leises Wimmern: »Ich verstärkte meinen Einsatz, während mich tausend Gedanken marterten. Ich dachte an die Mutter, welche Schmerzen sie aushalten musste, und an jene Menschen, die unter diesem Schnee litten. Trotzdem arbeitete ich wie ein Irrer; die Fingernägel brannten höllisch, während ich dauernd dem Unglücklichen Trost zusprach. Niemand kann sich vorstellen, wie glücklich ich war, als wir den Verletzten auf eine Bahre legen konnten, um ihn ins Spital zu bringen.« Doch dann erinnert sich Giussani, dass auch sein bester Freund Zerbini mit dieser Einheit unterwegs war. Schlimme Vorahnungen steigen in ihm auf. Er schaut um sich und »glaubt ihn in den bleichen Gesichtern der Kadaver zu erkennen«. Dann beruhigt er sich etwas, als er ihn nicht findet. Vielleicht hat er Glück gehabt und ist gar nicht mit dieser Gruppe unterwegs gewesen. Mittlerweile ist es vier Uhr morgens geworden und sie haben schon fast den ganzen Lawinenhang umgegraben. »Jemand war gerade dabei, einen Toten herauszugraben. ... Bevor ich diesen Ort verließ, wollte ich noch einen Rundgang machen. Ich kam zum Ende der Lawine, zu einigen Soldaten, die jemanden aus dem Schnee hervorhoben. Meine schlimmsten Vorahnungen wurden bestätigt. Mit tiefsten Schmerzen erkannte ich meinen Freund wieder. Oh schlimmes Schicksal. Wenn er nur fünf Meter dahinter geblieben wäre, dann wäre er noch am Leben.«

Angriff auf Son Pòuses

Wie eine Festung stand Son Pòuses vor den Italienern und verhinderte das Durchbrechen durch das Höhlensteintal ins Pustertal. Vergebens rannten die italienischen Truppen gegen diese Stellungen an, die sich von der Croda d'Ancona bis hin zum Forame und Fiames dahinzogen.

Erschüttert notiert Maria Menardi zwischen 1. und 12. Juni 1916 in ihr Tagebuch: »Man hört ununterbrochen den Donner der Kanonen. Tag und Nacht. Es fahren unzählige Krankenwagen mit Schwerverletzten vorbei. Es sterben ihrer viele, diese Armen!«

Nach einem ersten Wanken zu Kriegsbeginn hatten die österreichischen Truppen die Stellungen auf dieser Seite zu wahren Bollwerken ausgebaut. Immer wieder ließen sie den Italienern die Genugtuung, einige Meter Geländegewinn erzielt zu haben, um sie dann von ihren sicheren Höhenstellungen aus wieder unter großen Verlusten zurückzudrängen. Trotzdem rannten diese bei Son Pòuses wie Lemminge, besonders ab dem 6. Juni 1916, in die mit Geschützen gut dotierten Stellungen. Die Einwohner von Cortina konnten, als sie täglich unzählige Autos des Roten Kreuzes mit Toten und Schwerverletzten daherkommen sahen, nur den Kopf schütteln über das blinde Anrennen in eine Bergwelt, die man den Ladinern und Tirolern niemals streitig gemacht hatte.

Ippolito Radaelli vom 7. Regiment, 96. Kompanie, drückt den vergeblichen Kampf aus: »Die Alpini kennen kein Zurück: Wo sie hinkommen, bleiben sie stehen, sie greifen an, sie krallen sich im Gelände fest, sie werden selbst zu Felsen. Bis sie ein erneuter Angriff wieder weiterbringt.« Es lag nicht an den Menschen, es lag alles an einem sinnlosen Krieg. Beide Seiten hätten am Ende mehr verdient, als in diesen Krieg schon den Keim zum nächsten Weltkrieg zu legen. Um das allgemeine Unbehagen sowohl bei den eigenen Truppen als auch bei der Bevölkerung zu überlagern, ließ die oberste Heeresleitung jeden Tag Musik in den Straßen von Cortina aufspielen und hoffte damit die Menschen zu erheitern, die aber trotzdem immer wieder durch die gewaltigen Detonationen der Kanonen aufgeschreckt wurden. Eigene Truppenteile wurden abkommandiert, um den tagtäglich stattfindenden Begräbnissen beizuwohnen. Drei eigene Friedhöfe – in Fiames bei Peutelstein und in der Nähe der Croda d'Ancona – wurden neu errichtet, um die Unzahl der Toten aufzunehmen. Und sogar ein eigenes Trauerlied kam plötzlich wie aus dem Nichts in Umlauf: Das Lied von Son Pauses. Es wurde mit tiefem Leid und Gefühl gesungen:

»Wir waren unser neunundzwanzig,
Nur mehr sieben kamen zurück!
Und die anderen zweiundzwanzig,
Und die anderen zweiundzwanzig,
haben sie auf Son Pauses getötet!
Ta pum, ta pum, ta pum!«

Das Ta pum war das charakteristische Geräusch der Männlicher-Gewehre, die bei den österreichischen Truppen im Einsatz standen und die »Blüte Italiens« dahinmähten.

Doch am 16. Juni schien den Italienern das Glück hold zu sein. Überraschend besetzten sie in einer Handstreichaktion die Croda d'Ancona. Und sie verloren sie noch am gleichen Tag wieder nach einem gelungenen Angriff

Ein Bild aus den ersten Kriegstagen: Noch gibt es keine richtigen Stellungen am Son Pòuses. Die österreichischen Soldaten erwarten im freien Gelände den ersten italienischen Angriff. Im Laufe des Krieges wird am Son Póuses dann ein wahres Netz von Stellungen, Schützengräben und Kavernen errichtet.

der Kaiserjäger. Trotzdem gelang es ihnen, 17 Gefangene aus den Reihen der k.u.k. Truppen zu machen. Stolz werden sie durch die Straßen von Cortina geführt.

Erst am 22. Juni, nach einem neuerlichen und wiederum blutig abgeschlagenen Versuch am Sattel von Son Póuses, wird vom Heeresstab der Befehl zum Zurückfluten erteilt. Noch am Sonntag, den 25. Juni 1916 finden Begräbnisse statt und erschüttert über den Starrsinn der obersten italienischen Heeresleitung schreibt Maria Menardi: »Die Begräbnisse umfassen auch zehn bis zwölf Leichen. Unsere Leute weisen alle Angriffe zurück. Man erzählt, dass ein General deswegen dem Wahnsinn verfallen sei. Sicher weiß er nicht, wohin er diese Leute zum Massaker schickt.« Eine richtige Einschätzung der Lage, doch wer hat schon Ohren für die Ampezzaner Bevölkerung, welche die Verteidiger bei Son Pòuses immer noch als die »Unseren« bezeichnet.

Man berichtete von einem Hauptmann, der weinend seine Soldaten zu sich rief, um Verzeihung flehte, dass sie zu Mittag schutzlos die Österreicher angreifen mussten. Auch er starb im Kugelhagel.

Als am 28. Juni am Tre-Croci-Pass die Soldaten antreten, melden sich weniger als die Hälfte der am 6. Juni zum Angriff auf die Croda d'Ancona gestarteten Soldaten. Diese Niederlage veranlasst, die unter den Kaiserjägern und Standschützen dienenden Cortineser »Auf Wiedersehen, wir treffen uns bald in unserem schönen Cortina wieder!« zu schreiben. Gemeinsam mit der im Trentino eingesetzten»Strafexpedition« herrscht nun die allgemeine Meinung vor, das italienische Heer in seinen Grundfesten erschüttert zu haben. Und Pietro Jahier: »Auch wenn wir traurig und gezeichnet sind, wir sind immer noch stolze Alpini; Menschen, die auch dann noch sieben Mal zum Angriff schreiten, wenn sie schon tot sind.« Ein unerschütterlicher Glaube, für eine gerechte Sache zu kämpfen, trieb sie in den Tod.

Kaiserjägermuseum Innsbruck

Oben: Österreichische Kaiserjäger in den Dolomiten. Sie tragen einen Helm Marke Berndorfer, 1 mm Stahlblech, 1.150–1.300 g Gewicht. Unten: Italienische Truppen im Kampftraining. Sie tragen einen Helm, 2,65 kg, und einen eisernen 8,6 kg schweren Brustschutz. Der Soldat ganz links trägt sogar eine Gasmaske.

Archivio arch. Fabio Ortolani, Foto A. De Marinis

Der Schutz des Kopfes

Am Anfang des Krieges gab es überhaupt noch keine Armee, die den Helm führte, doch reagierten Deutschland und Frankreich sofort und versorgten ihre Truppen mit Stahlhelmen. Die k u. k. Monarchie hinkte hier noch lange nach, was dazu führte, dass man hauptsächlich von den Italienern erbeutete Helme verwendete oder Eisenbüchsen zu notdürftigen Helmen umfunktionierte. Selbst ehemalige Dragonerhelme, denen die oben angebrachten Kämme abgenommen worden waren, festigte man notdürftig mit Stahlhauben. Gerade beim Gebirgskrieg kam es vielfach zu Kopfverletzungen, entweder durch Steinschlag oder Granatsplitter, die sich durch das Tragen von Helmen hätten vermeiden lassen. Als die k.u.k. Armee endlich Helme einführte, waren diese zunächst mit 3 kg Gewicht dreimal so schwer wie die deutschen Stahlhelme.

Ins Herz der Dolomiten

Archivio Loris Lancedelli – Foto Francesco Pisani

21. Juli 1916. Zwei österreichische Gefangene mit der Binde des Roten Kreuzes sind von italienischen Soldaten umringt. Man hat ihnen eine Zigarette angeboten, um ihnen die Furcht zu nehmen.

Archivio Arch. Fabio Ortolani

Hunde wurden oft als Meldegänger oder als Sanitätshunde eingesetzt. Meldehunde trugen Botschaften von Stellung zu Stellung, Sanitätshunde halfen Verwundete im Gelände zu bergen.

Helden werden Krüppel

Schon die alten Römer erkannten die Wichtigkeit von funktionierenden Kriegslazaretten und Militärärzten in der Kriegsführung, doch mit dem Ende der Antike kam es auch hier zu einem großen Rückschritt. Noch im 15. Jahrhundert glaubte man, dass Wunden eine Vergiftung seien, welche durch die weitere Erregung von Entzündungen und Eiterungen entgiftet werden könnten. So tröpfelte man Terpentin oder Kampfer mit Rosenöl auf die Wunden oder brannte sie einfach mit Glüheisen aus. Die vielen Misserfolge belehrten eines Besseren. Nun versuchte man jede Entzündung von den Wunden fernzuhalten. Man bedeckte sie mit Essig oder Salpeter, bei stärkeren Geschwüren und Eiterherde griff man zu Abführmitteln und Aderlässen. Wer dies alles überlebte, musste eine wahre Rossnatur in sich tragen. Kugeln fingerte man vielfach mit den Fingern heraus, man amputierte und schnitt scheibenförmige Stücke des Schädeldaches ohne Narkose ab oder stillte die Blutungen mit Glüheisen. Große Probleme bildete aber immer noch der Verwundetentransport. Unter Napoleon wurden dann erstmals die fliegenden Lazarette eingeführt. Ein weiterer Durchbruch.

Im Krimkrieg wurde auf der Seite der Westmächte jeder vierzigste Soldat im Kampf getötet, jeder siebente verwundet,

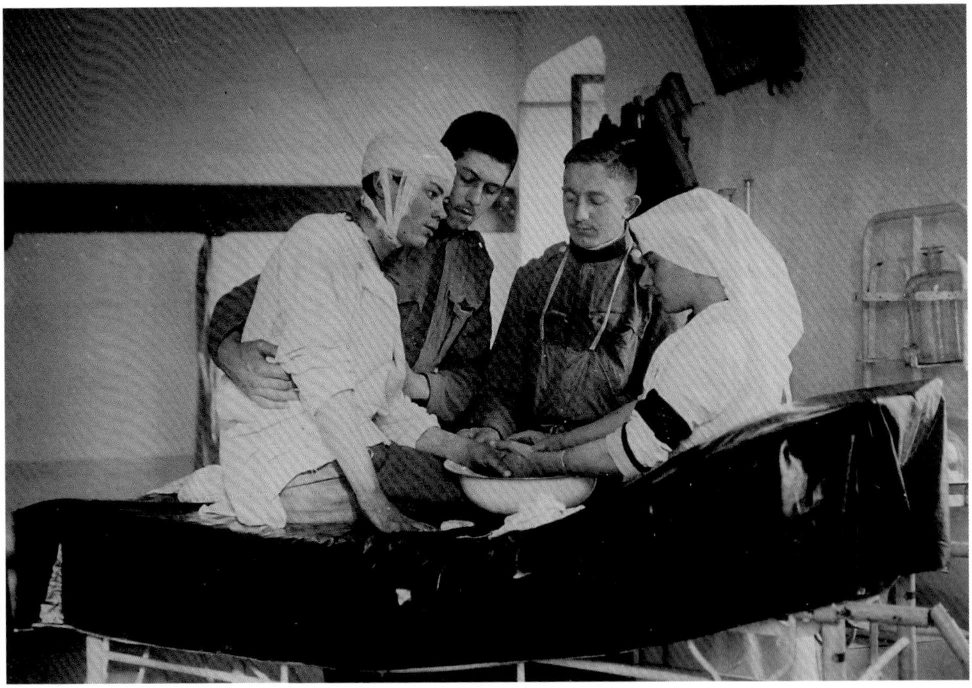

Archiv Obwegs/Leitgeb

Die Verwundeten wurden mit primitiven Mitteln an der Front erstversorgt. Oft erhielten sie erst Tage später in den Feldlazaretten eine geeignete medizinische Versorgung. Krankenschwestern, welche freiwillig ihren Dienst leisteten, vollbrachten dabei oft Übermenschliches. Sehr wahrscheinlich wurde das Bild im Feldlazarett von Bruneck aufgenommen.

aber jeder sechste Mann starb durch eine Krankheit. So galt es schon vor Anbruch des Ersten Weltkrieges als unumstößliche Tatsache, dass auch in diesem Krieg nicht die Zahl der Verwundeten ausschlaggebend sein würde, sondern jene der Kranken. Aus den Jahre zuvor tobenden Kriegen belehrt, musste man alles daran setzen, um nicht an einem zu großen Krankenstand zu scheitern.

Italienische Sanität führend

Eigenartigerweise schaute auf diesem Gebiet neidvoll alles auf das in Europa führende italienische Militärsanitätswesen. Einer der bekanntesten österreichischen Militärärzte Myrdacz konnte nur feststellen, dass das italienische Militärsanitätswesen »eine Vollkommenheit erreichte, von welcher alle übrigen Staaten noch mehr oder weniger weit entfernt waren«. Kriegsminister Rigotti schuf um 1870 eine straffe Organisation. Doch trotzdem war auch in Italien niemand auf einen solch grausamen Krieg und noch weniger auf Kämpfe im Hochgebirge vorbereitet.

Allein das italienische rote Kreuz stellte im Ersten Weltkrieg ungefähr 9.500 ausgebildete Männer und 1.200 Offiziere für den Sanitätsdienst ab. Jedem Bataillon war ein Spitalsarzt zugewiesen, zu dem sich noch Medizinstudenten oder andere Hilfskräfte gesellten. Ihr Kennzeichen war die weiße Binde mit dem roten Kreuz. Sobald ein Sturmangriff eingeläutet wurde, beorderte man auch gleich die Sanitäter zur Stelle, welche sich an geeigneten und geschützten Punkten in unmittelbarer Nähe der Kampfhandlungen postierten, um zu retten, wer zu retten war.

So erhielten die Verwundeten auf dem Kampfplatz eine erste Hilfe. Hinter den Truppen wurden Hilfsplätze eingerichtet, wo sich Ärzte, Sanitätsoffiziere und Blessiertenträger versammelten. Notverbände wurden bei Lebensgefahr an Ort und Stelle angelegt, und zwar mit einem Verbandspäckchen, das jeder Soldat bei sich trug. Hilfsplätze erkannte man durch zwei gehisste Signalfahnen, eine schwarz-gelbe und eine mit dem roten Kreuz auf weißem Grund, und bei Nacht durch Signallaternen mit rotem Kreuz.

Der verwundete Soldat

Verwundete trugen kleine Täfelchen an der Montur, auf der die Art der Verletzung und der bisherigen Hilfeleistung angezeigt wurde. So konnte im Falle eines Todes immerhin noch die Identität festgestellt werden. Besonders im Hochgebirge erhöhte man die Anzahl der Verwundetenträger, zudem erhielt jedes Bataillon Tragtiere mit Hilfsausrüstung. Es handelte sich bei diesen Trägern zumeist um Personen, welche für den Militäreinsatz als »nicht tauglich« eingestuft worden waren. Ideal wäre es gewesen, dass ein Mann einen Verwundeten hätte herunterschleppen können, und man versuchte auch lange Zeit eine entsprechende Trage zu konstruieren. Das scheiterte aber daran, dass ein Durchschnittsgewicht von 70 kg mit normalen Tragen unmöglich im Alleingang über die steilen Bergwege transportiert werden konnte. Erst dem Tiroler Arzt Robert Stiegler gelang es, eine Gebirgsbahre zu konstruieren, die dann auch an der Dolomitenfront zum ersten Mal zum Einsatz kam, die einem Strecksessel ähnlich war, und es den Trägern ermöglichte, die Verletzten auf den Schultern zu tragen.

Jede Kompanie, ob bei den Österreichern oder Italienern, verfügte zudem über eigene Fahrzeuge zu einem raschen Verwundetentransport. Diese waren mit Stroh und Decken ausstaffiert, aber in den seltensten Fällen waren die Arzneimittel steril und frei von Keimen. Erde, Uniformreste und das Fehlen der noch im-

Sanitäter bergen einen Verwundeten. Unter der Aufsicht eines Militärarztes wird er erstversorgt.

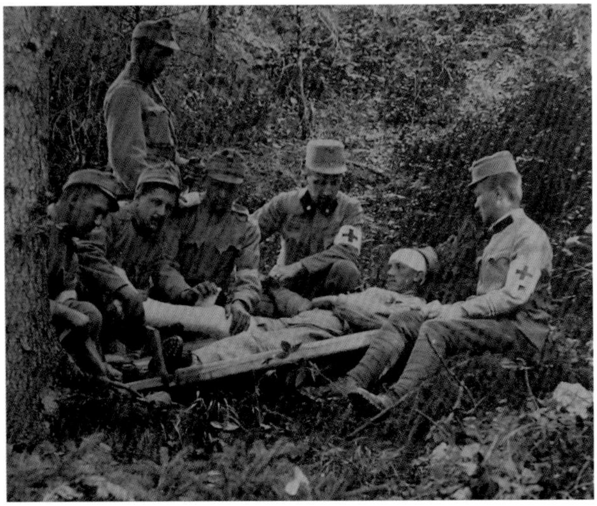

Nach der Erstversorgung bringt man den verwundeten Soldaten auf einer Tragbahre in den nächstgelegenen Verwundeten-Sammelplatz. Dort entscheidet ein Arzt über das weitere Geschehen.

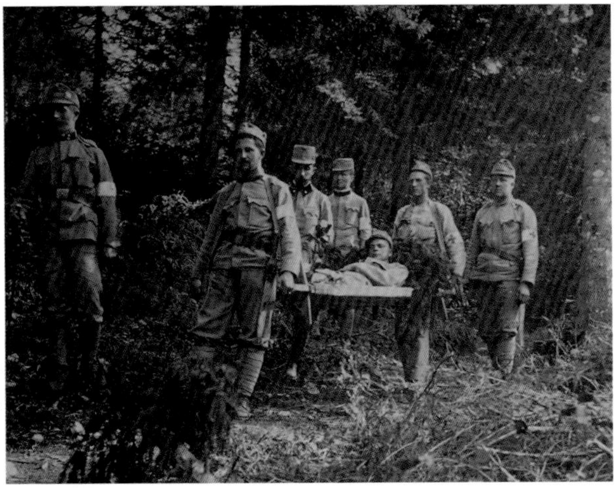

Archiv Obwegs/Leitgeb (3)

Schwer Verwundete werden zur weiteren Pflege in die Lazarette ins sichere Hinterland gebracht. Der Weg dorthin ist oft lang und voller Leiden. Während des Transportes sterben viele. Soldaten des deutschen Alpenkorps entladen Verwundete aus einem Sanitätskraftwagen.

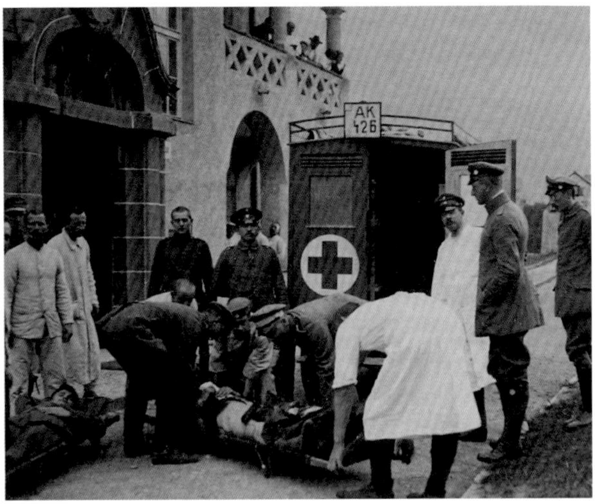

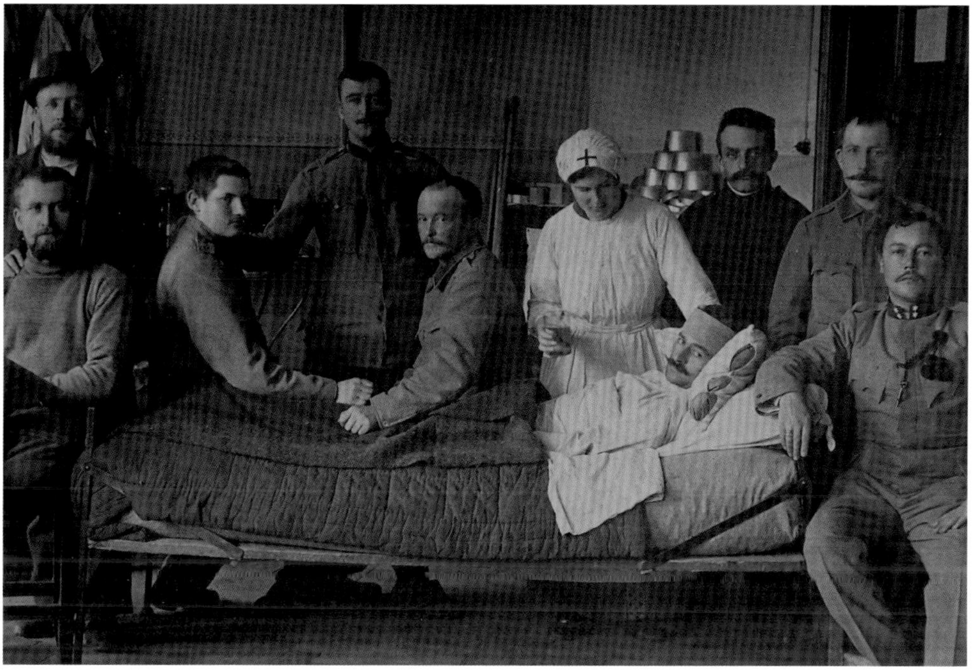

Archiv Obwegs/Leitgeb

Oben: Die Zeit im Lazarett muss vielen Soldaten trotz der Verwundung oft als paradiesisch vorgekommen sein. Endlich gibt es ein richtiges Bett und gutes Essen und nach langer Zeit wieder weibliche Wesen. Unten: Zwei italienische Soldaten warten in der Gegend der Cinque Torri auf ihren Hilfseinsatz. Die zusammenklappbare Trage liegt griffbereit. Das italienische Kriegssanitätssystem ist zu dieser Zeit führend.

Archiv Loris Lancedelli – Foto Alberto Piersanti

Oben: Vielen Verwundeten wird der Abschied vom Lazarett am Ende der Genesung schwer gefallen sein. Meist hieß es wieder an die Front ziehen. Mitte: Eine Sanitätskolonne bereitet sich auf den Einsatz an der Front vor. Unter ihnen befinden sich eine Krankenschwester und ein Feldgeistlicher. Unten: Vor einem Lazarett lässt sich die Mannschaft zu einem Erinnerungsfoto ablichten. Neben dem Verwundeten stehen Ärzte, Sanitäter, Geistliche, Krankenschwestern und Ordensfrauen.

Archiv Obwegs/Leitgeb (3)

Arch. v. Loris Lancedelli – Foto Alberto Piersanti

Eine Erste-Hilfe-Einrichtung in der Nähe der Cinque Torri. Die Italiener gehörten auf dem Gebiet der medizinischen Versorgung im Krieg zu den führenden Nationen Europas.

mer unbekannten Antibiotika verursachten Wundfieber. Ungereinigte und wieder verwendete Leinenbinden – häufig von Kranken mit Eiterherden – waren wiederum als Übermittler von Wundinfektionen ausschlaggebend. Amputationen waren an der Tagesordnung.

Die Krankenwagen – ein Novum für die damalige Zeit – versuchten, wenn möglich, nachts zu fahren, tagsüber dagegen kämpfte man sich, aus Angst vor feindlichem Beschuss, durch Wege und Straßen, die von dichtem Gebüsch und Wald umsäumt waren.

Jede Kampfhandlung stellte die Sanitäter vor eine harte Probe. Wenn man bedenkt, dass allein zwischen 18. und 31. Oktober 1915 neben Schloss Andraz bei Buchenstein 1.508 italienische Soldaten verarztet wurden, dann kann man nur respektvoll diese Leistungen anerkennen. Und dies stellte bei weitem noch nicht das Maximum dar. Meist handelte es sich um Schussverletzungen, Bombensplitter, Schrapnellkugeln, aber auch viele Knochenbrüche waren an der Tagesordnung. Dazu kamen noch viele Rheumakranke und Fiebrige, Infektionen, Lungenkrankheiten.

Die Stimmung war verständlicherweise nicht immer die beste: »Stirbt ein Muli, schreibt man ein Protokoll mit sieben Seiten Länge, stirbt ein Soldat, macht man eine schwarze Linie in einem Verzeichnis«, wurde zu einem geflügelten Wort.

Trotzdem wurde alles getan, um Leben zu retten, wobei die Kameradschaft auf beiden Seiten sehr groß, in vielen Fällen sogar berührend war. So schreibt Soldat Agnelli Zampa: »15. Juni 1915. Unter den Unzähligen treffen auch zwei Kugeln Leutnant Lais. Wir umhüllen ihn mit einem Zelttuch und tragen ihn zum Rotkreuz-Posten. Aber der Sanitätsoffizier kann nur den Kopf schütteln, als er ihn näher betrachtet. Nun verstehe auch ich, dass er sterben muss. Wir bringen ihn zu viert auf einer Trage zum Hotel Pocòl, das in ein Militärspital umgewandelt worden war. Leutnant Marino begleitet ihn einige Kilometer und versucht ihn mit einfühlenden Worten aufzumuntern. Er leidet sehr unter seiner Bauchverletzung und lässt immer wieder innehalten. 16. Juni. Wir erfahren vom Tod des Leutnants Lais …« Es ist ein Schicksal unter vielen, nicht einmal ein berühmtes. Es erzählt einfach nur vom Sterben.

Es lag im Interesse der Feldspitäler, die Verwundeten möglichst rasch weiterzuleiten. Nach Möglichkeit wurden sie sofort entlassen, was man immer auf Biegen und Brechen versuchte, um die Truppenstärke zu halten. Die schweren Fälle wurden weiter nach hinten abgeschoben, zumeist an einen Eisenbahnknotenpunkt. Gleichzeitig waren die Militärs zu jedem Zeitpunkt bestrebt Verwundete möglichst bald aus den Spitälern wieder an die Front zu bringen. Dazu war jedes Mittel recht. Jede Schikane diente irgendwie dazu, nicht im Entferntesten den Gedanken an eingebildete Krankheiten aufkommen zu lassen. Oft genug gab es Beschwerden über die inhumane Behandlung in den Spitälern und darüber, dass die meisten nach einem Tag wieder zurück an die Front geschickt wurden.

Zum Zweck einer raschen Versorgung von Verletzten ging man daran, »mobile

Schwer verletzte Soldaten in der Kirche von St. Kassian im Gadertal. Man hat sie mangels anderer Alternativen auf Heu gebettet. Ein Sanitäter kümmert sich rührend um die Verletzten.

Chirurgengruppen« ins Leben zu rufen, welche neben einem Chirurgen aus zwei Operateuren bestanden und zudem über Fahrzeuge verfügten. Sie bewährten sich, wenn es galt, knapp hinter der Front lebensrettende Eingriffe wie bei Bauchschüssen vorzunehmen. Ärger verursachte allerdings in Tirol die Chirurgengruppe der Gräfin Hadik. Sie hatte Beziehungen zu den höchsten politischen Kreisen, fühlte sich aber berufen, als Engel in die Geschichte einzugehen, was aber weder mit ihrer überheblichen Art noch mit ihrem barschen Befehlston zu vereinbaren war. Am Ende wurde es selbst dem Kommando an der Südwestfront zu bunt, und es verbot ihr das Betreten der Kriegsschauplätze. Doch nicht genug. Nun gelang es ihr sogar den Oberkommandierenden, Freiherrn von Conrad, auf ihre Seite zu bringen, und sie erhob grundlose und schwere Anklagen gegen das Militär. Es dauerte einige Zeit bis die resolute Gräfin ins Abseits gestellt werden konnte.

Lorenz Böhler, Militärarzt in Tirol, bekannt geworden durch seine Verarztungstechnik.

Aber auch die wirklich Verwundeten und Kranken waren nur mehr Menschen dritter Klasse. Als ungeschriebenes Gesetz galt: »Die Verwundeten haben Zeit, zuerst das Kriegsmaterial.« Und da zuerst Materialzüge abgefertigt wurden, warteten die Schwerverletzten manchmal zwei Tage und Nächte ohne Verpflegung auf den Abschub. So begannen sich hier weitere Tragödien abzuspielen. Jeder Verletzte tat alles, um sofort Richtung Heimat zu kommen, wobei aber von den Ärzten brutal aussortiert wurde.

Lorenz Böhler, der Unfallchirurg

In Bozen wirkte der berühmte Lorenz Böhler. 1885 wurde er in Wolfurt in Vorarlberg geboren, mit fünf Jahren wollte er schon Chirurg werden und begann sich einzuüben. Er sezierte und »operierte« Mäuse, Vögel, Schlangen, Hühner. Im Alter von zehn Jahren erlernte er das eben erst entdeckte Röntgenhandwerk. Dann studierte er Medizin, ging als Schiffsarzt nach Südamerika, bis er 1912 nach Bozen zurückkehrte und dort Boldi Setari kennen lernte und heiratete. Er bildete sich als Chirurg in den USA aus, um zu Beginn des Ersten Weltkrieges wieder nach Bozen zurückzukehren und dort das Militärspital mit seinen 240 Betten zu leiten. Hier wurde er zum Schöpfer der modernen Unfallchirurgie, hier baute er das Krankenhaus zu einer »Spezialabteilung für Knochenschussbrüche und Gelenkschüsse« aus.

Der junge Truppenarzt erkennt bei der Behandlung der im Krieg häufigen Extremitätsverletzungen, dass es das oberste Ziel der Versorgung sein muss, die betreffende Extremität ruhig zu stellen. Erstmals beginnt er die dafür nötigen Verbände und Hilfsmittel zu entwerfen. Die Erfolge seiner Transportverbände sind bemerkenswert. Doch zum Leidwesen des ehrgeizigen Arztes befinden sich sehr viele nur leicht Verletzte in seinem Lager. Um seine kunstvollen, meist selbst gebastelten Verbandsbehelfe trotzdem ausprobieren zu können, »borgt« er sich vom nahe gelegenen Bahnhof immer wieder Schwerverletzte aus den dort abgestellten Transportwagons aus, um seine »amputationsfreien« Genesungen durchzuführen. Es ist der Beginn einer weltbekannten Karriere.

Doch nicht nur das Reservespital in Bozen wurde, dank Lorenz Böhler, berühmt. Auch in der Krankenstation Innichen waren einige ausgezeichnete Ärzte tätig; die Krankenhilfsstelle und Entlausungsstation in Alt-Toblach wurden zum Beispiel von einem Chirurgen aus der Schweiz geleitet, der hier als provisorischer Regimentsarzt 15 Monate lang Dienst tat. Aber auch Krankenschwestern mussten Herausragendes leisten. Maria Gasch, im Dolomitengebiet auf über 1700 m im Einsatz, musste in einer Nacht zehn Beine amputieren, nachdem die Chirurgen am Ende ihrer Kräfte waren. Und das in einem alten Artillerieunterstand. Der Tod war allgegenwärtig, die Leiden der Kranken unermesslich.

Der zusammengeflickte Mensch

Mochte auch der Mensch vieles am anderen Menschen zerstören, durch Technik versuchte man so viel wie möglich wieder gutzumachen. So begann die Kunst der plastischen Chirurgie zu blühen. Prothesen versuchte man für fast alles anzufertigen, was nur irgendwie am Menschen austauschbar schien. Warnte auch Lorenz Böhler in Bozen davor und

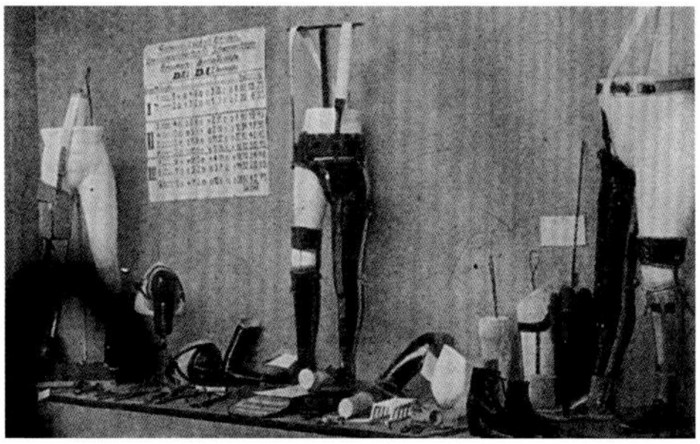

Die Prothesentechnik wurde verfeinert und bei den Amputierten der Anschein erweckt, wieder ein »ganz normales Leben führen zu können.

tat alles, um verletzte Glieder zu retten, so wurde anderswo desto mehr mit handwerklich gefertigten Armen, Beinen und auch Gesichtsersatz herumgedoktert. Die k.u.k. Monarchie galt als die fortschrittlichste der Welt, was Prothesenerzeugung anbelangte. Ärzte, aber auch Handwerker überboten sich in neuesten Forschungen und Produkten, war ihnen ja auch ein gehöriges Medieninteresse und wissenschaftliche Präsenz gewiss. Es gab Prothesen, mit denen man Geige spielen konnte, und sogar eine »fünfstrahlige Klaue« zum Klavierspielen, in den Zeitungen wurden tanzende Bein-Amputierte gezeigt, turnende Arm-Amputierte, Sekretariatsbeamte, die mittels eines schraubstockartigen Gebildes wieder ihrer Arbeit nachgehen konnten; das Ersatzteillager der menschlichen Roboterfabrik war schier unerschöpflich und voller Phantasie. Der berühmte deutsche Chirurg Ferdinand Sauerbuch entwickelte den sogenannten »Sauerbruch-Arm,« eine künstliche Hand, wobei er die noch vorhandenen Sehnen und Muskeln wieder mit einzubinden versuchte. So sah sich das »Merkblatt der Kriegskrüppelfürsorge« veranlasst, die neuen Techniken in den höchsten Tönen zu loben, denn der Kriegsversehrte »kann mit geeigneten künstlichen Gliedern, die ihm die Heeresverwaltung liefert, häufig, ja meistens in seinem alten Beruf wieder tätig sein«.

Doch es wurden zweierlei Maßstäbe angewandt. Die italienischen Kriegsgefangenen bekamen zwar notdürftige und einfache Prothesen für Unter- und Oberschenkel, andere Körperersatzstücke wurden für die gegnerischen Krüppel aber nur ausnahmsweise zur Verfügung gestellt und auch das nur, wenn sie für eine weitere Beschäftigung der Gefangenen besondere Vorteile versprachen. In den meisten Fällen galt der strenge Befehl »Von der Beistellung künstlicher Augen und anderer Ersatzstücke, die ausschließlich kosmetischen Zwecken dienen, ist Abstand zu nehmen.«

Verunstaltet für alle Zeiten

Diese »zermalmten Gesichter« wurden zu lebenden Toten, geächtet von allen, auf Hilfe und Pflege angewiesen, manchmal nur mehr künstlich ernährt, weil ihnen Kiefer und Mund weggeschossen worden waren. Joseph Roth beschreibt den Zustand dieser Außenseiter in einer »Reportage« makaber bis zum Äußersten: »Wisst ihr, was das sind: Kieferbeschädigte? Es sind Menschen, die Gott nach seinem Ebenbilde schuf und die dann der Krieg nach seinem Ebenbild umarbeitete. Hier siehst du die Fratze der Großen Zeit. So sah der Krieg aus: Das Kinn ist weggeschossen und Nase und Oberlippe hängen frei in der Luft. Oder nur ein halbes Kinn fehlt. Und dafür eine Nasenhälfte der Länge nach. Oder quer durch das ganze Gesicht fuhr eine Granate spazieren und ihr Führungsring blieb im Ebenbilde Gottes haften, im Antlitz eines weißen Menschen. Oder irgendeinem fehlt der Mund, die Lippen fehlen, die Lippen mit denen er küssen, flüstern konnte.«

»Es ist den Kieferbeschädigten verboten, Photographien ihrer Entstelltheit zu besitzen. Es ist verboten, der Öffentlichkeit Kieferbeschädigung bzw. deren Gipsabgüsse, die im Lazarett aufbewahrt sind, zu zeigen. Warum? In allen illustrierten Blättern der Welt, in allen Museen, an allen Litfaßsäulen sollten Kieferbeschädigungen zu sehen sein.« Und Joseph Roth schließt diesen bemerkenswerten Erguss über die Leiden und die Abartigkeiten des Krieges mit dem Satz, dass am Ende »ein Bild gezeigt werde: der Mann ohne Lippen«.

Diese Menschen wurden zu Fratzen des Krieges, zu Botschaftern einer abartigen Welt.

Wiener Illustrierte 26. Februar 1915 (3)

Selbst die Zeitungen jubeln über die neuen Techniken, um die zerfetzten Körper wieder einem Arbeitsprozess zuzuführen. »Der Mensch mit künstlichen Gliedmaßen – der Verlust eines Armes oder eines Beines, ja beider Beine sogar, kein Unglück mehr, kein sicher lebensüberdrüssiger Mensch. Der Prothesenmensch kann sich bewegen, kann gehen, kann seine künstlichen Glieder ebenso gebrauchen wie die Natürlichen und kann sogar zu Diensten verwendet werden, die man in früheren Zeiten nur einem kerngesunden Menschen anvertraut hätte.«

Wiener Illustrierte. 26. Februar 1916

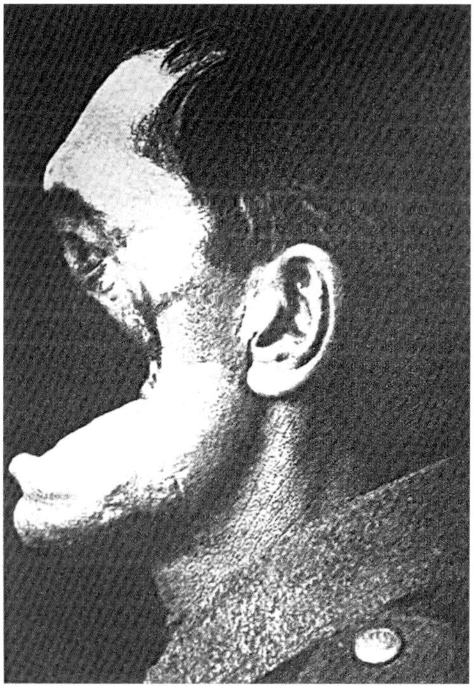

Manche Menschen blieben so grauenhaft entstellt zurück, dass sie wie Aussätzige behandelt wurden und nie mehr Kontakt zu ihren Mitmenschen fanden.

Archivio Arch. Fabio Ortolani, Foto A. De Marinis

Wiener Illustrierte Zeitung 1916

Archivio Loris Lancedelli – Foto Alberto Piersanti

Tiere als Arbeitssklaven

So als hätte es nicht ausgereicht, dass Staaten gegen Staaten kämpften, zog man auch die verschiedensten Tiere zum Fronteinsatz ein. Tauben flogen als Postboten durch die Lüfte, Pferde, Esel und Maultiere wurden zu Lastenträgern. Soldaten und Tiere kämpften gemeinsam gegen die Witterungsbedingungen und den Feind. Übermüdete und abgehetzte Pferde starben zu Hunderten dahin, und wenn kein Ersatz zu beschaffen war, kamen die anderen Tiere bis hin zu den Hunden als Arbeitstiere an die Reihe. Die Fotoreihe zeigt, dass beide Nationen auf dieselben Tiere zurückgreifen mussten.

Oben links: Lasthunde mit italienischen Soldaten in den Ampezzaner Dolomiten, während sich im Bild darunter ein k.u.k. Gespann durch die verschneite Landschaft kämpft. Oben rechts: Italienische Maultiere werden beladen. Unten links: Ein Pferd trägt Teile eines italienischen Geschützes in die Höhe. Unten rechts: Tiroler Standschützen mit ihren treuen Pferden.

Archivio Loris Lancedelli – Foto M. Mainardis

Tiroler Soldatenzeitung

Archivio Massimo Turkheimer, Foto Edoardo Turkheimer (3)

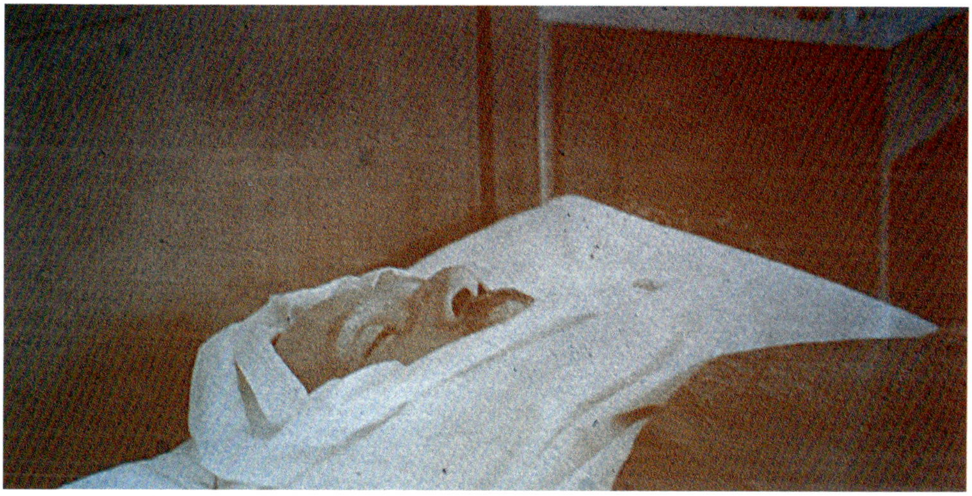

Selbstmord von Enrico Carabelli

Am 17. Mai 1916 verübt Leutnant Enrico Carabelli, Kommandant des 17. Artillerieregiments, Selbstmord. Er schießt sich mit der eigenen Pistole in den Mund. Ein Aufsehen erregender Tod, den viele mit der Großoffensive der Österreicher auf der Hochfläche von Asiago in Verbindung bringen. Er ist kein Einzelfall. Sehr schnell führte die Ernüchterung über diesen Krieg zu solchen Verzweiflungstaten.

Oben: Leutnant Enrico Carabelli in der Totenkammer. Es war vielfach der dauernde psychische Druck, bedingt wohl auch durch die Erkenntnis der Sinnlosigkeit dieses Krieges, der die Menschen verzweifeln ließ. Unten rechts: Der Grabstein von Leutnant Enrico Carabelli in Cortina d'Ampezzo.

Geliebte werden Huren

Nichts macht die Menschen gedankenloser, nichts den Tieren ähnlicher als der Krieg. Denn wo die Moral ohnehin schon in den untersten Bereichen dahinvegetiert, kommt es auf das eine oder andere zusätzliche Sündenbabel nicht mehr an.

Das k.u.k. Reich praktizierte im Vergleich zu den anderen Krieg führenden Nationen ein mehr als freies Sexleben. Sex und Hurerei waren ein gewichtiger Mitgrund für den schlechten Zustand der überall so gerühmten k.u.k. Armee. An die 700.000 Fälle von venerischen Krankheiten mussten dort mit allerlei Mitteln behandelt werden. Dies alles schließt den Kreis über den Zustand und die Kampfkraft der k.u.k. Armee, gepaart mit einem Sittenbild, das man über Jahrzehnte, auch noch nach dem Krieg, liebend gerne totschwieg. Schon vor dem Weltkrieg machten unter den Armeeangehörigen Österreichs die Geschlechtskrankheiten »17 bis 31 Prozent aller Krankheitsfälle aus«. Sie verursachten schon in Friedenszeiten einen enormen Kostenaufwand. Im Krieg stieg dieser recht hoch anmutende Prozentsatz nochmals an, sodass sich die oberste Heeresleitung gezwungen sah, massiv diesem kriegsstrategisch mehr als bedenklichen Zustand entgegenzuwirken. Sie tat es auf ihre Weise und setzte heute skurril anmutende Maßnahmen, um diesem Phänomen entgegenzuwirken.

Feldpuff als strategische Einrichtung

Man ging in typisch altösterreichischem Stil vor, mit allen dazugehörenden gesetzgebenden Maßnahmen sogenannte »Feldpuffe« aufzubauen. Eigene Vorschriften wurden verfasst, als Abbild einer sich dem Untergang zuneigenden großen Nation: »Über die Aufstellung, Organisation, den

Ein einzigartiges fotografisches Dokument. Am Anfang schaut dieses Ampezzaner Mädchen während der Feldarbeit noch schüchtern in Richtung der italienischen Soldaten.

Betrieb und die militärische Leitung, Unterstellung und Verwaltung von mobilen Feld- und Reserve-Freudenhäusern (Feldbordelle resp. Feldpuffe).« Diese Veröffentlichung ließ man allen diensthabenden Stellen bis hinunter zum Isonzo, den Dolomiten und Trient zukommen. Danach folgte eine Fülle von Gesetzesartikeln im tadellosen Beamtendeutsch:

«1. Benennung. Die Feld- und Reservefreudenhäuser bilden einen integrierenden Bestandteil der Armee im Felde. Sie werden je nach ihrer Einteilung in Feldpuff Nr. … oder Res.-Puff Nr. … benannt.

2. Zweck: Sie bezwecken die sexuelle Erleichterung der Offiziere und Mannschaften sowie die sexuelle Aufklärung der aus dem Hinterland einrückenden Nachschübe.

3. … Sanitätsanstalten, welche Rote-Kreuzschwestern im Stande haben, erhalten keine Feldpuffe zugewiesen, da gewissermaßen die dort befindlichen Angehörigen der bewaffneten Macht in der Lage sind, sich mit rechts- oder linkshändig bedienenden Frauenspersonen zu versehen, außerdem würde die Dienstfreudigkeit des weiblichen Pflegepersonals bei den genannten Anstalten in erschreckender Weise nachlassen, was unbedingt vermieden werden muss.«

Die Sanitäterinnen als Huren. Sämtliche Nuancen wägt man ab, um die sexuellen Bedürfnisse der stolzen Armee in den Griff zu bekommen, mit einer Lächerlichkeit, dass alles einer Komödie entstammen könnte, wäre nicht eine tragische Brisanz in vielerlei Nuancen darin versteckt. Unter Punkt 5 werden sogar die »Dienst- und Kommandoverhältnisse« geregelt. »Die oberste Leitung der Feldpuffanstalten obliegt dem Chef des Feldpuffwesens für die gesamte bewaffnete Macht; er ist ein Hilfsorgan des KM. (5. Rangklasse) und führt den Titel Hofrat.« Der Gesetzgeber macht sich sogar über Hierarchien und Aufstiegsmöglichkeiten Gedanken. Die Mädchen werden zum Spielball der

Archivio Massimo Turkheimer, Foto Edoardo Turkheimer (3)

Der Offizier probiert es mit einem Anbiederungsversuch und sehr schnell erliegt das Mädchen dem Liebeswerben.

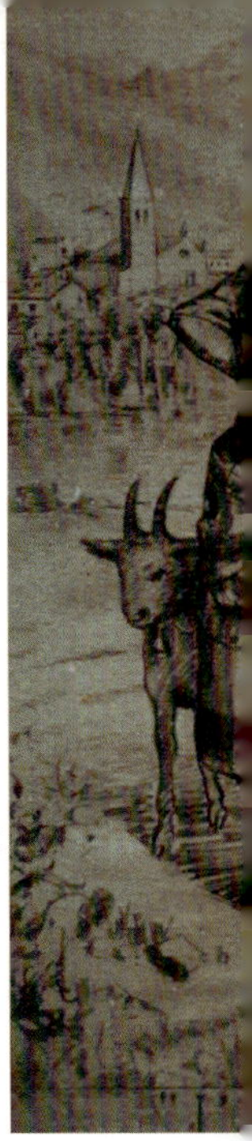

Archivio Arch. Fabio Ortolani, (3)

Eine italienische Propaganda-Postkarte. Verführerische Frauen sollen das Gefühl vermitteln, dass es süß sei, für das Vaterland zu sterben. »Die Liebe« betitelt sich die mittlere Postkarte, das Dorf im Hintergrund ist Cortina. Am Ende gab es in der Tat von den älteren Personen verurteilte Verbrüderungsszenen zwischen fremden Besatzern und den Mädchen der Dörfer.

Krieg führenden Truppe. Sie sollen die Moral heben, den Adrenalingehalt steigern und womöglich kriegsentscheidende Vorteile bringen. »Das weibliche Personal gliedert sich in drei Gruppen: a) Offiziersmädchen, b) Mannschaftshuren 1. Kl. und c) Mannschaftshuren 2. Kl. Letztere führen auch die Bezeichnung ›Schützengrabenmenschen‹ Das Vorrücken aus der Kategorie b oder c in die Kategorie a ist ausgeschlossen.« Karriere machen also unmöglich! Noch skurriler mutet uns der Artikel über die vorgeschriebene Arbeitskleidung an, bei der der Gesetzgeber am Ende doch irgendwann scheitern musste. »Für das weibliche Personal wird eine hechtgraue Marschadjustierung im Schnitte der für die Pflegerinnen vom roten Kreuz bestehenden Uniform normiert … als Unterwäsche wird bestimmt: Normalwäsche mit verlängerter Tragdauer … Bei Ausübung der dienstlichen Funktion dürfen die Monturen ganz oder teilweise abgelegt werden. Hierbei ist mit Schonung vorzugehen.« Penibel regelt das Gesetz alles oder fast alles: Die Uniform darf immerhin während des Geschlechtsaktes abgelegt werden, die Uniformen müssen aber stets in einem sauberen Zustand sein.

Die Geschlechtskrankheiten waren ein Problem für die k.u.k. Monarchie, ein nicht zu unterschätzendes sogar, eines, über das man weniger sprach als über den Tod. Und das man irgendwie verzweifelt unter Kontrolle bringen musste, um nicht deswegen den Krieg zu verlieren. Schnellte doch auch die Zahl der infizierten Jugendlichen unter 18 Jahren auf deprimierende Prozentsätze empor. Sogar 15-jährige Mädchen mussten sich behandeln lassen. Von 1.000 infizierten Frauen waren 91 im Alter von bis zu 18 Jahren, also fast 10 Prozent. Mit viel Aufwand betrieb man Aufklärung und trichterte den Soldaten ein, Kondome zu verwenden, aufzupassen und den Körper zu beobach-

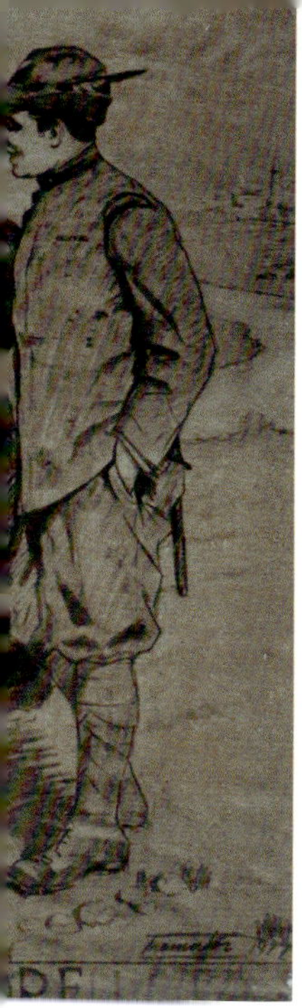

Raccolta Dibona Bonel

Je länger sich der Krieg hinzog, desto zermürbter und schicksalsergebener wurden die Menschen. Die Farbpostkarte der Alpini mit der Bauernmagd von V. Polli zeigt den Wunsch nach Begegnung. Die Fotos aus Chiave d'Ampezzo, wo hinter den Häusern dieser Mädchen die italienischen Schützengräben verlaufen, deuten bereits die Verbrüderungsszenen an.

ten. Doch es gab genügend Quacksalbereien darunter, die mit allen möglichen und unmöglichen Mitteln der Syphilis und dem Tripper Herr zu werden versuchten. Auch die Heeresführung tendierte hilflos hin und her zwischen drakonischer Bestrafung der Infizierten und Straffreiheit. Bestrafte man die Kranken zu hart, verleugneten die Soldaten ihre Infektion und quälten sich weiter oder bildeten sogar eine potentielle Gefahr für die anderen, tat man die Ansteckung als Kavaliersdelikt ab, öffnete man Tür und Tor für bewusste Ansteckung, um dem harten Frontleben für einige Zeit wieder zu entkommen.

Sünde, Sex und Schande

Der dauernde übermenschliche Stress, das Nichtwissen, ob man den nächsten Tag überleben würde, trieb so die sonderbarsten, manchmal auch skurrilsten Blüten. Aber nicht nur bei der eigenen Truppe. Der Wahnsinn des Krieges hatte alle erfasst. Ein italienischer Kriegsgefangener berichtet seinen Seelenzustand der Mutter nach Bergamo: »Bete zu Gott, dass der Krieg noch lange dauert, denn, wenn ich nachhause komme, werde ich für Euch und für alle eine Sorge sein. Ich bin zu einem Tier geworden ...« Und ein Nächster schreibt nach Colmurano bei Macerata: »Hier in Österreich gibt es viele Weiber: sie laufen uns Italienern nach wie hitzige Hunde. Ich werde mir eine heiraten, werde sie einpacken und nach Hause schicken.«

Die Frauen hatten dem wackeren Krieger den Kopf vollkommen verdreht. So spielten sich menschliche Tragikomödien im Kleinen ab, wobei auch heute noch die Deutung nicht so einfach scheint. »Die Neuigkeiten der letzten drei Monate sind die: zwei Mädchen haben Kinder bekommen und andere zwei oder drei erwarten welche. Ein 70-jähriger Mann wollte noch heiraten und fand niemanden, da warf er sich in einen Brunnen und ertrank. In einem benachbarten Orte hat sich eine verheiratete Frau, deren Mann an der italienischen Front ist, in einen Russen verliebt.«

Der Krieg wurde zu einem Sündenbabel ohnegleichen. Ein Kriegsgefangener berichtet seinem internierten Freund in Mauthausen: »Ich schlafe in einem Haus mit einer schönen Frau, die ein 1-jähriges Kind hat, deren Mann seit 4 Jahren einberufen ist.« Ein Nächster schreibt aus Radersdorf nach Castel San Giovanni, Piacenza: »Ich bin im Hause einer Frau …, deren Mann an der Front ist. Sie ist rasend in mich verliebt. Hier geht mir nichts ab.«

Man betrachtet sogar die Betrügereien als Art der gerechten Kriegführung, da man gleichfalls annimmt, und wohl auch mit gutem Grund, dass umgekehrt in Italien die gleichen Zustände herrschen: »… da wir die Frauen zu befriedigen haben, deren Gatten in Italien gefangen sind; und wie wir tun, tun sicher auch sie mit den unsrigen«. Und der Schreiber dieser Zeilen mochte gar nicht so Unrecht haben.

Archivio Arch. Fabio Ortolani.

Eine österreichische Postkarte aus dem Ersten Weltkrieg. Kaum einmal war die Moral so tief, stand die Frau als reines Objekt der Begierde so im Vordergrund wie in diesen Kriegstagen.

Betrogene Männer, verlorene Jugend

Szenenwechsel nach Cortina d'Ampezzo. Als symptomatisches Studienobjekt des Sexuallebens im Ersten Weltkrieg kann genau das von den Österreichern kampflos den Italienern überlassene Cortina gelten. Denn das Pfarrarchiv gibt in einer Eintragung vom 31. Dezember 1916 eine Art kurzes Generalresumeè über die Lage dieser Dolomitenhauptstadt: »Jahr 1916. Hochzeiten: Keine. Sterbefälle: 76. Geburten: 47. Davon ehelich: 21, unehelich: 26, unter diesen 10 verheiratete Frauen, welche ihre Ehemänner schon mehr als ein Jahr an der Front im Einsatz haben!! Man soll nicht weiter innehalten die schlimmsten Unzuchtsfälle zu beschreiben, es sind ihrer zu viele an der Zahl!«

Eine Nachricht, deren Tragweite bis jetzt nicht genügend erkannt wurde. Der Großteil der in Cortina auf die Welt gekommenen Kinder hatte italienische Väter. Dies Verhalten der in seinen Augen liederlichen Frauen, veranlasste den Kirchenvikar von Cortina Don Cristoforo Rizzardi seinen Schäfchen bei einer Messfeier ordentlich die Leviten zu lesen: Maria Menardi, die aufmerksame Tagebuchschreiberin notiert die Essenz dieser Predigt: »Er ermahnte die Jugend sich anständig aufzuführen und schlechte Freundschaften zu meiden, aber mit noch mehr Energie redete er den verheirateten Frauen ins Gewissen sich ihrer Pflichten den Ehemännern an der Front und ihren Kindern gegenüber zu erinnern.«

So stand bei vielen Briefen und Karten von jeder Seite die Unsicherheit im Vordergrund, ob die Geliebten trotz der viele Monate oder gar Jahre dauernden Abwesenheit Treue hielten. In vielen Fällen mit berechtigtem Grund. Denn das Sodom und Gomorra machte vor nichts halt und wurde teilweise auch naiv geduldet. Wiederholt schicken Soldaten Briefe mit Fotos von ihren neuen Eroberungen an die ferne Heimat. Ein Kriegsgefangener in Sigmundsherberg ist verzweifelt: »Ich sitze im Arrest, ein schuftiger Dienstherr hat angezeigt, dass ich die Vagina seiner Tochter berührte.« Ein anderer fürchtet den Tod durch Erschießen: »Ich habe ein anständiges Mädchen geschwängert. Die Gendarmen und alle drohen mit dem Tode.« So fleht er inbrünstig, dass ihm die Eltern die zur Heirat benötigten Dokumente schicken mögen und droht: »Sonst erschieße ich mich!« Die Obrigkeit hält sich wohlweislich heraus, schwankt hin und her, ob sie diesen Sündenpfuhl tolerieren, um damit die Lücken bei den Menschenmassen aufzufüllen, oder Männchen und Weibchen hart bestrafen soll.

Ein anderer glaubt sogar einen Harem gründen zu können und schreibt an seine Geliebte in San Giorgio in der Provinz Forlì: »Ich teile Dir mit, dass ich einen Monat nach meiner Gefangennahme hier in Österreich geheiratet habe. In einigen Monaten wird meine geliebte Frau eines schönen Knaben niederkommen. ... Deshalb kann ich mit Dir, wenn Du einwilligst und bis zu meiner Ankunft Geduld hast, eine zweite Ehe schließen.« Ein Offizier aus Sigmundsherberg dagegen hat andere Probleme: »Seit einigen Tagen ist bei uns ein Gerücht verbreitet, dass es vielleicht ein Freudenhaus geben wird, was sehr schwer, wenn nicht unmöglich ist, da die Österreicher die nachteiligen Folgen, die daraus entspringen würden, gewiss voraussehen. Kannst Du Dir vorstellen: mehr als 400 Durstige an solch kleiner Quelle?«

Frauen als Helfer – Frauen als Sexobjekte

Ab der Jahrhundertwende drängten Frauen vermehrt ins Berufsleben. Das ging nicht leicht vonstatten, wurde dies doch als Eindringen und Bedrohung des männlichen Rollenverständnisses gesehen. Es folgten Angriffe, auch pseudowissenschaftlich getarnte, wie im Jahre 1905 ein Buch des Leipziger Psychiaters P. J. Möbius mit dem bezeichnenden Titel: »Über den physiologischen Schwachsinn des Weibes«. Es war ein langer und schwieriger Weg. Erst im Jahr 1897 promovierte Gabriele Possanner von Aerenthal als erste Frau der k.u.k. Monarchie in Medizin. Sie schaffte es, ihr in der Schweiz erworbenes Diplom unter vielerlei Mühseligkeiten in Österreich anerkennen zu lassen. Und nochmals später, im Jahr 1900, wurden Frauen in der Österreichisch-Ungarischen Monarchie zum Medizinstudium zugelassen. Eher mehrheitsfähig war die Erkenntnis, dass »das Weib, die geborene Krankenpflegerin« sei. Frauen wurden nun überall in den Krankenhäusern eingesetzt. Während der Kriegsjahre fühlten sich tausende junger Frauen, vielfach mit idealistisch verklärten Grundgedanken, dazu berufen, an der Front ihren Dienst zu tun. Es waren ihrer so viele, dass etliche abgewiesen werden mussten.

Der Einsatz der Frauen in den Lazaretten oder Spitälern artete teilweise zu einem richtigen Heiratsmarkt aus. Alsbald verbreiteten Presse und Literatur mit Spott das Bild der erotischen Anbandelungen. Und selbst der berühmte Ernest Hemingway, späterer Literaturnobelpreisträger, als Sanitäter im italienischen Heer an der Südwestfront im Einsatz und dabei schwer verwundet, stand im Lazarett durch seine amourösen Abenteuer im Mittelpunkt des allgemeinen Interesses. Er verliebte sich unsterblich in eine Krankenschwester. Alsbald gerieten die Frauen in Klischeerollen und waren mal »Engel« und dann wieder »Sexobjekte«, wobei beide sowohl Männer als auch Frauen ihren Teil dazu beitrugen. Viele der in der Hierarchie weiter oben stehenden Militärs wurden von »jeder Menge zweifelhafter Geschöpfe mit ›feenhafter Bekleidung‹«, welche in die Offiziere »unsterblich verliebt waren«, förmlich überrannt. Aber die Krankenschwestern konnten durchaus wählerisch sein. Als edel galt es, den Schwerverletzten und Verwundeten erste Hilfe zu bringen, die Behandlung der vielen Geschlechtskranken rangierte dagegen an unterster Stelle.

Aber auch sonst wurde das Triebleben der Geschlechter zu einem Krieg im Krieg. Mit Argusaugen beobachtete man das Anbandeln der weiblichen Bevölke-

Raccolta Fam. Gillarduzzi-Pocol

Innsbruck, 6. August 1916: Frauen aus Cortina d'Ampezzo besuchen ihre an der österreichischen Front eingesetzten Männer in Innsbruck.

rung mit den Gefangenen, wobei es von beiden Seiten sehr oft bewusst gesucht wurde. Zu viele Männer waren an der Front, zu leicht fielen sich Männchen und Weibchen, Gefangene, Krieger und einsame Herzen in die Arme. Und lösten dabei Krisen aus, die neben dem Horror des Krieges allzu oft in die Schlünde des menschlichen Daseins führten.

Hätte nicht Leo Spitzer, der oberste Kriegszensor der zwischen Italien und Österreich verkehrenden Briefe inklusive jener der welschen Tiroler, diese tiefenpsychologischen Abgründe des menschlichen Daseins aufgearbeitet, sie wären so schnell wie möglich unter den Tisch gekehrt worden.

Was uns Leo Spitzer hinterlässt, ist kein Hineininterpretieren, es ist ein Sezieren von Tausenden von Briefen, ein unerlaubtes zwar, aber ein ehrliches. Und folgerichtig zeigt Spitzer auch die Kehrseite der Medaille auf, das Trauern und den Zorn des betrogenen Gatten oder der hintergangenen Frau. Von Katzenau schreibt ein verzweifelter Mann an seine untreu gewordene Ehefrau: »Deine Verfehlungen sind so groß, dass es sich nicht lohnt, diese aufzuzählen. Du gibst Dich einfach dem erstbesten Mann, der dir zwischen die Beine kommt, mit einer Leichtigkeit hin, nicht in Liebe, sondern nur aus perversem Liebestrieb; das du noch wagst als »Enthusiasmus« zu bezeichnen ... Du bist in den Dreck gefallen, bis zu den Haarspitzen. Es gibt wenige Frauen, welche es sich lohnt zu lieben, aber unter denen sind sicher nicht jene darunter, die sich aus zu viel »Enthusiasmus« vom Ehegatten trennen und dann mit ihrem Betragen seinen Namen noch weiter beschmutzen, um sich bis auf die letzte Stufe der Prostitution zu begeben. Weib, Unheil, Unglück. Weib, Katze, Ketzerin.« Wäre der Fall für diesen Kriegsgefangenen nicht so traurig, man käme ob seiner literarischen Ergüsse in die Lage, es mit Humor zu sehen. Und doch spricht tiefste Verzweiflung aus diesem Brief, wie auch aus dem nächsten, den ein in Mauthausen Internierter nach Portici bei Neapel richtet. »Hochverehrte C. Mein Vater und mein Bruder werden sich um M. kümmern; sicher Ihr nicht, denn Ihr seid dazu nicht imstande. Ihr seid eine gottverdammte Hure. ... Wenn Gott gerecht ist, soll er Euch voll Fäulnis in einem Spital enden lassen.

Einen Mann verraten, der nicht einmal im Entferntesten an Schlechtes dachte! ... Gegen Euch richte ich meine Klauen und werde Euch für immer als Verräterin von mir und meiner Kinder behandeln.«

Die Leiden der Betrogenen

Ein anderer dagegen droht seiner Ungetreuen mit mittelalterlichen Strafen und Foltern. Die Briefe sind nicht erlogen, sie sind Teil des Krieges Mensch gegen Mensch. Von Dorowa nach Rom schreibt ein verzweifelter kriegsgefangener Italiener: »Einmal wird der Tag der Rache kommen und Ihr verdient Euch nicht mehr als ein rundes in Eure Natur gestoßenes Eisen, um Euch jenes Brennen zu verjagen, das Euch während meiner Abwesenheit befiel.« Und noch wortgewaltiger umschreibt es ein anderer aus Bruck a. d. Mur nach Cervignano: »Gattin? Ich nenne Euch noch aus purer Höflichkeit so, ansonsten würde ich Euch Luder heißen. Wie habt Ihr mit dieser Nachricht nur mir, diesem armen Mann, diesem unschuldigen Opfer, dies alles antun können ... Ihr seid eine Hure, jawohl eine Prostituierte ... Frönt nur weiter Euren Genüssen, auch meinerseits, und tut alles, was Euch recht erscheint. Tausend Küsse von Eurem geliebten Mann N. und gedenkt immer jener Widerwärtigkeiten, die Ihr Eurem armen Ehegatten angetan habt.«

Und wie verkraften die Frauen diese Welt des biblischen Sodom und Gomorra? Sie sehen die Irrungen und Sünden des Nächsten. Sie beruhigen ihren Mann, dass gerade sie nicht zu den Huren gehören, sondern immer nur die Frau des Nächsten: »... welch arme Männer, die einmal nach Hause kommen und anstatt ihrer zwei oder drei Kinder plötzlich vier oder noch mehr wiedertreffen. Ich möchte nicht in ihrer Haut stecken, denn fast alle Ehefrauen, auch die halbwegs ehrlichen, sind der Hurerei verfallen. Ich kenne nur eine Liebe auf dieser Welt und das bist Du, denn wäre ich auch so eine Nutte, würde ich Dir niemals mehr schreiben.«

Ja, nicht mehr an den Ehegatten schreiben. Wie oft kommt dies vor und wie viel muss man lügen. Nach Ufa in Russland schreibt die obigen Zeilen der ehelichen Treue eine Frau. Während die nächste schon die jüngere Schwester des Ehegatten nach Mauthausen verpfeift: »... ich spähte hinter einem Zaun, da sehe ich mit eigenen Augen zwei ineinander verwickelte Menschen. Du musst wissen P., dass eine davon Deine kleine Schwester war und der andere der alte barbarische Besenmacher, mit dem hoch gezogenen Schnurrbart. P. ich kann es nicht fassen, Deine Schwester mit diesem fürchterlichen Alten inmitten der Felder zu erwischen, wie sie es schlimmer als die Hunde trieben.«

Es wurden wohl niemals so viele Sünden begangen wie im Krieg. Überall. So wuchs selbst in Wien die Zahl der damals streng bestraften Abtreibungen sprunghaft an. Gab es im Jahr 1913 nur 1,4 Abtreibungen auf tausend Geburten, so sprang ihre Zahl im Jahr 1915 auf 4 und im Jahr 1916 sogar auf 5,3. Doch ausschlaggebend, dass die Geburtenrate drastisch sank, war natürlich die kriegsbedingte Abwesenheit der Männer, was zur Forderung führte: »Der Wehrpflicht der Männer muss wenigstens die Nährpflicht der Mütter entgegengesetzt werden.« Es kam überall zu einer erschütternden Entfremdung. Frauen wurden den fernen Männern fremd, z.T. auch weil sie Ehebruch begangen hatten, und es gab genauso Soldaten, die ihren Einsatz an der Front jenem daheim vorzogen. Mit den Seelen der Menschen wurde wohl selten so gewütet wie im Ersten Weltkrieg. Sämtliche christlichen Werte hatte man über Bord geworfen. Es war, als gelte es, die letzten Tage der Menschheit noch einmal zu feiern.

Das Regiment der Läuse

Ein Feind war allen Armeen im Krieg gemeinsam: Die Läuse und Ratten. Sie kannten keine Fronten und setzten sich überall fest. Die Läuse in den Bärten, im Haar, an den verdreckten Uniformen, an der Haut. Denn die hygienischen Zustände waren überall schlecht. Wasser drang in die Schützengräben ein und verwandelte den Morast zu Schlamm. So standen die Soldaten dann wochenlang in den Gräben, gemartert von durch das lange Stehen im Wasser aufgequollenen Füßen und geplagt von chronischen Erkältungskrankheiten. Sie schliefen in der Uniform, standen Wache, aßen und tranken in ihren stinkenden Gewändern. Und mit ihnen die Läuse. Und sank der eine oder andere Soldat tot nieder, kamen die Ratten daher, manchmal fett wie Katzen.

Zwar gab es überall an der Front Entlausungsstationen, aber schon Stunden danach setzten sich die Biester wieder an den Körpern der Soldaten fest. Und ging es dann an die Front, setzte der Siegeszug der Läuse erst recht wieder ein.

Zwar gab es strenge Regelungen bezüglich der Hygiene wie: »Im Schützengraben selbst hat eine regelmäßige Reinigung des Gesichtes und besonders der Hände zu erfolgen.« Doch diese konnten nur von Generälen weit hinter der Front in ihren warmen Zimmern ausgearbeitet worden sein. Die Wirklichkeit sah gezwungenermaßen vollkommen anders aus. Mit Fortdauer des Krieges kam man seinen Bedürfnissen nach, wo es nur ging, während das vollkommen verlauste Stroh und auch die verdreckten Decken in den Stellungen nicht mehr ausgewechselt wurden. Der Verwesungsgeruch der manchmal tagelang nicht verscharrten Leichen lag über den Schützengräben.

Helden oder Drückeberger

Das Phänomen der Drückebergerei wurde überall immer ausgeprägter. Man wollte dem Wehrdienst entkommen, wo es nur ging. So wurden eigene Kommissionen ins Leben gerufen, um mit möglichst strengen Maßstäben auch noch die ungeeignetesten Menschen in die Schlacht zu werfen. Mit teilweise immer rüderen Methoden. Sprüche, wie »Die Schützengrabenluft wird ihr geschwächtes Herz stärken« oder »Den Arm, der ihnen weh tut, brauchen sie nicht heben zu können, sondern nur zum Schießen« wurden hoffähig. Ununterbrochen gab es, auch für die Verletzten, Nachmusterungen, bis wieder eine Unzahl von Invaliden durch den Rost fiel und an die Front berufen wurde.

Und jene Soldaten, die schon wochenlang im Schützengraben standen, wurden mit der Zeit so apathisch, dass sie sehr oft im Gegner gar nicht mehr den Feind erkannten. Oder sie verfielen dem Wahnsinn. Nach dem Krieg wurden einige Stu-

Archivio LorisLancedelli

»1. Juli 1915: ... der ganze erste Zug begibt sich zu einem Fluss, um die Kleidungsstücke zu waschen, aber es scheint mir, als versuchten sie sich mehr der Läuse zu entledigen, als dass sie zum Waschen kämen. ... Ich helfe mir, indem ich mehrmals alles erhitze und kochende Seifenlauge darüber schütte, aber es nützt nichts. Wir sind wirklich alle verpestet.« (aus dem Tagebuch des Soldaten Agnelli Zampa)

dien gemacht, wie sich die dauernden, ohrenbetäubenden Detonationen und das Dasein zwischen Sterben und Leben auswirkten. Fast alle hatten Schäden davongetragen und die Studien verschwanden schnell wieder in den Schubladen, zumal sich solch ein Ereignis wohl hoffentlich nicht mehr ereignen würde.

Die verhungernden Armeen

Um die Einheiten an der vordersten Front mit Lebensmitteln und anderen notwendigen Gütern zu versorgen, wurden entweder in Ruhestellung befindliche Einheiten oder auch Einheimische und Gefangene herangezogen. Wo es ging, verwendete man Rösser, Maultiere, Autos oder Wagen, im schwierigen Gelände lud man alles auf die Schultern der Träger, welche dann in langen Reihen mit bis zu zwanzig Kilo schweren Lasten emporsteigen mussten. Um zweihundert an der Front im Einsatz sich befindliche Soldaten zu versorgen, waren wenigstens zwei Abteilungen mit vierzig Mann täglich erforderlich. Für diese Arbeit gab es auch Extrabelohnungen. Zur Ausrüstung eines jeden Soldaten gehörte ein Blechnapf, das Essen selbst war in eigenen Warmhaltebehältern abgefüllt. Diese konnten das Essen bis zu 24 Stunden bei einer Temperatur von 60 Grad halten. Um das Essen leichter an Ort und Stelle befördern zu können, wurden im Laufe des Krieges überall primitive Seilbahnen errichtet. Ein österreichischer Soldat erhielt annähernd 400 g Brot oder Zwieback täglich, dazu 400 g Fleisch, etwa 100 g Gemüse, 30 g Salz, Pfeffer, 20 g Fett, 1 g Suppengewürze, 18 g Tabak, 5 Zigaretten (jedoch 25 für die Offiziere) sowie zwei Portionen Kaffee. Brot, Tabak und Kaffee trug der Soldat gewöhnlich mit

Archivio Massimo Turkheimer, Foto Edoardo Turkheimer

Racc. Ugo Costantini Ghea

Oben: In der Gegend von Lacedel bei Cortina posieren drei italienische Soldaten stolz mit dem erlegten Wildbret. Es war eigentlich verboten, dieses zu erlegen, aber der Hunger führte dazu, dass sich immer weniger Menschen daran hielten. Rechts: Diese Ampezzanerin dagegen, umgeben von zwei Alpini, betrachtet mit weltentrücktem Blick das auf einer Truhe aufgebahrte Reh, so als könne sie ihr Glück noch nicht fassen.

sich, die anderen Lebensmittel wurden bei den Essenszeiten ausgeteilt. Dazu gab es noch Sonderbehandlungen bei körperlich schwerer Arbeit oder Notrationen. Besser, besonders im weiteren Verlauf des Krieges, erging es den Italienern. Hier wurde, im Sinne eines Zitats von Napoleon »eine Armee marschiert und kämpft mit dem eigenen Magen«, Wert darauf gelegt, die Truppen gut zu versorgen. Sie erhielten gar 750 g Brot, 375 g Fleisch, 220 g Spaghetti, zudem noch Schokolade, Kaffee und Käse. Gebirgstruppen erhielten für gewöhnlich auch Fett, Speck und Kondensmilch, Alkohol wurde vor Fronteinsätzen reichlich verteilt.

Von Anfang an wurde Wert darauf gelegt, wo es nur ging, dass das Essen die Truppen in möglichst einwandfreiem Zustand erreichte. Im Zuge von Kampfhandlungen, die auch mehrere Tage andauern konnten, kam es oft genug vor, dass das Essen nur in der Nacht ausgeteilt wurde, in einem schlechten Erhaltungszustand ankam oder die Soldaten auf die Notrationen zurückgreifen mussten. Ganze Kompanien wurden deshalb oft wegen Durchfall außer Gefecht gesetzt.

Die für den Nachschub der Nahrungsmittel und anderen wichtigen Dinge Zuständigen, meist ein Offizier mit Gehilfen und einigen Metzgern, Bäckern, Köchen, Schustern und Friseuren, waren sich bewusst, dass sie zu den bevorzugten Zielen des Gegners gehörten. Diese lebensnotwendige Kette zu unterbrechen, war zumindest gleich wichtig wie jede andere Kriegshandlung.

Archiv Obwegs/Leitgeb

Eine Metzgerkolonne aus dem Gadertal führt einige Kühe zum Schlachthof. Jeden Tag wurden Unmengen von Lebensmitteln benötigt, um die Soldaten an der Front zu versorgen. Mit Fortdauer des Krieges wurden die Rationen immer kärglicher und besonders die österreichischen Einheiten litten unter der schlechten Verpflegung.

Tiroler Soldatenzeitung

Mit Fortdauer der Kampfhandlungen machte sich die Nahrungsmittelknappheit überall bemerkbar, auch bei den sonst mit dem Essen einigermaßen verwöhnten Italienern. Erhielten die Italiener zu Kriegsbeginn noch mehr als 4.000 Kalorien, so sank mit Fortdauer auch bei ihnen der tägliche Anteil auf 3.000 Kalorien. Das führte immer mehr zu Fatalismus, aber auch zu sozialen Spannungen. Es gab welche, aus reicheren Familien stammend, die noch Lebensmittelpakete bekamen, während viele andere leer ausgingen. Die Inflation stieg von Woche zu Woche. Und darüber hinaus trug ein jeder der Soldaten nach Jahren an der Front eine Fülle von schrecklichen Erinnerungen in sich, die jeder auf seine Art und Weise verarbeitete.

Schlecht ausgerüstet in den Tod

Mit Fortdauer des Krieges wurde auch die Ausrüstung immer schlechter. Man griff auf Ersatzmaterialien zurück, teilweise verwendete man anstatt der Kleidung nur mehr Papierwesten. Zynisch die Antwort des Armeeoberkommandos auf die fortwährenden Klagen. Sie gaben den Soldaten an diesem Dilemma die Schuld »da das Schuhwerk durch Trocknen am Feuer brüchig würde und auf eine entsprechende Konservierung geachtet werden sollte«. Kriegsgewinnler versuchten einzusparen, wo es nur ging, Hauptsache auf Seite derjenigen, die sich kaum wehren konnten und, wenn sie es taten, jederzeit den Tod durch Erschießen riskierten. Die in den Dolomiten verwendeten Steigeisen trugen vier Zacken in der Mitte des Schuhs, anstatt diese an der Spitze zu befestigen. Viele schwere Stürze und dadurch bedingte Verletzungen waren die Folge.

Gelang es am Anfang, wohl auch durch die Konkurrenz und durch eine offene Kalkulationsgebarung, für Waren und Arzneimittel noch marktgerechte Preise zu erzielen, hatte man in der Folge sehr oft keine andere Wahl, als zu völlig überhöh-

Archivio Loris Lancedelli, Foto Mario Mainardis

Links: Ein Essensträger macht sich auf, um seinen Leuten das lang ersehnte leibliche Wohl zu bringen. Mitte: Während Offiziere im Hinterland vornehm speisen, Vorzugsbehandlungen in den Krankenhäusern und bessere Kleidung erhalten, ergeht es den einfachen Soldaten an der Front umso schlechter. Rechts: Eine notdürftig eingerichtete österreichische Feldbäckerei an der Dolomitenstraße.

ten Preisen einzukaufen. Heereslieferanten bereicherten sich schamlos. Skrupellose Geschäftemacher, Kurpfuscher und Quacksalber feierten Erfolge.

Es lebe die Spekulation

Gott und Vaterland wurden angerufen, wenn es galt, Geschäfte zu machen, ob Kleidungsfabrikanten, Schuherzeuger, Tischler oder Arzneihersteller, alle trugen dazu bei, ihre Erzeugnisse in Umlauf zu bringen. Überall begannen Rohstoffe aufgrund von Exportrestriktionen, die von vielen Ländern eingeführt wurden, zu fehlen. Man musste diese mit anderen Materialien ersetzen, so u.a. Jute, Gummi oder selbst Papier, die nun überall fehlten.

Quacksalber priesen »Sanatogen« als »Kräftigungsmittel für Körper und Nerven« an. »So bietet es also auch für unsere im Felde stehenden Krieger eine unvergleichliche Möglichkeit zur Erhaltung der Gesundheit und Widerstandskraft.« »Verwundete, Blutarme, Nervöse, Erschöpfte« sollten »Bioson« nehmen. Es gab »Kaffee-Pastilloid«, »Teepastilloid«, »Darmdesinfektionspillen« und als Erfindung der Superlative »Sugama-Tabletten«, welche nach Aussagen ihres Erzeugers »26-mal nahrhafter als Fleisch« seien. Josef Woyna pries sein »Pulvis Sapientium« als Wundermittel an. Es heilte »männliche Gonnorhöe« gleich wie »veraltete Harnrohrleiden«, und er empfahl eine »sofortige Einführung, damit Soldaten, die für ihren Kaiser und König ihr Blut vergießen, mit der neuesten und besten Pflege behandelt werden«.

Aber nicht nur: Da es an allem fehlte, selbst am Opium zur Schmerzstillung, wurde die Bevölkerung aufgerufen, Arzneipflanzen wie Eibischblätter, Tausendguldenkraut, Lindenblüten und Kamille zu sammeln. Und ab 1917 verwendete man selbst zuvor gebrauchtes Verbandsmaterial von Verwundeten ein zweites Mal, um der allgemeinen Not Herr zu werden.

Archivio Loris Lancedelli, Foto Mario Mainardis

Archivio arch. Fabio Ortolani, Foto A. De Marinis

Oben: Oktober 1915: Eine italienische Unterkunft in der Gegend Cinque Torri. Der Winter naht. Die erste klirrende Kälte zwingt die Soldaten sich notdürftig mit Schärpen und Wollmützen zu schützen. Dies aber ist erst der Anfang einer monatelangen zermürbenden Tortur. Rechts: Drei italienische Soldaten zerschneiden den Stacheldrahtverhau, während sie am Boden schon einige hochexplosive Gelatinestangen mit sich führen, um eine Bresche für die nachstürmende Infanterie frei zu machen. Der in Amerika erfundene Stacheldraht wird im I. Weltkrieg zu einer wirkungsvollen Waffe im Stellungskrieg.

Zerschundenes Land, müde Männer

Der psychische Druck setzte den Soldaten gewaltig zu: Der massive Einsatz der eigenen Artillerie leitete für gewöhnlich eine offensiv vorgetragene Schlacht ein. Mit tausenden Geschossen wurden die gegnerischen Stellung festzementiert, dann hieß es für die angreifende eigene Infanterie, und sie gehörten zu den bemitleidenswertesten Truppenteilen des Krieges, in dichten Reihen vorwärts zu stürmen. Sie waren es auch, die dabei die größten Verluste erlitten.

Und war es nicht der Gegner, dann standen im Hintergrund spezialisierte Einheiten, die mit ihren schussbereiten Gewehren darüber wachten, dass es keine Drückeberger gab. Die gegnerische Artillerie aber musste alles tun, um ein Eindringen in die eigenen Schützengräben zu verhindern. War man sich nahe genug gekommen, dann wurde Mann gegen Mann gefochten. Und gelang es auch, den feindlichen Schützengraben zu erreichen, den Gegner zurückzudrängen, dann musste man immer noch gewappnet sein, dass von der Reserve der feindlichen Truppen ein genauso selbstmörderischer Befreiungsschlag folgte.

Archivio arch. Fabio Ortolani, Foto A. De Marinis

Das feine Leben der Offiziere

Oben: General Etna beim Malen. Zwei afrikanische Soldaten und ein Offiziersdiener schauen interessiert zu. Viele der Offiziere haben sich im Hinterland einquartiert und verfolgen von dort aus das Kriegsgeschehen.
Unten: Offiziere vor dem Hotel Emma in Niederdorf, das Auto trägt die Schrift »Zum Sportplatz.«

Archiv Kammerer

Archivio Arch. Fabio Ortolani, Foto A. De Marinis

Wiener Illustrierte Zeitung (3)

Archivio Massimo Turkheimer, Foto Edoardo Turkheimer

Oben: Juli 1915: Italienische Soldaten auf der Dolomitenstraße in der Gegend von Cianzopè an der Abzweigung zu den Cinque Torri. Im Hintergrund der Col dei Bos. Mitte: Die Verkehrsmittel waren zu jener Zeit sehr oft noch rudimentär. Selbst gebastelte Schlitten oder vielfach auch nur Räder standen zur Verfügung. Unten links: Nur in den seltensten Fällen fuhren Autos über die holprigen und von Schlaglöchern durchsetzen Straßen, wie hier dieses Auto mit aufgesetztem Scheinwerfer. Man setzte aber alles daran, das Verkehrsnetz auszubauen.

Rekruten sollen auf Holzpferden das Reiten erlernen.

Wurfbomben, die durch einen federnden Apparat in die feindlichen Schützengräben geschleudert werden.

»Baby«, das gepanzerte Motorrad.

Nicht jede Technik überzeugt

Raccolta prof. Francesco Quaglio

Zum Tode verurteilt

Am 17. April 1916 wurde der Col di Lana in die Luft gesprengt. Trotzdem brachte diese mehr als symbolische Aktion die festgefahrenen Grenzverläufe kaum ins Wanken. Es gab sogar drei Tage später, am 20. April, Fälle von Massendesertionen. Das 180. Bersaglieri-Bataillon weigerte sich, in die vordersten Frontlinien verlegt zu werden. 345 Soldaten flohen Hals über Kopf in Richtung Caprile. Doch sie wurden gefangen genommen, in Savinèr in Holzbaracken gesperrt und am nächsten Tag wurden vierzig von ihnen nach dem Zufallsprinzip ausgewählt und zum Tod durch Erschießen verurteilt. Kein Einzelfall, sondern mit Fortdauer des Krieges sogar ein alltägliches Ereignis. Denn in Kriegszeiten ging man nicht zimperlich mit der Ware Mensch um.

Archivio Massimo Turkheimer, Foto Edoardo Turkheimer

Links: Ein italienischer Soldat wird vor einem Feldgericht verurteilt. Oben rechts: Ein makabres Bild: Ein Schild mit »Verräter« in deutscher Sprache und »traditore« in italienischer soll andere Personen einschüchtern. Es handelt sich um einen auf Seiten der italienischen Truppen kämpfenden tschechischen Soldaten. Unten rechts: Ein österreichischer Überläufer zeigt italienischen Truppen die feindlichen Stellungen.
Am 25. Jänner 1916 lief der Kaiserjäger Virgilio Mattevi zu den italienischen Truppen über, die daraufhin hofften, aufgrund seiner Informationen das Travenànzestal in Besitz nehmen zu können. Trotz vieler detaillierter Angaben über die Truppenstärke der k.u.k. Truppen blieb dieser vereinzelte Fall von Desertion aber folgenlos.

Der brave Soldat läßt sich nicht fangen

Allein in Russland wurden 2.100.000 Soldaten der k.u.k. Armee gefangen genommen, darunter 54.146 österreichisch-ungarische Offiziere. Und mit ihnen wurde alles andere als zimperlich umgegangen. Zwar durften aufgrund des Völkerrechts Gefangene nicht schlechter ernährt werden als die eigenen Truppen, doch hielt sich kaum jemand an dieses Gesetz. Zudem galten Gefangene sowohl in den eigenen Reihen als auch beim Gegner als Menschen zweiter Klasse. Um schon von Anfang an den Status eines Gefangenen klarzustellen, gab das k.u.k. 10. Korps-Kommando am 12. März 1915 folgende Verordnung heraus: »Der brave Soldat stirbt, wenn notwendig, lässt sich aber nicht fangen!«

Und wurde mancher unverwundet in Gefangenschaft geratene Soldat ausgetauscht, dann folgte alsbald in der Heimat eine gerichtliche Untersuchung, welche in vielen Fällen mit der Todesstrafe endete, wenn er nicht plausibel klar machen konnte, dass es sich um eine Verquickung höchst seltener Zufälle handelte.

Allein Deutschland und Österreich hatten mehr als zwei Millionen Gefangene zu versorgen, welche allein jeden Tag 700.000 kg Brot benötigten. Sie wurden in Sammellagern untergebracht und zu Arbeitseinsätzen gezwungen. Immer wieder brachen ansteckende Krankheiten wie Cholera und Typhus aus.

Je länger der Krieg dauerte, desto häufiger wurden Desertionen. Zu Hunderten zogen es die Italiener vor, sich den Österreichern zu ergeben, anstatt von neuem in mörderische Schlachten geworfen zu werden. Allein am 6. Juni nach Caporetto verloren die Italiener 160.000 Soldaten von 280.000 eingesetzten, Österreich-Ungarn dagegen 90.000 von 160.000. Auf beiden Seiten zählte man 25.000 Gefangene. Der italienische Oberbefehlshaber entließ oder degradierte 900 Offiziere. Solche Schätzungen sind immer mit Vorsicht zu genießen, die genauen Zahlen wird man wohl nie mehr ans Tageslicht bringen können. Aber auch die Tage von General Cadorna waren gezählt. Er wurde wegen Erfolglosigkeit entlassen und durch General Armando Diaz ersetzt.

Etwas besser war zeitweise die Lage der österreichischen Gefangenen in den italienischen Lagern, was auch dazu beitrug, dass ihre Mortalität neun Mal geringer war, als jene der Italiener. Sie durften Pakete von den eigenen Familienangehörigen oder wohltätigen Organisationen in Empfang nehmen.

An die 180.000 wurden vor allen Dingen in Süditalien einquartiert; dramatisch und unmenschlich wurde die Lage insbesondere nach dem Zusammenbruch der k.u.k. Monarchie, als innerhalb kürzester Zeit weitere 350.000 in die Gefangenschaft überstellt wurden. Die italienischen Sanitäter wurden dadurch vollkommen überfordert, Rache- und Revanchegelüste taten ein Übriges, die schon vorher vollkommen ausgemergelten Soldaten hielten vielfach die langen Transporte in den Viehwaggons nicht durch. Typhus und Malaria brachen aus, noch dazu brachten sie die heißen Sommer auf Sizilien, verbunden mit der erzwungenen Arbeit in den mörderischen Arsen- und Schwefelbergwerken, bis an den Rand des Belastbaren.

Die lebenden Leichen

Mit Fortdauer des Krieges erging es den Gefangenen immer schlechter. Sie wurden im Hinterland in Kasernen, alten

Wiener Illustrierte Zeitung

Ein Tiroler Standschütze hat einen patrouillierenden italienischen Offizier gestellt und gefangen genommen. Solche Nachrichten sind ein gefundenes Fressen für die Presse, welche solche Bilder liebend gerne und mit vielerlei Ausschmückungen und Heldenfloskeln versehen abdruckt.

Archivio Massimo Turkheimer, Foto Edoardo Turkheimer (3)

Oben und unten links: Österreichische Soldaten werden durch Cortina d'Ampezzo geführt. Im Hintergrund die Tofana de Ròzes. Ein österreichischer Soldat ist an der Hand verwundet, während schaulustig ein italienischer Infanterist das Treiben betrachtet. Unten rechts: Zwei österreichische Gefangene werden stolz fotografiert. Dazu gesellt sich ein königlicher Carabiniere mit seinem typischen Hut, der »Lucerna« (Aufnahme September 1915).

Archivio Brigata Cadore

Archivio Massimo Turkheimer, Foto Edoardo Turkheimer (3)

Österreichische Gefangene werden durch das Ortszentrum von Cortina geführt. Dass gerade solche Aktionen dort keinen Freudentaumel auslösen, ist verständlich, kann dieses Los ja auch die Familienangehörigen der Ortsansässigen treffen. Mehrmals erkennen Ampezzaner unter den Gefangenen tatsächlich ihre Väter oder Angehörigen wieder.

Fabriken, Schlossruinen oder in Klöstern untergebracht. Als dies alles nicht mehr ausreichte, baute man verstärkt rudimentäre Barackensiedlungen, in denen sich die unhygienischen Zustände noch weiter verschlimmerten. Andere wiederum wurden zu Bergwerksarbeiten oder in von der eigenen Front weit entfernten Gebieten zu Aushubarbeiten von Schützengräben oder Stellungen zwangsverpflichtet. Je schlechter es der Bevölkerung und den eigenen Truppen erging, desto schlimmer wurden die Zustände bei den Gefangenen. Hohe Todesraten aufgrund von Seuchen, Kälte oder Hitze oder allgemeinen Erschöpfungszuständen waren an der Tagesordnung.

Archivio Arch. Fabio Ortolani

Die Idylle der »italienischen Fußballmannschaft« trügt. Im niederösterreichischen Sigmundsherberg waren bis zu 70.000 Italiener unter teilweise unwürdigen Umständen interniert.

Sehr oft ist es auch bewusstes Unverständnis, welches das Los der Gefangenen noch verschlimmert. So schreibt eine Familie aus Wengen im Gadertal, an den gefangen genommenen Sohn in Russland, »dass er doch glücklich sein müsse Gefangener zu sein«, und fügt auch gleich den Grund hinzu: »Wie viele Krüppel und Tote gibt es doch bei uns, dazu krepiert man hier noch durch Hunger und Kälte. Zudem sind wir voll von Läusen; wie du siehst, stirbt man hier wegen unzähliger Leiden.« Das Einzige, was für den Bauern aus Wengen noch einigermaßen zufrieden stellend ist, das sind »die Russen, welche die ganze Arbeit auf den Feldern erledigen müssen«, während in Livinalongo »schlechte Zeiten herrschen, da die Felder und Häuser verwüstet sind und die Bevölkerung fliehen musste«.

Mit Stockschlägen wird man satt

Im Gegensatz zu den englischen oder französischen Kriegsgefangenen durften die italienischen keine Unterstützung von der Heimat erhalten, da sie allgemein als Deserteure eingestuft wurden. Allein in Sigmundsherberg wurden dicht an dicht 42.000 gefangene Italiener zusammengepfercht, nach der Schlacht bei Caporetto sogar 70.000.

Unteroffizier Giuseppe Bossiner, aus einer aus Sexten stammenden Familie, aber auf Seiten der Italiener kämpfend, wurde am »Sasso Misterioso« gefangen genommen und kam über Bruneck, Mauthausen, Hajimasker nach Sigmundsherberg. Die kärglichen Bissen sind menschenunwürdig, »nach dem Essen haben wir noch mehr Hunger als zuvor«, schreibt er resignierend in sein Tagebuch. Sie leiden Hunger. Am 20. Oktober 1916 ist er am Ende seiner Kräfte, und mit ihm auch viele andere der Gefangenen: »Unseren Soldaten geht es miserabel. Soldaten, die einst mit der Faust einen Ochsen getötet hätten, sind menschliche Larven geworden. Mit Mühe schleifen sie sich am Boden hin und her!« Immer mehr sterben an Hunger und Krankheiten. Am 7. November 1916 ist die Lage kritischer denn je: »Unsere Soldaten sind Hühner geworden, denen man einige Körner zuwirft und die sich nachlaufen, raufen und sich picken. Wird Brot ausgeteilt, schlagen sie sich, werfen sich gegenseitig zu Boden, verfluchen sich und beißen sich. Ihre Gesichter haben sich verändert. Es sind keine Männer mehr, sondern nur mehr Kadaver.«

Sie essen das Gras, sie essen selbst noch aus den Abfallkübeln und nagen die schon ausgekochten Knochen ab oder raufen sich um die letzten von Asche verdreckten Kartoffelschalen. Langsam dringt auch zu den Gefangenen die Nachricht durch, dass es der Zivilbevölkerung nicht anders geht. Die Brotproduktion rund um Sigmundsherberg ist zum Erliegen gekommen, noch mehr aber fehlt es an Arzneimitteln. Benzin wird zum Desinfizieren verwendet, Baumwolle gibt es keine mehr und stattdessen verwendet man Papier, um Wunden zu verbinden. Tuberkulose bricht aus und sonst leicht heilbare Krankheiten verurteilen jetzt die Gefangenen, aber nicht nur diese, zum Tode. Für jede Kleinigkeit werden sie mit Brutalität geschlagen und unter Strafarrest gestellt. »Der Stock ist das einzige Essen dieser Armen, welche man dazu zwingt, vom Morgengrauen bis in die Nacht hinein unter der Aufsicht von grausamen Wächtern zu schuften.« Als Unterkünfte dienen kleine feuchte Zellen ohne Heizgelegenheit. »... es herrscht eine so fürchterliche Kälte, dass selbst das Wasser in den Flaschen und den Schüsseln friert.« Und noch immer kommen hunderte von Gefangenen an.

Ausharren bis zum bitteren Tod

Und viele der Gefangenen, darunter auch die Offiziere, martern Fragen über die Sinnhaftigkeit des Krieges und die schweren Vorwürfe gegen die Moral und Kriegseinstellung in den eigenen Reihen. Hauptmann Augusto Baccon war von den Kaiserjägern am Sasso Misterioso verletzt und anschließend gefangen genommen worden. Sein Schicksal war symptomatisch das unmittelbare Frontgeschehen in Einklang mit den Gedanken des Generalstabes im Hinterland zu bringen. Am 9. Juni 1915 besetzte Hauptmann Baccon den Ponte Alto, um die österreichischen Verbindungen zwischen dem Travenànzestal und Son Pòuses zu unterbrechen. Sehr schnell erhielt er den Befehl, sich von diesem strategisch wichtigen Punkt zurückzuziehen. Achtundzwanzig Monate lang berannten die Italiener in der Folge diese Berge, ohne nennenswerte Geländevorteile zu erzielen. Am 8. Juli nahm der Hauptmann an der Eroberung der Furcia Rossa und des Valòn Blanco teil. General Cantore pfiff ihn zurück. Ein nächster Fehler. Der tapfere Hauptmann zerstörte die Glanvell-Hütte, mit den Alpini kämpfte er an der Tofana, bis er am Sasso Misterioso gefangen genommen wurde. Und in der Gefangenschaft richtete seine enttäuschte und zerrüttete Seele noch einen Aufschrei der Anklage gegen seine Vorgesetzten. Dass die Aktion gegen diesen wichtigen Punkt zu einem Desaster mit Dutzenden Toten wurde, erklärt er sich folgendermaßen: »Nachdem wir heldenhaft den Sasso Misterioso erobert und uns in der zweiten feindlichen Linie festgesetzt hatten, ... mussten wir wieder aufgrund der geradezu verbrecherischen Untätigkeit der anderen Bereiche zurückweichen, die, ausgeruht und zahlreich wie sie waren, nichts anderes tun sollten, als uns zu helfen.« Erst in der Gefangenschaft konnte er all seine Anklagen mittels eines Briefes von sich geben. Seine wenigen Truppen hatten die Österreicher in die Flucht geschlagen. Doch niemand bot ihm mehr den notwendigen Rückhalt. Doch damit nicht genug. Wie wild schossen die Soldaten der anderen Einheiten in der Gegend herum und verschonten selbst die Truppen von Hauptmann Baccon nicht.

In einem Tiroler Kloster untergebrachte italienische Gefangene bei der Mahlzeit. In der Kriegspropaganda war man bestrebt den Eindruck zu erwecken, wie gut es den Gefangenen ging. Doch je schlechter es den eigenen Truppen ging, desto unmenschlicher wurden die Gefangenen behandelt.

»Ich hatte so, neben einigen an der Schulter Verletzten, einigen Toten und Verwundeten, 91 Mann zu beklagen, die mit mir nach Innsbruck überstellt wurden.«

Der Krieg ist immer vielfältig und unvorhersehbar. Mehr als Helden trifft man dort Menschen. Und die wenigen in den Himmel gehobenen Helden werden es mehr durch Zufall als durch Berechnung.

Unteroffizier Giuseppe Bossiner, in dessen Adern sowohl Tiroler als auch italienisches Blut floss, gehörte sicherlich zu denen, welche mehr als andere versuchten in die Seele und die Philosophie des Krieges einzutauchen. Gerade der Verlust der eigenen Persönlichkeit, das Wissen, zum Ekel der Menschheit zu gehören, verachtet als Deserteur vom eigenen Vaterland, als Lump vom Gegner, und noch dazu für ein Verbrechen büßen zu müssen, das nicht vom Einzelnen ausgelöst worden war, gehörte für ihn zum Schlimmsten. Mit der Gefangenschaft wurden sie zum Abschaum: Waren Lebensmittel überall rar, bekamen sie am wenigsten, erkrankten sie, ließ man sie krepieren, wollten sie das System bekämpfen, mussten sie mit dem Tod büßen, ohne Gelegenheit zur Rechtfertigung zu haben.

»Das Leben eines Kriegsgefangenen führt aufgrund der schlechten Behandlung, die nur wenige überleben können, in häufigen Fällen zum Wahnsinn.« Das schrieb Giuseppe Bossiner verzweifelt nieder, aber es veränderte auch nichts an seinem traurigen Schicksal.

Die entjungfernten Briefe

Krieg ist Betrug. Den Soldaten war es verboten, frei Fotos zu machen, Tagebücher zu führen, und selbst die Nachrichten an die Lieben daheim mussten zuerst durch eine Zensurbehörde laufen, welche alles zerstörte, zerriss oder übermalte, was nur irgendwie den Anschein erwecken konnte, dass militärische Geheimnisse im weitesten Sinn mitgeteilt wurden. Und dazu gehörten natürlich auch die Nachrichten vom schlechten Essen, von eigenen Verlusten oder persönlichen Empfindungen.

Wie konnte man allerdings die allgegenwärtige Zensur überlisten? Hier erprobten die Gefangenen unterschiedliche Wege. Einige versuchten es mit verschiedenen Arten von Geheimschriften, andere wiederum erhofften sich durch besondere Höflichkeitsbezeugungen oder sogar Lobhudeleien ein Gütigstimmen der strengen Wärter. So fleht eine Frau aus Ala im Trentino, so als gelte es, einen bösen Dämon mit Mitleid zu rühren: »Liebste Zensur, wenn Du wüsstest, liebe Zensur, wie schlimm es ist, so weit entfernt zu sein, ohne eine Nachricht vom Liebsten zu erhalten. So bitte ich Dich, schicke schnell diese Zeilen an die armen Flüchtlinge, auf dass sie Freude und Trost rasch erhalten.« Andere wiederum versuchten es mit Zorn, Hasstiraden und Arroganz. So versucht es ein Mann, der an seine ladinische Frau schreibt und dabei die Gerechtigkeit der Welt mit philosophischen Betrachtungen in Frage stellt: »Dass auch Du meine Briefe und Karten selten und in großer Verspätung bekommst, soll auch dazu dienen, die Sünden abzubüßen, die wir nicht begangen haben. Oh die Menschen machen große Fortschritte in der Kunst, ihren lieben Nächsten zu quälen: Der Orang-Utang müsste gegen Darwin empört sein, dass er ihn als Stammvater dieser Rasse bezeichnet hat, die Beleidigung ist schwer! Ach dieser heilige Krieg, wie einer einmal die Schamlosigkeit hatte, ihn zu benennen!«

Oben: eine durch die Zensur gelaufene Feldpostkarte. Unten: Gefangenenpost wird in einer Riesenhalle in Bern in der Schweiz, einem neutralen Staat, aussortiert und dann an die jeweiligen Staaten weiterversandt.

Berge von Knochen

Una macabra fossa di Eroi.

Archivio Arch. Fabio Ortolani

Der »Große Krieg« war scheinbar vorüber und hatte Europa verändert. Jeder, ob Sieger oder Verlierer, hatte an seinen Wunden zu lecken. Und doch war dieser Krieg noch lange nicht zu Ende. Er wurde zum »zweiten 30-jährigen Krieg«, wie es das größte deutsche Nachrichtenmagazin, »Der Spiegel«, formulierte. Die Dolomitenfront war zu einem Tal des Todes geworden. Noch hat es kein Buch und kein Bild geschafft, die Leute so aufzurütteln, dass sie überzeugt sind: »Es soll keinen Krieg mehr geben.« Leichtfertig haben wir dies »Nie wieder Krieg« in den Mund genommen. Die Regierenden schworen sich sehr oft »Nie wieder Krieg«, um dann zu sagen: »Vielleicht brauchen wir doch ein wenig Krieg« oder »Unter gewissen Umständen sind wir gezwungen Krieg zu führen« bis hin zum endgültigen »Im Namen Gottes, im Namen Allahs kämpfen wir für die Gerechtigkeit, einen heiligen Krieg«.

Archivio Arch. Fabio Ortolani

Eine makabre österreichische Postkarte aus dem Jahr 1917. Der Tod hält diesen Kaiserjäger schon eng umklammert. Das Grauen des Krieges offenbarte sich noch stärker nach der Kapitulation, als man daran ging, überall in den Bergen die Überreste des grauenhaften Ringens einzusammeln. Tausende Tote, sehr oft nicht mehr identifizierbar, wurden geborgen und in Massengräbern verscharrt.

Dem unbekannten Märtyrer

Es gibt manchmal Zufälle, die das Leben schreibt. Als der römische Architekt Fabio Ortolani durch die Standreihen eines Flohmarktes in Rom schlendert, wird ihm an einem Stand zwischen einer Unzahl von alten Gegenständen ein überdimensionales Fotoalbum feilgeboten. Es misst 74 x 51 cm. Sein Inhalt erregt Schaudern und Staunen. In seiner Art ist es einmalig, ein Kunstwerk und ein historisches Mahnmal für spätere Generationen. Knapp hundert Fotos bilden den Inhalt des Albums, dazu eine schwerfällig von Hand kolorierte Eingangsseite: Sie zeigt eine ganz in schwarz gehüllte Frau, welche neben einem Grab kniet und Blumen niederlegt. Ein Kind begleitet sie. Rundherum starren Kreuze wie verwelkte Blumen in die Höhe. Abgeschlossen wird dieses eindrucksvolle Bild durch eine Reihe von Fichten, die sich in der Landschaft der bleichen Berge, der Dolomiten, verlieren. Der Lauf der Zeit hat vieles an diesem Album vergilbt und es so noch eindrucksvoller gemacht. Die schaurige Geschichte, von dem dieses Album handelt, ist schnell erzählt: Es dokumentiert die Erkundungsgänge der italienischen Totenpolizei im Tal von Cortina d'Ampezzo an zwanzig Tagen, vom 19. September bis zum 10. Oktober 1920, als ein plötzlich einsetzender Schneesturm, wie eine schwere Last, das traurige Treiben, wie vom Schicksal gewollt, beendet. Die Aufgabe der Totenpolizei war es, die Leichen aus den überall in den Bergen und Tälern verstreut liegenden Friedhöfen zu exhumieren und sie an einem einzigen Ort zu begraben. Es galt aber auch, jene vergessenen Skelette in den Bunkern oder überall in der Wildnis, an kaum zugänglichen Orten in den Bergen, zu finden und einzusammeln. Und zwar jene traurigen Überreste von all den Tausenden, die nicht schon früher von Tieren zerfressen oder von übereifrigen »Recuperanti«, den Verwertern, welche pro Schädel 25 Lire bekamen – das Doppelte eines üblichen Tageslohnes –, wie eine Ware feilgeboten worden waren.

Zu dieser makabren Aufgabe wird das »Komitee zur Ehrung der Toten des Weltkrieges« aus Trient berufen. Ein eigener Fotograf wird dazu engagiert und schießt, sich der traurigen Wichtigkeit seines Handelns bewusst, ein Foto des Schauderns und der Abartigkeit nach dem andern. Er tut es nüchtern wie ein Reporter, vielleicht weiß er nicht einmal, wer die Fotos später einklebt und mit kurzen, gleich nüchternen Untertiteln versieht. Das Album selbst wird zu einem einzigartigen Buch des Todes.

Es wird kein besserer Lageplan von Cortina gefunden als eine vierzig Jahre zuvor im Jahre 1880 vom Ampezzaner Maler Giuseppe Ghedina gefertigte Karte, in der die Totenpolizei minutiös alle Orte einzeichnet. Die zweite Seite des Albums zeigt in zwei wunderschönen Panoramaansichten aus dem Jahr 1910 die Berge von Cortina. Auf der oberen sieht man den Pompagnòn, Cristallo, Faloria, Sorapis und den Antelào; auf der unteren den Pelmo, Becco di Mezzodì, Croda da Lago, Cinque Torri, Tofana und den Col Rosà. Es ist, als wolle man noch einmal, vor dem Ritt in die Hölle, die Schönheit der Natur in all ihrer Pracht vorführen.

Denn die fein säuberlich mit weißer Tinte geschriebenen Zeilen führen schnell in das Innere einer Welt des Grauens und des Schauderns. Bevor wir uns weiter in das Innere dieses historisch einzigartigen Dokuments begeben, wollen wir all jenen,

Das Fotoalbum der Totenpolizei von Trient, welche im Jahr 1920 im Gebiet rund um Cortina die menschlichen Überreste aus den überall verstreuten kleinen Friedhöfen ausgrub, hat sicher aufgrund seiner nüchternen Bilder des Todes weit über das Dolomitengebiet hinaus einen dokumentarischen Wert. Es berichtet uns von namenlosen Tragödien, welche in dieser Form unsere Seelen treffen. Schon das Eingangsbild besticht durch eine einfache und ungelenke Zeichnung, die uns aber gerade deswegen erschüttert.

Archivio Arch. Fabio Ortolani

heute zum großen Teil unbekannten Personen danken, die für das Zustandekommen ihren Beitrag leisteten. Es soll als Mahnmal für die Völker veröffentlicht werden:

»Das Tal von Cortina d'Ampezzo – eng am Anfang und am Ende – erweitert sich langsam und langsam – um mit seinen vier Meilen die größte Breite zu gewinnen. Die zyklopischen Felsblöcke des Sorapìs – des Cristallo – der Tofàne und des … bilden seine Grenzen. Im Tal und seinen Bergen, die es umrahmen, tobten während des Krieges grauenhafte Kämpfe. Viele mussten ihr Leben lassen, an die 6.000, ihre Überreste wurden in 48 Friedhöfe gebettet. Sie sollten nun über gefährliche, abweisende und sehr oft zerstörte Wege in einen einzigen Friedhof gebracht werden, der in Cortina d'Ampezzo errichtet wird.«

Von Seite drei an erzählt der Fotograf eine Geschichte des Lebens und Sterbens. »In ricognizione« (Auf Erkundungsgang) umschreibt er kurz, wie vier Angehörige der Totenpolizei, sich würdevoll ihrer Aufgabe bewusst, über eine Brücke des Rio Felizón schreiten, so als wollten sie damit das Leben verlassen, um voll Furcht und Angst in das Reich des Todes einzudringen. Ein einheimischer Führer begleitet sie, während im Hintergrund majestätisch die verschneiten Berge der Dolomiten thronen.

Die Totenpolizei geht akribisch vor. Sie will bewusst die Nachgeborenen daran teilhaben lassen, wo sie Skelette finden, mit welcher Technik sie die Leichen exhumieren und wie sehr sie sich mühen und plagen. Und sie merken dabei nicht, dass sie selbst Teil des Totenkultes werden. Was hier dargestellt wird, ist ein noch nie gesehener und nicht für möglich gehaltener makabrer Totentanz. Auf einem Foto werden menschliche Knochen zu einem Berg geschichtet, auf einem anderen liegen Dutzende und Aberdutzende Schädel am Boden und es scheint, als hätten die Totengräber alle Mühe, zu verhindern, dass sie nicht den Abhang hinunterkollern. Und immer würdevoll wie eine Ikone in das Bild hineinpassend begleitet sie Padre Domenico De Rocco aus Forno di Canale (Belluno). Mit seinem langen schwarzen Bart und seiner imposanten Erscheinung steht er über allem und scheint das letzte Bindeglied zum Leben darzustellen. Aufrecht steht er zumeist inmitten des Bildes, während unter ihm die Totenpolizei die Schädel und Knochen einsammelt. Er betet nicht, sondern scheint Weltentrücktheit zu verkörpern. So führt das Album durch die zwanzig Tage. Zehn Friedhöfe werden dokumentiert, nicht alle 48 möglichen. Aber es wird eindrucksvoll vor Augen geführt, wie der Tod und die Verwesung jeden treffen können: Der unbekannte Märtyrer, dessen Leiche sich partout nicht auflösen will, liegt gleich makaber da wie vollkommen perfekte Skelette. Der Fotograf führt uns zu jenen Orten hin, wo sich noch drei Jahre nach Ende der Kampfhandlungen Skelette finden lassen. Überall liegen sie herum: Zwischen ausgesetzten Felsen und in Höhlen, inmitten von Steinen und dann wieder ganz banal auf einer mit Blumen bedeckten Wiese.

So, als wollten sie von uns zu spät Gekommenen noch einen letzten Applaus für ihre mit höchstem Aufopferungsbewusstsein durchgeführte Arbeit fordern, verabschieden sie sich. Im dichten Schneetreiben liegen leere Gräber. Hier werden sie den letzten unbekannten Soldaten begraben. Einen Österreicher, einen Ladiner, einen Italiener? Oder gar jemanden aus fernen Ländern. Wir werden es wohl niemals mehr in Erfahrung bringen können.

Archivio Arch. Fabio Ortolani

»In ricognizione«, »Der Erkundungsgang«. So beginnt das Abenteuer der Totenpolizei von Trient, welche innerhalb von zwanzig Tagen, im Jahr 1920, so viele Leichen wie nur möglich bergen soll.

Überall wurde versucht, die letzten sterblichen Überreste der Gefallenen, unabhängig von Herkunft und Vaterland, zu bergen. Ob an den ausgesetzten Wänden der Punta Fiàmes oder sonst wo, es war eine harte Arbeit, die viel Selbstüberwindung kostete.

Die Überreste werden in einfache Holzsärge, welche massenweise von einem Auto angeliefert werden, gebettet. Es ist eine Menschenmassenabfertigung. Dann werden die Särge zu einem Sammelfriedhof gebracht, wo sie, zumeist als unbekannte Soldaten, ihre letzte Ruhe finden.

Archivio Arch. Fabio Oriolani

In mühseliger Arbeit wird ein schwerer Grabstein mit primitiven Mitteln über einen Abhang hinuntergekarrt.

Archivio Arch. Fabio Ortolani

»Dem unbekannten Märtyrer«, untertitelt der Autor des Fotoalbums mit säuberlicher Schrift dieses in seiner Dramatik nicht zu überbietende Bild. Ein Gefallener liegt da und ist merkwürdigerweise drei Jahre nach Ende der Kampfhandlungen noch kaum verwest.

Mit Würde, aber auch scheinbar ohne Mitgefühl, abgehärtet durch die Vielzahl der gefundenen Leichen, vollbringen die Angehörigen der Totenpolizei ihr makabres Werk. Skurril muten uns heute diese Bilder an, wie menschliche Knochen im Rucksack verstaut werden und tausende Skelettteile auf ihren Abtransport warten.

Archivio Arch. Fabio Ortolani

Es sind alles Bilder, die an Dramatik nicht zu überbieten sind und zum Nachdenken anregen. Die Überreste der Toten werden in eilig aufgeworfenen Massengräber begraben.

Archivio Arch. Fabio Ortolani

Archivio Arch. Fabio Ortolani

»Gefallene werden zwischen den Resten der Schlacht herausgefischt.« und »Zwischen zerfallenen Felsen werden die Kadaver zu den Orten der Bestattung gebracht.« Die Bilder sind mit weißer Tinte sorgfältig untertitelt.

»Aus einer gestaltlosen Anhäufung von Knochen wachsen demütig die Blumen.« Fein säuberlich wurde eine Vielzahl von Knochen übereinander geschichtet, so als wollte die Totenpolizei ein in seiner Vieldeutigkeit einzigartiges Monument zur Erinnerung an die vielen Toten errichten. Schon die kurzen prägnanten Sätze bilden Kunstwerke für sich.

Erhaben und immer mit seiner imposanten Gestalt im Mittelpunkt erweist Padre Domenico De Rocco aus Forno di Canale den Toten die letzte Ehre.

»Die Totenschädel vermischen sich mit den steinernen Geröllhalden, wo einst Krieg herrschte.«

Schwer bepackt und jeder seine Pflicht erfüllend tragen die »Totenpolizisten« von überall her die Skelette ins Tal.

Es ist eine Aufgabe, welche sowohl körperlich als auch geistig und seelisch den Arbeitern das Letzte abverlangt. In einer primitiven Feldküche wird ein einfaches Essen zubereitet, um dann wieder von neuem das Gelände abzusuchen.

Friedhof von Zuel Nr. 2 – Auch in der Gegend von Zuel bei Cortina befanden sich zwei Friedhöfe. Jeder Friedhof, und enthält er auch nur vier Gräber, erzählt eine eigene und manchmal auch in die Tiefe gehende Geschichte. Drei Gräber gehören italienischen Soldaten, auf einem vierten liest man Neumann Johann. Am 8. Juni 1915 kam es zu einem Gefecht zwischen Italienern und Österreichern. Die Italiener zeigten sich verwundert, dass sich unter den Toten auch ein deutscher Hauptmann befand, einer Nation, die Italien damals noch nicht den Krieg erklärt hatte.

Cimitero di Zuel (N° 2)

Archivio Arch. Fabio Ortolani

Friedhof von Gotres Nr. 1 – In diesem sehr schnell in Vergessenheit geratenen Friedhof wurden, wie auch beim zweiten, die Toten von Son Pòuses und Ru D'Ancòna begraben. Bei der Frau auf dem Bild handelt es sich, wie auch bei anderen, entweder um die Sekretärin der Totenpolizei oder um Antonia Zardini Folòin, selbst Fotografin und Frau von Raffaele, welcher ein Fotoatelier in Cortina führte. Wahrscheinlich war er im Auftrag der Totenpolizei von Cortina unterwegs, um ihre Arbeit zu dokumentieren.

Cimitero di Gotres N° 1

Friedhof von Gotres Nr. 2 – Dieser österreichische Friedhof liegt auf 2.015 m unterhalb der Hohen Geissel. Es handelt sich um eine malerisch angelegte letzte Ruhestätte. Zur Idylle all dieser Bilder trägt noch dazu bei, dass neben dem berührenden Stillleben immer eine der Totenpolizei zuzurechnende Person bei irgendeiner Tätigkeit abgebildet wurde.

Hier findet sich eine Auswahl weiterer Friedhöfe von den 48, welche die Totenpolizei im weiten Einzugsgebiet von Cortina d'Ampezzo dokumentierte, z.B. der von Lawinen zerstörte Friedhof von Travenanzes. Vier Friedhöfe wurden im Travenanzestal angelegt, wobei sie sehr schnell den Unbilden der Natur zum Opfer fielen.

»Friedhof am Vallone Tofana«: Hier wurden jene Alpinisoldaten begraben, welche beim »Todestanz bei Fontananegra«, wie ihn der Kriegsautor Gunther Langes bezeichnet hat, ums Leben kamen.

»Der deutsche Friedhof bei Landro«: In dieser Gegend gab es einige Friedhöfe, in denen die Toten vom Monte Piana ihre letzte Ruhestätte fanden.

»Österreichischer Friedhof in Cortina«: Nach dem Durchbruch bei Caporetto zogen wieder österreichische Truppen in Cortina ein.

Archivio Arch. Fabio Ortolani

»Hier ruhen 49 Italiener des 48. Bersagl.-Baons gefallen am 26. Nov. 1915 für den Verrat ihres Vaterlandes.« Dieses Schild wurde auf dem italienischen Friedhof von Ruffredo, kurz vor Schluderbach, angebracht. Das Schild beinhaltet einen Fehler, denn es handelte sich nicht um das 48., sondern um das 8. Bersaglieri-Bataillon.

»Deutscher Friedhof bei Ruffredo Nr. 1«: In diesem Friedhof wurden die Soldaten des deutschen Alpenkorps beigesetzt.

Archivio Arch. Fabio Ortolani

Das Grab des Deserteurs

Ein Foto des Albums zeigt ein einzelnes Kreuz, romantisch zwischen Zirben und Fichten, der Monte Cristallo im Hintergrund. Und doch verbirgt sich dahinter eine nicht so seltene Tragödie. Das Holzkreuz trägt folgende Inschrift: »Rey Marcello, 267/a – 7o Regg.-Batt.-Alpini – Val Piave, erschossen am 7. X. 1917.« Diese Alpinieinheit sollte den Abschnitt Bòite-Cristallo sichern. Doch sehr oft, gerade gegen Ende des Krieges, kam es zu offenen Rebellionen: Die Soldaten befanden sich am Ende ihrer Kräfte, demotiviert durch einen sinnlosen Krieg. Desertionen standen an der Tagesordnung. Wenn es den Kommandos nicht gelang, die Schuldigen herauszufinden, hatten sie das Recht, willkürlich aus der Truppe auszuwählen und zum Tode zu verurteilen. Der österreichisch-ungarische Unteroffizier Aruto Manaìgo aus Cortina wurde selbst Zeuge einer solchen Dezimierung. Erschießungen wurden öffentlich vorgenommen, ganze Truppenteile, wie Bäcker, Metzger, Schuster, Autofahrer, Sanitäter und einfache Soldaten, auch aus dem Hinterland, herangekarrt. Zur Abschreckung zwang man sie Zeugen dieser unwürdigen Schauspiele zu werden. Wahrscheinlich wurde auch der Soldat Marcello Rey an dieser idyllischen Stelle vor dem Monte Cristallo verurteilt und, wie es Brauch war, innerhalb von zwei Stunden nach Urteilsverkündung erschossen. Wir werden wohl nie mehr in Erfahrung bringen können, was der genaue Grund dieser Hinrichtung war.

Zwischen Stacheldraht und an ausgesetzten Graten suchen die Einheiten der Totenpolizei nach Skeletten.

Archivio Arch. Fabio Ortolani

Mit Sorgfalt werden selbst an den unmöglichsten Orten noch die letzten sterblichen Überreste von Soldaten geborgen und zur letzten Ruhestätte gebracht.

»Ricomposizione«, »Wiederzusammensetzung« untertitelt der Chronist der Totenpolizei diese makaber anmutende Tätigkeit. Wenn man bedenkt, dass vielfach die Leichen noch in einem Verwesungszustand waren und der Leichengeruch teilweise kaum aushaltbar war, so kann man sich ausmalen, wie abgebrüht und frei von sentimentalen Empfindungen diese Arbeiter im Laufe der Zeit werden mussten.

Exhumierung einer Leiche am Friedhof von Son Fórca (Passo Tre Croci) im Beisein von Familienangehörigen.

Archivio Arch. Fabio Ortolani

»Auf der Suche nach Leichen in einem Laufgraben.« Wie genau die Einheiten der Totenpolizei von Trient vorgingen, ersieht man aus diesem Dokument. Sie suchten selbst in alten Kavernen, Schützengräben und verlassenen Unterständen, ob sich nicht doch noch irgendwo Tote finden ließen. Dass dies nicht ausgeschlossen war, zeigt ein Bericht von Giuseppina Piacentini, die wie viele andere zu dieser Zeit in den Dolomiten auf der Suche nach allem Möglichen unterwegs war: »Eines Tages kam ich zu einer noch völlig unversehrten Barackensiedlung. Die Tür stand halboffen. Ich trat ein, ohne die Tür vollkommen zu öffnen und da sah ich plötzlich vor mir zwei Soldaten, welche noch ihre graugrünen Mäntel anhatten. Der Schnee verstopfte in vielen Fällen die Kamine der Holzöfen und erstickte die armen Soldaten durch Kohlenmonoxyd. Sie hatten die Augen geschlossen, es schien sogar, als schliefen sie nur, aber es genügte schon, sie zaghaft anzugreifen, und sie fielen in sich zusammen und lösten sich auf.«

»Nach dem ersten Schneefall«: Schon früh, Anfang Oktober 1920, kommt der Wintereinbruch. In aller Eile werden noch die letzten Arbeiten vollendet, bevor Cortina d'Ampezzo zum größten Teil von den menschlichen Überresten aus dem Ersten Weltkrieg befreit sein soll. Aber noch viele Jahre danach, bis in die Jetztzeit, finden sich immer wieder Überreste von Menschen, die auch heute noch, jeder für sich, eine eigene Geschichte des Sterbens erzählen. So hat dies Bild, als letztes im Fotoalbum der Totenpolizei, auch einen über dieses einzigartige Dokument hinausgehenden symbolischen Wert. Jenem unbekannten Autor, der dieses Album zusammenfügte, ging es darum, auf wenigen Seiten und mit wenigen Bildern eine Geschichte zu erzählen. Es gibt kaum ein uns erhalten gebliebenes fotografisches Dokument, welches die Folgen des Krieges eindrucksvoller übermittelt hätte als dieses. Wenige Untertitel, wie Worte des Grauens hingeworfen, tragen das Ihre dazu bei, diese Geschichte des Sterbens noch nüchterner wiederzugeben. So können wir dankbar sein, dass der junge Architekt Fabio Ortolani diese einzigartige historische Quelle auf einem Flohmarkt fand und somit für die Nachwelt als einzigartiges Zeugnis eines »Nie-mehr-Wieder« rettete.

»Der Herr segne und behüte Euch«. In einer Waldpredigt lauschen die Soldaten aufmerksam dem Kuraten, während im Hintergrund schon die Geschütze in Stellung sind.

Archivio Arch. Fabio Ortolani

Wie sich die Bilder gleichen: Ein italienischer Soldat (rechts) und ein österreichischer (links) in stiller Andacht. »Vater im Himmel vergib die Sünd, behüt mir mei Haus, mei Weib und mei Kind!«

10 tote Soldaten, 88 Kinder

In das Reich der Toten einzudringen ist uns Menschen verwehrt. Jeder Versuch ist immer nur ein Hineintasten. Wie sollen wir die letzten Augenblicke eines Menschen beschreiben? Während und nach dem Krieg haben dies Schriftsteller, Kriegsreporter, Chronisten, Beamte von Amts wegen, aber auch einfache Menschen, welche mit dem Tod eines Kameraden konfrontiert waren, versucht. Wir wollen uns von der Fantasie der Schriftsteller, aber auch der Kriegsreporter entfernen, welche sehr oft Aufgebauschtes oder nicht einmal selbst Erlebtes wiedergaben, und uns hinwenden zu jenen Menschen, die wirklich tagtäglich damit konfrontiert waren.

Zwei Dokumente sind unter vielen erhalten geblieben, die gegenübergestellt so eindrucksvoll und tief gehend die letzten Augenblicke der Soldaten darstellen, dass sie auch heute noch für »den Krieg« dastehen könnten.

Es sind dies einmal die Aufzeichnungen eines österreichischen Offiziers, der 1918, noch vor dem Zusammenbruch des k.u.k. Reiches, die Aufgabe hatte, die Gräber der Toten rund um Cortina zu katalogisieren. »J. Zottwitz, Gräberevidenzoffizier des k.u.k. Etappenstationskommandos Cortina d'Ampezzo«. Hinter diesem zungenbrecherischen Titel verbirgt sich ein nüchterner Beamter. Er schrieb die Namen der Toten auf den verschiedenen Friedhöfen nieder und als er seine Pflicht getan hatte, hinterließ er eine Kopie davon der Pfarre von Cortina d'Ampezzo.

Und dann gibt es noch die Aufzeichnungen des italienischen Sanitätsarztes Ten. Col. Dott. Nicola Ragucci. Vom 29. August 1916 bis zum 19. November 1917 vermerkt er mit unheimlich viel persönlichem Mitgefühl in seinem Tagebuch seine Tätigkeit im Feldkrankenhaus 0,40, dem heutigen Hotel Cristallo in Cortina.

Seine geschriebenen Worte sind unübertrefflich in ihrer genauen Beobachtungsgabe und Warmherzigkeit. Kaum jemandem ist es gelungen, die letzten Augenblicke eines Menschen so unter die Haut gehend und so einfühlsam darzustellen. Stellt man die beiden Dokumente, jenes von J. Zottwitz, Gräberevidenzoffizier, und jenes von Dr. Nicola Ragucci, welche sehr oft von den gleichen Toten erzählen, nebeneinander, so ergibt dies ein unmittelbares Bild der letzten Augenblicke von

Foto Ragucci

21. Mai 1917: Der einfühlsame italienische Sanitätsarzt Dr. Ragucci (links) bespricht sich mit Leo Menardi am Monte Faloria.

Eine kolorierte Postkarte, gemalt vom berühmten Südtiroler Künstler Albert Stolz, herausgegeben zur Unterstützung der Kriegsfürsorge für Invaliden, Witwen und Waisen der Bozner Standschützen.

Archivio Arch. Fabio Ortolani

Menschen, welche vom Leben Abschied nehmen mussten.

Am 2. November 1916 wurde der Militärfriedhof von Cortina, in dem schließlich viele Kriegstote beider Seiten wie General Cantore oder Hauptmann Baborka ihre letzte Ruhestätte fanden, feierlich seiner Bestimmung übergeben. An die 750 Tote fanden diese hier. Es war Franziskanerpater Giuseppe Bovi, der sich mit aller Energie für diese letzte Ruhestätte einsetzte und schließlich von der Gemeinde Cortina hinter dem eigentlichen Friedhof eine brachliegende Wiese für einen eigenen Kriegerfriedhof erhielt.

So beschreibt Dr. Ragucci die Eröffnung des Friedhofes: »2. November! Ein trauriger Tag voll bitterer Tränen, ein schmerzliches Auferstehen liebster verloren gegangener Erinnerungen … Ich habe diese braungrüne Wiese aufgesucht, wo die Kreuze sorgfältig aneinandergereiht standen. Viele dieser Namen kamen mir bekannt vor, sodass sich mein verletztes Herz mit unendlicher Traurigkeit füllte. Mit kriegerischer Kühnheit fing General Caputo mit seiner Ansprache an. Seine starken Worte, ausgesprochen als Vater wie auch als Soldat, drangen tief in die Seelen aller ein. Besonders dann, als er im Namen der Mütter einen Strauß roter Nelken und Blumen am Denkmal der Gefallenen niederlegte und gleichzeitig auch einen stillen Gruß an die österreichischen Gefallenen sandte, welche genauso in ihrem Schicksal miteinander verbunden, ihre auferlegten Pflichten erfüllend, sich nun mit den unseren vereint in den gleichen Gräbern wiederfinden. Jenseits des Grabes – so sprach er – versiegt jedes Hassgefühl!«

Jedes dieser Gräber war nummeriert. Das Grab Nr. 145 z.B. war jenes von »Varassi Alfredo von Luigi«. Am Forame war dieser 21 Jahre junge Alpino verletzt worden. Heftige Gefechte fanden Mitte September 1914 dort statt. So war es nicht möglich, sofort Hilfe zu leisten. Erst am nächsten Tag wurde er fast leblos, mit einer schweren Unterleibsverletzung durch einen Granatsplitter, in das Feldkrankenhaus 0,40 nach Cortina gebracht. Er wurde einer Notoperation unterzogen, doch innere Blutungen verschlechterten zusehends seinen Zustand. Voll Mitgefühl beschreibt Dott. Ragucci seine letzten Stunden:

»›Herr Major!‹ hauchte der Soldat. Ich neigte meinen Kopf ganz nahe zu seinem und küsste ihn voll Mitgefühl.

›Nur Mut!‹ flüsterte ich ihm leise zu.

Er schaute mir lange in die Augen, und dann sprach er mit sterbendem Blicke diese, seine letzten Worte: ›Öffnet mir dieses Fenster ... oben sind ... meine Kameraden! ... Oh Gott, lass sie überleben!‹ Und seine Augen langsam schließend, ›Gute Nacht, Freunde!‹ Er sprach es und hauchte seinen Atem aus, ohne noch eine einzige Bewegung zu machen! Ich flüchtete, mit den Händen in meine Haare greifend, voller Tränen aus dem Zimmer!«

Das Grab Nr. 152 war jenes von »Aldo Rigatelli aus Gerea (Cerea) – Verona«, teilt der österreichische Beamte nüchtern mit. Über seine tödliche Verwundung am Forame schreibt Dr. Ragucci am 20. September 1916: »Es ist bitterkalt hier, und auf allen Bergen schneit es, während der Schnee sich immer weiter ins Tal kämpft. Bersaglieri-Offizier Rigatelli, am Rückgrat von einem Schuss getroffen, ist tot. Der Tod wurde zur Erlösung für ihn!«

Auch am 20. Oktober 1916 ist das Wetter schlecht. »Heute Morgen kamen drei Bersaglieri, welche am verdammten »Forame« sich verletzten. Es waren drei Kolosse von Menschen, drei Athleten ... dem Ersten musste ich das Bein abnehmen, ... der Zweite, der Arme, starb sprechend, als merkte er den Tod nicht, ohne einen einzigen Seufzer zu tun!« Auch wenn Dr. Ragucci hier keinen Namen nennt, der österreichische Offizier teilt ihn mit einem fehlerhaften Italienisch der Nachwelt mit: »Lavasin Giovani von Luigi aus Nelma (?) – Treviso – Klasse 1896, 8. Bersaglieri-Regiment 8/a-Kompanie.« Zwanzig Jahre wurde er alt, dann war sein Leben zu Ende.

»Unter den diese Nacht gebrachten Verletzten waren auch drei Bersaglieri, welche in einem erbärmlichen Zustand ankamen. Einer starb sofort nach der Einlieferung, ein anderer zwei Stunden später; beide lagen in ihrem eigenen Blut und waren nicht mehr bei Bewusstsein. Eine explodierende Granate zerfetzte ihre Körper. Dem Dritten musste ich ein Bein amputieren.«

Die österreichischen Aufzeichnungen nennen die beiden Gräber und die Namen. Das Grab 181 gehört »Prui Duillo aus Pistolia (Pistoia?) der 8. Bersaglieri Bataillon 48« und das Grab Nr. 182 ist jenes von

Foto Ragucci

29. März 1917: Die sterblichen Überreste des Unteroffiziers Giovanni Abate werden zum Friedhof nach Cortina gebracht.

»Gratti Alexandro aus Giovanni da Trolo des 8. Bersaglieri, 9. Kompanie«. Das Sterben wird so zu etwas Individuellem, besonders wenn man es mit dem Namen, dem Alter des Toten, dem Ort und der Art des Sterbens verbindet und es dann zu einer kurzen Geschichte verwebt. Tausende Verletzte wurden zu Dr. Ragucci in der Hoffnung gebracht, er möge auch die

Postkarte, gedruckt aus Anlass der Erstürmung des Col di Lana durch das 92. Regg. Fant. Basilicata.

Archivio Arch. Fabio Ortolani

»Alles für das Vaterland. In Eurer Abwesenheit geht alles weiter, aber unsere Gedanken sind bei Euch, geliebte Soldaten.« Jede vervielfältigte Postkarte versuchte das Durchhaltevermögen anzustacheln oder kleine Siege in den Vordergrund zu rücken.

aussichtslosesten Fälle noch retten. Und immer nahm er sein Tagebuch zur Hand, um seine persönlichen Empfindungen wie einen Aufschrei gegen den Krieg und als Vermächtnis für zukünftige Generationen niederzuschreiben.

Im Grab Nr. 190 fand Scandroglio Carlo aus Mailand, 1895 geboren, seine letzte Ruhestätte:

»... eine Feuerwaffe hatte ihm eine grässliche Wunde in den Bauch gerissen, weswegen er um zwei Uhr morgens starb. Mit sich trug er ein Etui mit Briefen und Fotos, die er sorgsam in seinem Geldbeutel hütete. Das tödliche Projektil hatte es sogar durchlöchert. Bis zum letzten Augenblick bei vollem Bewusstsein, wie alle in der Magengegend Verletzten, wollte er sich auch nicht im Tod von seinen heiligen Erinnerungen trennen.«

Dem Bersagliere im Grab Nr. 196 drang die Kugel seines Gewehres ins linke Bein, seinen Oberschenkelknochen durchschlagend, als er unvorsichtig damit hantierte. Herzstillstand und Niereninsuffizienz beendeten sein Leben.

Raccolta sorelle Apollonio

Ein Leichenzug bewegt sich von der Cinque-Torri-Hütte unterhalb des Averàu ins Tal hinunter. Selbst die Leichen mussten im Ersten Weltkrieg unter schwierigen Umständen ins Tal gebracht werden.

Ein Hund spürt einen Verletzten auf. Hunde wurden im Krieg vielfach eingesetzt, ob als Sanitätshund, Zugtier oder treuer Begleiter des Menschen.

Archivio Arch. Fabio Ortolani

»Will mir die Hand noch reichen, derweil ich eben lad, Kann dir die Hand nicht geben, bleib du im ew'gen Leben mein guter Kamerad.« Der Tod war in jeder Form ein steter Begleiter.

Schreibt der österreichische Offizier bei Grab 215 nur »Zolli Renato des Luigi aus Firence (Florenz) Unteroffizier des 8. Bers. Klasse 1897, gestorben am 24. Jänner 1917«, sind die Worte des Arztes voll Klarheit und menschlichem Einfühlungsvermögen. Er will die letzten Gedanken eines Sterbenden bis in seine innersten Tiefen erfassen:

»24. Jänner. Das Leben des armen Zolli erlosch im Frieden, ohne beklemmenden Todeskampf, ohne einen Seufzer, heute um 17 Uhr. Seine letzten Worte galten seiner in der Ferne weilenden Mutter!« Und selbst das Begräbnis des armen Soldaten am 26. Jänner verfolgt Dr. Ragucci innerlich, so als laufe in ihm ein ganz anderer, von niemandem beobachteter Krieg ab:

»... Der Sarg wurde in die Tiefe eines Grabens hineingesenkt – zwischen dem Frieden des Schnees und unter blauem Himmel, am Fuße der alles beherrschenden Tofáne! So flüchtig wie der Schatten, wie eine rasch erblühende und gleichzeitig schon wieder verwelkende Blume, erlosch das frische Leben des Tapferen in tiefstem Glauben.«

Grab Nr. 223 von Rossi Luigi aus Rom: »Ein schöner Gefreiter ... von einer Schrapnell ins Rückgrat getroffen, ging sein Leben langsam dem Ende zu, fast als würde er dies nicht einmal bemerken, während er fortwährend von seiner Frau und seinen in der Ferne weilenden Kindern erzählte!«

So geht es weiter fort. Den nackten Aufzeichnungen des österreichischen Offiziers stehen die menschlichen des italienischen gegenüber. Beide erzählen so eine eng zusammengehörende Geschichte.

Grab Nr. 225 von »Abate Giovanni des Carlo aus Torino, Unteroffizier der 91. Infanterie, Jahrgang 1896« schreibt Gräberevidenzoffizier J. Zottwitz in fehlerhaftem Italienisch. Dr. Ragucci beschreibt das gleiche Schicksal am 17. März 1917: Er hat eine Unterleibschussverletzung erlitten.

»... ich befürchte, dass unsere heilige Fahne, welche mir von der Familie

Archivio Arch. FabRaccolta prof. f. Quaglio Ortolani

22. Juli 1915: General Antonio Cantore wird unter höchsten Würden zu Grabe getragen. Sein Schimmel begleitet den Totenzug. Man sieht neben den Soldaten, welche mit aufgerichtetem Bajonett ihrem General die letzte Ehre erweisen, auch einige Frauen und Kinder aus Cortina d'Ampezzo, die dem Begräbnis als Schaulustige beiwohnen.

»Die überraschte Alpini-Patrouille« und »Alpenwacht«. Die Postkarten bildeten eine Brücke zur Heimat. Sie wurden – obwohl der Zensur unterworfen – mit kurzem Text an die Lieben verschickt.

Archivio Arch. Fabio Ortolani

»Hände weg, Treuloser, dies ist heiliger Boden!« Der Verrat am Dreibund wurde den Italienern natürlich schwer angekreidet. Die Postkartenzeichner hatten im Weltkrieg Hochkonjunktur und gaben vielfach erlebte Szenen aus der Erinnerung wieder, wo kein Fotoapparat zugegen gewesen war.

Peirce aus Neapel geschenkt wurde, bald schon das ausgehauchte Leben eines jungen Tapferen umhüllen wird …« Er sollte Recht behalten. Einige Tage später ist es so weit.

»28. März … Der Arme erlosch langsam ohne seine Schmerzen preiszugeben, heiter und gefasst, bei klarstem Geiste bis zum Ende. Er küsste seinen Vater, er empfing die letzten Tröstungen Gottes, er wiederholte die letzten Gebete, er küsste das Kreuz und schloss dann die Augen, so als wolle er schlafen und träumen! Sein alter Vater stand wie betäubt neben ihm, versteinert, nicht mehr bei Bewusstsein und fing erst in dem Augenblick zu weinen an, als er mich schaudernd aus dem Zimmer flüchten sah …«

Die Gräber von 226 bis 235, von 247 bis 255, von 258 bis 262 und von 264 bis 266 vereinen ein einziges Schicksal. Von der Tofana III löste sich nach Cianderòu eine Lawine und verschüttete eine ganze Kompanie. Nur wenige konnten sich retten. Die trockenen Daten und Namen beseelt der italienische Sanitätsarzt mit kurzen Sätzen, die alles aussagen: Zehn Väter, 88 Kinder. Tiefer greifend hätte man den Umfang des Grauens, des Wahns und der zerstörten Hoffnungen nicht ausdrücken können.

»Um elf Uhr ging ich aus der mir vertrauten Kapelle … wo zehn der dreißig von der Lawine Verschütteten, das letzte weihrauchgeschwängerte Werk der Barmherzigkeit inmitten der zum letzten Mal sie verabschiedenden Kameraden erwarteten … Es waren zehn Soldaten, älteren Jahrgangs und zusammen hatten sie 88 Kinder, 88 nunmehr den Tränen überlassene Menschen, zehn zerstörte Familien. Es war traurig und ergreifend …«

So fuhr Dr. Nicola Ragucci mit seinen Tagebuchaufzeichnungen fort. Als unbekannter Held des Krieges, der uns tiefsinnigere Gedanken hinterlassen hat als gedankenlos in den Tod hetzende Offiziere, als Schreibtischattentäter, welche aus dem sicheren Hinterland namenlose Menschenmassen hin- und herschoben.

Oben: Ein Begräbnis während des Krieges im Kampfabschnitt Col di Lana. Unten: Nach dem Krieg besuchten die Cortineser immer wieder die verlassenen Friedhöfe in den Bergen, um dort ihrer gefallenen Familienangehörigen zu gedenken, hier am Soldatenfriedhof von La Stua.

Foto Hasse – Tiroler Soldatenzeitung

Das Schlachten muss bewältigt werden

Juni 1924: An den westlichen Abhängen der Tofána de Rozés birgt Serafino Siorpaes de Valbòna aus Cortina (rechts) mit einem Kollegen aus dem Gadertal einen toten Soldaten. Oben links finden sich noch Teile italienischer Munition. Leben und Sterben in ihrem makabersten Nebeneinander finden sich auf diesem Bild. Die letzten Überreste dieses Armen bilden Grundlage für eine kärgliche Vergütung für die Nachfolgenden. In einer solchen Zeit von Moral zu sprechen ist nicht angebracht, der nackte Überlebenswille siegt.

Foto Michael Wachtler

Wie soll man die Erinnerung dieses Krieges als ein Mahnmal für ein »Nie-mehr-Wieder« für immer in den Gedanken der Menschen aufrecht halten? Die alten Stollen werden liebevoll restauriert, Museen errichtet und besonders eindrucksvolle Szenen aus der Kriegszeit – wie hier im Labor der Firma Tridimont – mit handwerklichem Können rekonstruiert, um so bei Ausstellungen die Schrecken hautnah vermitteln zu können.

Das Geschäft mit dem Tod

Der Krieg war zu Ende, Hunger und Elend hielten Einzug. Hinzu kam noch eine vollkommen veränderte politische Landschaft. Auf den Feldern und den Bergen lagen Tonnen von verrostendem Kriegsmaterial herum, dazwischen immer wieder nicht explodierte Bomben, die jeden Augenblick einen unachtsamen Menschen zerfetzen konnten. Sofort nach dem Krieg begann man sowohl von militärischer Seite als auch von privater Hand mit dem allgemeinen Aufräumen. An die fünfzig Kriegerfriedhöfe mit italienischen und österreichischen Gefallenen zählte man allein in der Gegend rund um Cortina. Sie sollten zu einem einzigen großen zusammengeführt werden. Dazu galt es, die noch überall herumliegenden Leichenteile einzusammeln. 25 Lire zahlte der italienische Staat für jedes Skelett, 2 Lire für jeden Helm, sehr viel, wenn man bedenkt, dass ein Arbeiter mit 10 bis 20 Lire täglich sein Auskommen finden musste. 2.000 Leichen wurden in der Folge von den »recuperanti«, den Verwertern, abgeliefert. Nicht alle als Zufallsfunde. Soldatenfriedhöfe wurden umgegraben, die Schädel gesammelt, der armselige Gefallene, vielleicht noch mit einem Kreuz, das an sein trauriges Schicksal erinnerte, wurde als »unbekannter Soldat« seiner Würde und seines Namens beraubt. Dies alles, um einen kleinen Zuerwerb zu kassieren.

Anstelle des in den Wäldern geschlägerten Brennholzes stellte die Gemeinde den Ampezzanern reihenweise das Holz der zerfallenden Baracken zur Verfügung. Über viele Jahre setzte nun ein allgemeines »Reinemachen« ein, um die Spuren des Krieges zu verwischen. Ein eigener Ausweis wurde ausgegeben, der Tankstellenpächter Giusto Menardi Sèlo aus

Archivio Paolo Giacomel

Rechts: Noch während des Krieges, im Jahr 1918, machen sich eine Gruppe von Ampezzanern zum Col di Lana auf, um auf den Spuren der erbitterten Kämpfe zu wandeln.
Oben: Eine Gruppe von »Recuperanti« (Foto um 1920) sucht in den Bergen rund um Cortina nach allem, was einigermaßen verwertbar scheint. Für die damalige Zeit ist es ein wichtiger Zuerwerb für die Menschen.

Cortina zum Koordinator ernannt. Hier konnten die »recuperanti« ihre zusammengetragenen Armseligkeiten abliefern und sich auszahlen lassen: Kupferdrähte, Blech, Messing, das Eisen der Granaten, Bomben und Stützpfeiler, aber auch selten und zufällig gefundene Kostbarkeiten wie Silberbesteck eines ausgeraubten Hotels und vielleicht sogar Schmuck. Alles diente in dieser Zeit zwischen den Weltkriegen zum Überleben. Die Berge wurden in Zonen eingeteilt. Eugenio Siorpaes de Sorabánces mit Familie bekam den Foràme, Zuòghe, Cristallo und Monte Piana. Toni Segàt aus Belluno das Gebiet um Fiàmes, Son Pòuses und Zuòghe. Einige Familien aus Rocca Piètore durften das Gelände um den Col di Lana, Sass de Strìa, Lagazuòi bis zum Col dei Bos durchsuchen. Alfieri Dell'Andrea aus Colle Santa Lucia hatte die Lizenz für den Passo Giàu, Averàu, Cinque Torri, Nuvolàu, Monte Pore. Dazu gab es noch eine Unzahl von illegalen Sammlern. Versteckt durchsuchten sie die Berge, legten Vorratsdepots an, welche sie bei schlechtem Wetter oder im Winter räumten.

Es waren die Ärmsten unter den Armen. Allgemeiner Niedergang herrschte überall in den Tälern. Viele dieser Sammler gingen barfuss, andere banden sich zerrissene Schuhe notdürftig mit Eisendraht zusammen. Ein wenig Polenta musste für den ganzen Tag ausreichen. Teilweise schwere und sperrige Lasten mussten dann über die ausgesetzten Wände hinuntergeschleppt werden. Es gab eherne Gesetze: Wer etwas fand, dem gehörte es.

Sie alle riskierten ihr Leben: Kleinere Bomben wurden mit eigenen Schraubschlüsseln entschärft, verrostete, größere aus Stahl in eine der vielen Kavernen gekarrt, ein Feuer entzündet und sie so zur Explosion gebracht. Hernach ging man daran, die wertvollen Bombensplitter einzusammeln. Manch einer fiel – ob durch Unvorsicht oder durch Zufall – noch immer plötzlich explodierenden Geschossen zum Opfer. Am Col di Lana ein seine Kühe verfolgender Hirte, am Monte Piana ein Bauer.

Ein namenloser Gefallener wird im Ampezzaner Gebiet geborgen. Man wird niemals in Erfahrung bringen können, welcher Nation er angehörte.

Unten im Tal warteten schon die Käufer: mit ihren verrosteten und zerbeulten Lastwägen kamen sie daher, aus Vittorio Veneto z. B. ein gewisser Daiballi. Andere wiederum verkauften das gefundene Sprengmaterial an die Schottergruben. Kupfer erzielte die höchsten Preise, dann kamen Messing, Blei und Eisen.

Die Geschichte der Lancedelli

Im Jahr 1927 wurde er geboren, mit zehn Jahren folgte er seinen Verwandten und Freunden in die Berge: Piero Bottecchia, Igino Pradetto Baiùto, Bepi Scarton und wie sie alle hießen. Dazu kamen noch sein Onkel Salvino und Dolfo hinzu. Rolando Lancedelli wurde arm geboren und schon früh musste er sich das Lebensnotwendigste selbst verdienen. Der allgegenwärtige Onkel drückte dem 10-Jährigen einen schweren Pickel, der irgendwo in einem Schützengraben herumlag, in die Hand und hieß ihn arbeiten. Rolando hatte Mühe das Gerät überhaupt in die Höhe zu schwingen. Rolando schlurfte irgendwie nach, mit seinen durch Eisendraht notdürftig zusammengehaltenen zerrissenen Schuhen. Längst schon hatte man all die leicht erreichbaren Kriegsrelikte zu Geld gemacht. Was jetzt noch übrig blieb, lag hoch oben in den Bergen, versteckt in der Erde oder an sonstigen unzugänglichen Orten. Schwer wog jedes Mal sein Rucksack, den er herunterschleppte, die Erlöse händigte er brav seiner Großmutter aus. Rolando lernte nichts anderes als zu suchen. Darin wurde er zum Meister; er erlernte die kleinen Geheimnisse dieser Arbeit: Wo man Verwertbares fand, wie man vorgehen musste, dass die Geschosse einen nicht zerfetzten, was wertvoll und was wertlos war. Er wühlte zwischen den Jutesäcken der Schützengräben, weil manch ein Soldat seine Munition dort vergessen haben könnte, er zerlegte Baracken, um irgendwo ein geheimes Versteck zu finden und gierig verspeiste er mit Genuss die nunmehr seit Jahrzehnten lagernden alten Konserven.

Die Familie Lancedelli im Jahre 1986 auf der Suche nach Relikten aus dem Ersten Weltkrieg am Col dei Bos bei Cortina. Links Mutter Elena, vorne Vater Rolando, dahinter die beiden Kinder Graziano und Loris.

Eine verweste Gämse als Delikatesse

Aber Rolando lernte auch, dass man niemandem vertrauen konnte. Eines Tages fand er am Valòn de ra Ola unter zehn Zentimeter Geröll ein großes Waffenlager. Schnell war der Rucksack voll. Behutsam schlich er sich hinunter. Unten, bei der Forcella Rossa fand er ein weiteres großes Depot. Vorsichtig deckte er es zu. Onkel Dolfo begann ihn auszufragen. Er probierte es im Guten wie im Schlechten. Rolando blieb stumm wie ein Fisch. Onkel Dolfo hätte ihm sofort alles weggenommen. Er gab nur vage Hinweise. Trotzdem brach Dolfo am nächsten Morgen zeitig alleine auf. Durch Zufall entdeckte er Rolandos zweites Depot an der Forcella Rossa. Das reichte. Der Knabe verwischte seine Spuren, schlich sich zum zuerst gefundenen Depot und leerte es, sich immer vergewissernd, dass ihn nichts verriet. Eine Woche lang, dann ging es zur Neige.

Eines Tages fand er im Wald ein verlassenes Gewehr, ein Steyr. Wahrscheinlich hatte es ein Wilderer zurückgelassen. Rolandos Jagdleidenschaft erwachte. Er besorgte sich Munition, eine zwar unübliche für dieses Gewehr, aber immerhin. Dann ging er zum ersten Mal in seinem Leben auf die Jagd. Ein armes Reh trottete vor die Lunte. Er schoss nicht. Eine Vorahnung stieg in ihm auf. Dann befestigte er das Gewehr an einem Baumstamm, knotete ein Seil an den Abzughahn und löste den Schuss. Das ganze Gewehr zerplatzte in tausend Teile. Es hätte ihn wohl zerfetzt. Rolando war immer hungrig. In der Nähe von Ponte dei Cadorìs entdeckten sie eine von einer Lawine getötete Gämse. Sie stank schon von Weiten, trotzdem war es für Rolando ein Festmahl. Sie hatten wieder einmal Fleisch zu essen.

Der Knochen steckte noch im Schuh

Am Ponte Alto entdeckte er zwischen Stein und Gras einen Schuh. Er betrachtete ihn näher. Rolando nahm ihn in die Hand, der Unterschenkel steckte noch im-

Archivio Loris Lancedelli (5)

Oben: Mai 1982: Graziano Lancedelli findet die sterblichen Überreste eines österreichischen Soldaten am Forame. Er starb während der Kämpfe im Jahr 1916. Seine Knochen steckten noch immer in den Schuhen, Gewehrpatronen lagen neben ihm. Unten links: Son Pòuses, 1981: die Reste zweier italienischer Soldaten; rechts: der einsame Tote und seine Granate.

mer darin. Ein weiteres Skelett entdeckte er auf der Masarè della Tofana verkeilt zwischen Felsen. Es war fast komplett. Er lehnte es an die Felsen, um es abends mit nach Hause zu nehmen und sich die 25 Lire zu verdienen. Als er zurückkam, hatten es ihm schon andere »Recuperanti« vor der Nase weggeschnappt. Neben der Glanwell-Hütte entdeckte er zusammen mit seinem Onkel Dolfo einige andere Sucher aus Buchenstein, wie sie sich über einen der österreichischen Friedhöfe hermachten. Es war eine lukrative Tätigkeit. Zigfach lockten die 25 Lire Schädelgeld. Rolando betrachtete sich die schon viele Jahre in der Erde liegenden Gefallenen. Man hatte sie in Uniform und mit ihren Rangabzeichen vergraben. Sie zeigten ein schockierendes Bild langsamen Sterbens: Die Uniformen waren nun zerrissen, die Schuhe zerstückelt, in den Lederriemen hingen noch die Patronen und das Magazin. Selbst das Bajonett hatte man ihnen gelassen. Jeder nahm sich nun von den Toten, was ihm wertvoll schien. Manchmal schliefen und lebten sie tagelang oben in den Bergen. Die alten Baracken des Weltkrieges wurden zu ihrer zweiten Heimat. Zu essen gab es wenig, manchmal tagelang nichts. Aßen sie am ersten Tag zu viel Polenta, reichte sie kümmerlich für den zweiten und es gab nichts mehr am dritten Tag. Eines Hungertages fühlte sich Rolando unwohl und bat seinen Onkel ihn ausruhen zu lassen. Er schlief bis zum nächsten Morgen, und auch da war er nicht imstande, sich zu erheben. Er schlief weiter bis zum Abend und als er aufwachte, bemerkte er, dass ihn seine Füße nicht mehr trugen. Der Onkel brachte ihn zum Arzt. Die Diagnose: Unterernährung und Vitaminmangel.

Archivio Loris Lancedelli

Elena Lancedelli im April 1981 in Son Pòuses. Zwei tote italienische Soldaten, gefallen bei den Kämpfen um die Croda d'Ancona, liegen im Tode vereint.

In der Gegend von Pocòl lag eine Vielzahl von Kriegsgerät, darunter Bomben jedes Typs. Toni Segat sollte sie entschärfen. Auf einmal schrie jemand: »Schnell weg von hier!« Eine Flamme loderte empor. Da bemerkten sie, dass es sich um Phosphorbomben handelte. Ein Funkenschlag oder das Sonnenlicht hätten ausgereicht, das ganze Lager in die Luft zu sprengen. Mit 16 Jahren musste Rolando Lancedelli zum Militär, auf reichsdeutscher Seite. Er sollte an die russische Front ziehen, doch dann war der Krieg schon zu Ende. Er wurde Skilehrer, blieb aber immer noch arm. So bat er den Bürgermeister von Cortina, Renzo Menardi, eine kleine Skihütte errichten zu dürfen. Es wurde ihm gewährt, um sich und seine Familie mit den zwei Kindern durchbringen zu können. Als er sie erbaute, fand er eigenartige versteinerte Lebewesen. Nun begann er auch nach solchen Fossilien zu suchen. Er fand ihrer so viele, neue Arten sogar, dass man seinen Namen verewigte: *Zardinechinus lancedelli, Dicerocardium lancedelli* und einige andere benannte man nach ihm. Nach Rolando Lancedelli, dem ewigen Sucher.

Foto Michael Wachtler

Es mutet heute eigenartig an, mit wie viel Kunstverständnis und handwerklichem Können aus den unmöglichsten Kriegsrelikten Werkzeuge gefertigt wurden. Aus Kugeln fertigte man Pfeifen, oder Messer, aus Bombensplittern Dolche, die kunstvoll mit dem Doppeladler verziert wurden. Viele Häuser in den Dolomiten sind wahre Museen. Im Bild das voll mit Kriegsrelikten und historischen Dokumenten arrangierte Haus des Architekten Fabio Ortolani in Cortina.

Feinde werden Freunde

Der Krieg verletzte und tötete. Der Krieg zerbrach alte Freundschaften und zerstörte menschliche Wertgefühle. Die Wunden heilten lange nicht. Und doch begann gerade in den Dolomiten eine europäische Freundschaft zu erblühen. Drei verschiedene Sprachen prallen hier in den Bergen aufeinander, drei Kulturen und drei verschiedene Menschentypen: Die Ladiner, das Urvolk, deutschsprachige und italienischsprachige Menschen. Sie alle begannen, an einem freundschaftlichen und befruchtenden Neben- und Miteinander zu bauen.

Archivio Loris Lancedelli

Heute tauchen wieder die Tagebücher aus dem Weltkrieg auf und vermitteln uns neue Einblicke. Im Bild das Tagebuch des Kuraten Don Isidoro Alverà Graèr.

Die vielen allmählich zerfallenden Kavernen, von Menschenhand in die Felsen getrieben, setzte man wieder instand, so als wolle man die »toten Augen« als ewige Wächter nicht der Vergessenheit anheim fallen lassen. Menschen verschiedenster Nationen, vielfach ehemalige Feinde, arbeiteten zusammen, um Baracken, Schützengräben und Stollen den nachfolgenden Generationen zu erhalten und zu präsentieren. Man hauchte ihnen neues und anderes Leben ein. Unzählige Menschen begannen alles zu sammeln, was diesen Weltkrieg nur irgendwie dokumentierte: Briefe und Tagebücher, Fotos, Kriegsgeräte, Kunstwerke. Das Interesse ist heute so groß wie noch nie.

Wer heute durch die Täler Ladiniens, besonders aber Cortina d'Ampezzo streift, sieht die Spuren des Krieges auf Schritt und Tritt. Bei den Cinque Torri, am Lagazuoi, am wiederhergestellten Sperrfort Tre Sassi. »Friedenswege – Vie della Pace« wurden angelegt, Alpini und Kaiserjägern, Bersaglieri, Standschützen und allen anderen Waffengattungen zu Ehren. Es geht heute nicht mehr darum den einzelnen Nationalhelden aufzubauen und zu feiern, sondern die kleinen und kleinsten menschlichen Geschichten, unabhängig von Nation und Dienstgrad, in den Vordergrund zu rücken.

Der Interessierte soll die Zeugnisse der einstigen Kämpfe heute mit anderen Augen selbst entdecken. Überall tun sich in diesen Bergen Einblicke in dieses zähe Ringen, Mensch gegen Mensch, aber vor allem Mensch gegen Natur auf. Viele Menschen haben sich heute in den Dienst der Sache gestellt und wollen Friedensbotschaften vermitteln. Ob mit Museen, ob mit dem Aufbau von Dokumentationszentren, Szenerien oder auch nur durch die Instandhaltung der Friedhöfe. Ihnen allen sei gedankt. Zukünftige Kriege lassen sich nur vermeiden, wenn die früheren verstanden und aufgearbeitet werden.

Archiv Obwegs/Leithgeb

Foto Martin Schönegger

Oben: Der österreichische Soldatenfriedhof am Valparola-Pass gehört zu den eindrucksvollsten noch existierenden. Mitte: Nach dem Krieg machte die faschistische Politik aus dem österreichischen Soldaten Josef Obwegs den italienischen Giuseppe Obegs. Links: an vielen Orten, wie hier am Lagazuoi, haben heute Soldaten aus verschiedenen Ländern Europas mitgeholfen, die alten verfallenden Anlagen wieder instand zu setzen.

Alles wird wiederkommen,
wenn wir uns nicht erinnern.

Eugen Drewermann

Arch. Arch. Fabio Ortolani

Dem unbekannten Soldaten,
dem befohlen wurde,
in den Krieg gegen einen Feind zu ziehen,
den er nicht einmal kannte.

Michael Wachtler

Wir schließen Frieden

Der 18-jährige Standschütze Karl Mayr
und sein Tagebuch des guten Herzens

An besonders hohen kirchlichen Feiertagen wie Ostern und Weihnachten war es an unserer Front ein ungeschriebenes, aber von beiden Teilen geachtetes Gesetz, dass keine Kampfhandlungen stattfanden. So fanden schon vor den Weihnachtsfeiertagen des Jahres 1915 unsere Patrouillen im waldreichen Gebiet des Kreuzbergpasses an einigen Bäumen Anschläge der Italiener mit den Worten »Haltet zu Weihnachten Frieden! Wir werden auch nicht schießen.«

»Man wusste genau, wer einem da gegenüberlag, kannte oft sogar die Namen der Gegner und mitunter schlug da die Menschlichkeit unsichtbare Brücken, die zumindest das unnütze Opfer von Menschenleben vermieden.«

Wie soll man den Ersten Weltkrieg erzählen? Nachdem Jahrzehnte die Spuren verwischt haben? Und Hunderte Chronisten darübergezogen sind?

Da kam uns jener außerordentliche Zufall zu Hilfe, der eigentlich gar nicht hätte eintreffen können. Professor Hannsjörg Ubl, Archäologe von Beruf mit einer Leidenschaft für Kriegsgeschichte, kam eines Tages mit einem sensationellen Tagebuch daher, das vielleicht tiefere Empfindungen über diesen Krieg beinhaltete als Dutzende andere.

Gedankt sei den Verwandten von Karl Mayr, dass sie dieses »Tagebuch des Friedens« aufbewahrten.

Gedankt sei Professor Hannsjörg Ubl, dass er es uns zugänglich machte.

Denn wie so oft musste man den Weisen erst ihre Weisheit entreißen.

Michael Wachtler

Im Juni 1962 starb in der Gegend von Wien Karl Wilhelm Mayr, studierter Jurist, urplötzlich an einem Herzinfarkt. Was diesen Menschen, der es Zeit seines Lebens nie schaffte, auch nur zu einer Sternschnuppe am Himmel der Geschichte zu werden, heute besonders interessant macht, ist ein umfangreiches, noch nie veröffentlichtes Tagebuch. Er schrieb es für die Menschen und schaffte es zu Lebzeiten trotzdem nie, dass es zu ihnen kam. Er fand keinen Verleger, der den Wert seiner Gedanken erkannte. Seine Kinder aber bewahrten seine maschinengeschriebenen Zeilen auf.

Karl Wilhelm Mayrs Lebensweg ist schnell gezeichnet: Er wurde am 6. Jänner 1897 in Gerlos in Tirol als Sohn eines Försters geboren. Noch im Vorschulalter starb sein Vater an Krebs. So heiratete seine Mutter einen »Welschösterreicher« aus Rovereto. Karl Wilhelm lernte durch ihn perfekt Italienisch sprechen, eine Basis, die es ihm ermöglichte, wie vielleicht kaum einem anderen, beide Nationen zu verstehen. Jeder Teil des Tagebuches wurde so – selbst noch im Schildern des absoluten Mordens – zu einer Suche nach Frieden zwischen den Krieg führenden Parteien. Und noch etwas ist am Leben von Karl Wilhelm Mayr bemerkenswert: Er zog freiwillig als 17-jähriger Standschütze in den Krieg, wie fünfzig andere Freunde und Schulkameraden, da man sie mit einem damit bestandenen Maturazeugnis köderte. Die wenigsten – nur neun an der Zahl – kamen lebend zurück. Karl Wilhelm Mayr durchlebte den ganzen Krieg an der Dolomitenfront und er wurde zum unparteiischen Chronisten der Geschehnisse. Als Jurist bei den Österreichischen Bundesbahnen schlug er sich anschließend durchs Leben, und hätte er diesen Schritt gewagt, er wäre vielleicht zu einem geachteten Schriftsteller geworden. So fiel uns die Aufgabe zu, dieses Tagebuch zu veröffentlichen. Die aussagekräftigsten Sätze und Gedanken sollen wiedergegeben werden, sodass aus der Tiefe etwas Neues und Einzigartiges erscheint, das mehr als vieles andere das Wesen dieses Krieges beschreibt und damit auch des jungen Standschützen Karl Mayr verzweifelte Suche nach einem bisschen Frieden im Krieg.

Es beginnt unter furchtbaren Geburtswehen eine neue Zeit – Die Weltgeschichte ist das Weltgericht – Es ist Abend geworden – Namenloses Leid – Friede den Menschen auf Erden

Der Krieg begann schon lange vor dem Krieg. Als der 16-jährige Karl Mayr im Sommer 1913 mit seinem Stiefvater in dessen Heimatort Lizzana in der Nähe von Rovereto reist, verfolgen ihn die Vorboten des großen Krieges schon auf Schritt und Tritt. In der Nähe von Vielgereut, im Valsuganer Tal, stellt er zu seinem Erstaunen fest, dass überall Grenzbefestigungen in Bau sind. Obwohl das benachbarte Italien doch eigentlich ein enger Verbündeter des k.u.k. Reiches ist. »So wurde auf dem St. Sebastiano gegenüberliegenden Monte Cherle ein großes Panzersperrfort gebaut.« Auf der Gegenseite sieht es nicht anders aus. »Weit drüben auf den jenseitigen Berghängen des Suganer Tales, die bereits italienisches Staatsgebiet waren, vollzog sich aber ein gleiches.« Ein letztes Mal herrscht Familienidylle im Hause Mayr, ein letztes Mal verbringen sie gemeinsam den Urlaub in der Heimat des nunmehrigen Vaters, der nach dem frühen Krebstod des leiblichen zu einem liebevoll umsorgenden Stiefvater für den 16-jährigen Karl und den um zwei Jahre jüngeren Bruder Artur geworden ist.

Der große Krieg kam nicht über Nacht und überraschend. Man sehnte ihn scheinbar inbrünstig herbei, tat alles, um gegenseitiges Misstrauen zu schüren, und scherte sich nicht um abgeschlossene Bündnisse und Verträge. Die Zeichen standen auf Krieg, auch wenn es reihenweise Friedensbezeugungen bis zur Lächerlichkeit gab. Das jahrzehntelange monotone Nebeneinander sollte endlich beendet werden, damit neue glanzvollere Reiche entstehen konnten, wie viele glaubten. »Im März dieses Jahres wurde von Staatswegen angeordnet, dass die Mittelschuljugend vom 16. Lebensjahr aufwärts zum Zwecke der Wehrertüchtigung eine vormilitärische Ausbildung genießen kann.« Jede Nation begann sich im neuen Gefechtsfeld der Kriegspropaganda einzuüben, um die Bevölkerung auf den nahenden und trotzdem noch ein Jahr entfernten Krieg einzustimmen. Halbe Kinder wurden zu Soldaten erzogen, das »Habt Acht« bis zum Umfallen geübt, militärische Disziplin war eine anzustrebende Tugend.

Der 16-jährige Jüngling Karl beobachtet das Treiben im Kreise seiner schützenden Familie, während seine unsichere Seele zwischen Hoffen und Bangen hin- und herzittert. »So wussten die verantwortlichen Leiter des Staates doch das eine, dass schwere Zeiten bevorstanden, in denen es um Sein oder nicht Sein gehe, denn der Misston im Konzert der Europäischen Völker war schon zu krass, um ihn überhören zu können. Überall um Österreich hatte ein gigantisches Wettrüsten eingesetzt, und man hatte das dunkle Gefühl, dass das Gewitter irgendwo und wann einmal losbrechen würde, denn es war allzu viel Zündstoff da.«

Mit fiebrigem Verlangen erhoffte man sich, dass ein bisher noch nie gekannter Feldzug die Entscheidung für eine bessere Welt herbeiführen könne. Und als schließlich die tödlichen Schüsse von Sarajevo fielen »begann unter furchtbaren Geburtswehen eine neue Zeit, eine Zeit, die auch für den Bestand der Familie keinen ruhenden Pol mehr fand«. Was man so lange an Ehrgefühl, Respekt und Werten mühevoll aufgebaut hatte, sollte nun von einem Sturm des Blutes hinweggefegt werden, wobei eine alles zermalmende Propagandamaschine von oben einzusetzen begann, die nur eines im Sinn hatte: Illusionen der eigenen Stärke zu schaffen und den Gegner, der mehr durch Zufall als durch begründeten Hass zu diesem geworden war, niederzumachen.

»Die Weltgeschichte ist das Weltgericht und dieses Gericht hat ein unabänderliches Fehlurteil gesprochen, das mehr als eine Menschheitsgeneration zu einer Strafe verdammte, die sie sich nicht verdient hat.« So dachten viele und doch waren sie alle nur kleine Räder im Triebwerk von oben gefällter Entscheidungen. Denn was sich im Jahr 1914 abspielte, sollte mehr als eine Generation zu Büßern machen.

Vom kleinen verschlafenen Ort Hall in Tirol aus beobachtet der 17-jährige Jüngling Karl Mayr seine Welt, so als befinde er sich an der Nabelschnur der Entscheidungen. Sensibel beobachtet er jede noch so kleine Geste in sich und außerhalb und greift verzweifelt nach jedem Strohhalm, der einen erlösenden Frieden in sich tragen könnte. Doch er muss schlussendlich lange warten, länger als es sich jeder gedacht hätte. Am Anfang herrscht überall eine nie gekannte Kriegseuphorie und kaum jemand – auch Karl Mayr nicht – hat das Empfinden, einer Katastrophe entgegenzusteuern. Zu sehr ist man überzeugt, eingebettet in starke Nationen zu sein und nach dem Willen Gottes für eine gerechte Sache zu kämpfen. Die wenigsten werden zu Mahnern im Freudentaumel, die frühzeitig erkannten, dass das europäische Gefüge sich überlebt hat und bereits abgrundtiefe Risse aufweist.

»So kam es, dass wir damals mitten im Geschehen vielfach Ursache und Wirkung verwechselten und zwischen Tatsachen und Möglichkeiten nicht mehr folgerichtig unterscheiden konnten. Schon über die Ursache dieses großen Völkerringens waren wir eigentlich falsch im Bilde. Erst viel später erkannten wir, dass die Revolverschüsse von Sarajewo nicht die Ursache des Krieges waren, sondern nur der Startschuss zum Kriege, der bereits seit langem unvermeidbar war. Es wäre auch ohne die Bluttat von Sarajewo losgegangen, vielleicht einige Monate später, aber die Lunte brannte schon am Pulverfass und dieses musste explodieren.«

Jüngling Karl Mayr wächst für niemanden vorhersehbar zum Chronisten der sensiblen Gedanken und Empfindungen heran – wie eine Sternschnuppe, die kaum jemand wahrnimmt –, und deren Schicksal es ist, schnell zu verglühen, ohne irgendwelche Spuren zu hinterlassen. Nach den Schüssen in Sarajevo beginnt nun überall in Tirol – und nicht nur dort – eine Zeit der vielfach von den Behörden geförderten patriotischen Demonstrationen. Eine blinde Masse soll noch blinder gemacht werden, die wenigen Außenseiter zum Verstummen oder oft sogar in den Rang vermeintlicher Geistesgestörtheit gebracht werden. Der alte grauhaarige Bezirksrichter von Hall in Tirol lässt es sich nicht nehmen, eine ergreifende Trauerrede zu halten.

Seine Worte gehen im allgemeinen Kriegstaumel unter. »Es ist Abend geworden um den Frieden der Völker Europas. Was nun kommen wird, das wissen wir noch nicht, aber wir werden es durchstehen müssen, bis wieder die Morgenröte einer neuen Zeit sichtbar wird. Vor uns liegt eine Nacht, die den Völkern viel Blut, Schweiß, Not, Elend und Verderben bringen wird. Ich fühle, dass wir an einer Zeitenwende stehen.«

Wortwörtlich prägen sich dem jungen Karl Mayr diese prophetischen Worte ein. Er übernimmt sie im Wissen, dass sich die Welt verändern wird. Noch aber herrscht Kriegszuversicht. Man glaubt an Gerüchte und Nachrichten, die kaum der Wahrheit entsprechen. Einige wollen italienische Truppen gesehen haben, die den Österreichern zu Hilfe kommen. Ein makaberer Trugschluss.

Als die jungen Männer, die Blüte des Landes, zu Tausenden ausgehoben werden, um in den Krieg zu ziehen, erreicht die Stimmung entlang der Bahnhöfe ihren Höhepunkt. Männer ziehen in den Krieg, um bald schon als Helden zurückzukehren.

»Es waren lauter herrliche, prachtvolle Bauerngestalten in den hechtgrauen Uniformen, über und über mit Blumen behangen, die sie sogar in den Läufen der Gewehre stecken hatten.« Die Zeitungen druckten orgiastische Extraausgaben, wenn Jubelmeldungen angesagt waren. Auch mehrmals am Tag. Und jedes Mal, wenn ein historischer Sieg gelungen war, wurden die Städte und Dörfer beflaggt, oft auch tagelang, wenn sich Siegesmeldungen aneinanderreihten. Die Tragödie entfaltete erst in dem Augenblick seine volle Wirkung, als die ersten Toten in die Heimat überführt wurden und aus dem Osten eine Horrormeldung nach der anderen nicht mehr vertuscht werden konnte. Als die Väter und Mütter ihrer Söhne beraubt wurden. In diesem Augenblick begann die Bevölkerung hinter die Kulissen zu schauen und die Augen des Grauens quollen über. Doch da war es schon zu spät. Befehlshaber und Generäle hatten dann schon längst das Ruder herumgerissen, Personen wurden zu Nummern und Menschen zu namenlosem Heizmaterial. Jüngling Karl Mayr muss erst langsam reifen, er beobachtet und lernt. Die Jubelmeldungen erschöpfen »sich nämlich weniger in Lüge und falschen Tatsachenberichten, sondern vielmehr in dem Verschweigen von maßgebenden Ereignissen und in der raffinierten Beschönigung von Rückschlägen und Niederlagen«. Der Wert der vermeldeten Nachrichten lässt ihn von Tag zu Tag nachdenklicher werden. Er wird immer mehr zu einem subtilen Beobachter, wie es in einer solchen Offenheit kaum einen im Krieg gegeben hat.

»In den Herbstmonaten des Jahres 1914 erschienen die ersten amtlichen Verlustlisten. Mit ihren Hunderten und Aberhunderten an Namen gefallener Soldaten zeigten sie so erst recht den furchtbaren Ernst des Krieges und namenloses Leid zog in viele Familien ein, denen nun die Väter oder Söhne fehlten. Gerade für Tirol war der Blutzoll der ersten Kriegsmonate ein ungeheurer, denn seine Eliteregimenter waren in den Kämpfen in Galizien fast buchstäblich verblutetet.« Die Dramatik des Krieges erreicht die kleinsten Dörfer und Weiler, sie erreicht jeden Bauernhof. Zwar glauben die meisten immer noch an einen Sieg, einen schnellen sogar, bis spätestens

Weihnachten soll wieder Frieden herrschen, doch nachdenklich macht die meisten Familien, dass die jungendliche Blüte der Bevölkerung immer und immer wieder von neuem durch jene aufgefüllt werden muss, die beim ersten Mal noch einmal davongekommen sind.

Schnell wird sich Karl Mayr bewusst, dass der tödliche Strom des Krieges ihn nicht mehr ausbrechen lässt. Auch ihm bleibt keine andere Wahl als mitzurudern. Mit den anderen und viele andere mit ihm. Nicht einmal volljährig wird er gleichfalls zum Instrument des Krieges. Genau erkennt er zwar »dass Diplomatie und Kriegführung mit Moral nichts zu tun haben, sondern dass das eigentlich Begriffe und Schicksalswandlungen sind, die ›jenseits von Gut und Böse‹ sich gestalten und vollziehen«, doch nur in seinen Aufzeichnungen treten Zweifel und abprallende Anklage wie grausame Spiegel der Wahrheit hervor.

»Die Geisel des Krieges besteht weniger in den rein physischen Drangsalen als vielmehr in der Außerkraftsetzung der seit Jahrtausenden anerkannten göttlichen Gebote. Das Verbot: ›Du sollst nicht töten‹ hat der Krieg in das Gebot: ›Du sollst töten‹ umgewandelt. Die Ausrede, dass dieses Töten im Kriege im Grunde genommen Notwehr sei, kann nicht gelten. In Notwehr kann nur der Angegriffene handeln. Wer aber ist im Krieg schon Angreifer und wer Angegriffener? Diese Rollen wechseln mitunter so blitzartig schnell, dass sie nicht als Kriterium für eine ethische Entlastung dienen können.«

Mit übervoller Wucht kommt die Ungerechtigkeit des Krieges, die keine Rücksicht auf die Menschen nimmt, überall zum Tragen. Bitter beschwert er sich, dass »in den Restaurants in Budapest noch Körbchen mit schneeweißen Semmeln auf den Tischen standen, während in Tirol nur mehr halbverschimmelte Maisbrocken hinuntergewürgt werden konnten«. Es gab keine einheitlich gelenkte Verteilungsstelle, jeder versuchte – je länger der Krieg andauerte – zu retten, was noch zu retten war. Es blühte der Schwarzmarkt und das Horten von Nahrungsmitteln und anderen lebenswichtigen Gütern bewegte sich jenseits sämtlicher Moralvorstellungen. Gerechtigkeit in einem Krieg zu verlangen war immer schon aussichtslos, Gesetze wurden immer schon von der Realität und den augenblicklich Mächtigeren diktiert.

Die Aussicht auf einen baldigen Frieden erfüllte sich für niemanden mehr. »Die ersten Kriegsweihnachten feierten wir zwar noch alle im trauten Familienkreis unter dem Christbaum vereint, aber es fehlte doch die richtige Stimmung für dieses schöne Fest. Es war kein »Friede den Menschen auf Erden«, denn im Osten und Westen dröhnte das Feuer tausender Geschütze, hämmerten pausenlos die Maschinengewehre und starben Hunderte und Tausende von jungen Männern einen schrecklichen Tod.«

Weißbärtige Greise, die mit unglaublicher Sicherheit treffen – Wunder in den Bergen – Ihre Fähnlein flatterten lustig im Morgenwind – Das waren noch Kavaliere

Immer mehr verdichteten sich Tag für Tag die Nachrichten, dass Italien bald in den Krieg eintreten würde. Aber auf der Seite der anderen, des Gegners. Nun wurde auch dem Letzten grauenvoll bewusst, dass an den eigenen Grenzen niemand mehr da war, der das Land hätte schützen können. Denn die Verteidiger vermoderten als Angreifer tausende Kilometer entfernt im Osten. »Wir in Tirol sagten uns zwar, dass man unsere Berge, die schon eine durch die Natur gestaltete Verteidigungsbastion darstellten, nicht so leicht überrennen könne, aber schließlich brauchten auch die Berge ihre Verteidiger, denn von selbst verteidigen sie sich nicht.« Da besinnt man sich an ein letztes Aufgebot, ein Regiment der Greise und Kinder, herausgewachsen aus uralten Traditionen: den Standschützen und dem Landsturm. Mochten sie auch mehr den Heeren Don Quichottes ähneln, ausgerüstet mit alten Schießprügeln, sie kannten ein unumstößliches Ideal und ein einziges Ziel: Ihre Heimat zu verteidigen.

»Die Tiroler, die nie Leibeigene waren, hatten in den einzelnen Gemeinden schon seit dem Mittelalter eigene Schützenverbände. Dies war schon dadurch ermöglicht, dass es in Tirol nie ein Waffenverbot gegeben hat, ein Sonderprivilegium, an dem die Tiroler zähe festhielten, das sie aber auch im Notfalle immer zu rechtfertigen wussten. Wenn man an einem Sonntag in ein Tiroler Dorf kam, dann hörte man bestimmt auf dem Schießstand – jeder noch so kleine Ort hatte einen solchen – die Stutzen knallen und wusste, dass die Standschützen ihre Treffsicherheit übten und bekundeten. Diesen Schützenkompanien, die militärisch organisiert waren und unter selbst gewählten Kommandanten standen, gehörten in der Regel alle waffenfähigen Männer bis zum hohen Alter an und man sah mitunter auch weißbärtige Greise noch am Schießstand mit unglaublicher Sicherheit ins Schwarze treffen. In besonderen Notzeiten des Landes, wenn es galt die Grenzen vor eindringenden Feinden zu schützen, wurden diese Schützenformationen aufgerufen.« Gerade das Wissen, dass nun die eigene Heimat in Gefahr war, trug das seine dazu bei, die letzten Reserven zu mobilisieren. Jüngling Karl Mayr lässt sich für eine in seinen Augen gerechte Sache begeistern.

»Wir wollten heraus aus den Schulbänken und wollten beweisen, dass auch wir schon junge Männer seien, die dem Vaterlande von Nutzen sind.« Jung und alt stellen sich freiwillig in den Dienst des angegriffenen Vaterlandes. Nun gilt es nicht mehr gegen ein unbekanntes Land zu kämpfen – wie im Osten –, jetzt geht es darum, die eigenen Berge und nur diese zu verteidigen. Hier wird das »Wunder in den Bergen« geboren. Besonders als die Studenten erfahren, dass ihnen im Falle eines Fronteinsatzes das Schuljahr geschenkt werde, gibt es auch bei Karl Mayr kein Halten mehr. Er meldet sich beim Kommandanten der Standschützen von Hall, dem Kunstmaler Hans Fuchs. Gerade dies ist bezeichnend – auch für den späteren

Kriegseinsatz –, dass es sich um keine Berufsoffiziere handelt, sondern um aus dem Volk gewählte Männer. »Ich trug diesem Manne bescheiden und zögernd meine Bitte vor und erwähnte, dass ich Student des Haller Gymnasiums sei. Er betrachtete mich freundlich mit seinen milchblauen Augen und sagte dann: ›Aber natürlich, ich nehme Sie gerne in meine Truppe auf, aber wie alt sind sie eigentlich?‹« Karl Mayr muss mit der Wahrheit heraus. Er ist noch nicht achtzehn Jahre alt. Man trägt ihm auf, Unterschrift und Einverständnis seiner Eltern zu holen. Die Mutter unterzeichnet schweren Herzens. Sein italienischsprachiger Stiefvater ist an einer fernen Front im Einsatz. Telefonisch gibt auch er seine Zustimmung. An diesem Tage ändert sich das Leben des heranwachsenden Karl Mayr. In den folgenden Tagen werden sie alle eingekleidet, notdürftig im Schießen unterrichtet, während man der bunt zusammengewürfelten Truppe, bestehend aus Studenten, älteren Bauern und Handwerkern, die primitivsten militärischen Grundprinzipien beibringt. Ein klappriges Heer rauft sich allmählich zusammen. Ihr Hauptmann, Schiessl mit Namen, wiegt wohl um die 100 kg, ist von Beruf Wirt »und wenn er seinen martialen Schnurrbart strich, dann – so dünkte uns – mussten die Italiener schon Angst bekommen«. Man rät ihnen in der Apotheke gegen eventuell auftretende Angstzustände Stärkungsmittel zu kaufen und schon geht's mit unbekanntem Ziel nach Süden in Richtung italienischer Grenze. »Unsere Kompanie war auf dem Marsch ein ganz stattlicher Zug von fast 300 Mann. Voran ritt auf seinem schweren Gaul unser Hauptammann Schiessl, der das Tempo bestimmte. Er ließ mit Rücksicht auf die vielen alten Männer – es waren doch viele im Alter von 50 bis 60 Jahren – und wegen des schweren Gepäcks öfters rasten.« Die Männer des letzten Aufgebots treten nach außen hin verwegen dazu an, die an sie gestellte Aufgabe mit Tapferkeit zu erfüllen. Sie bekommen scharfe Munition in die Hand gedrückt, dann kehren sie bei einem Fotografen ein, um sich ein einträchtiges Gruppenbild machen zu lassen. Man kann ja nie wissen, ob es nicht das letzte Bild für die Lieben ist. Nun erst teilt man ihnen mit, dass sie in Sexten im Pustertal zum Einsatz kommen sollen. An vorderster Front sollen sie die hereinbrechenden Italiener aufhalten. Zum Ruhme ihres Vaterlandes und ihrer Heimat Tirol. »Diese Feldbefestigungen, an deren Verstärkung wir in den folgenden Wochen fleißig arbeiteten, dünkten uns, die wir ja damals noch blutige Laien waren, sehr sicher und fest und wir zweifelten nicht daran, dass wir sie erfolgreich würden verteidigen können. In Wirklichkeit hätten wir wohl diese Stellung im Falle eines massiven Feindangriffes mit entsprechender Artillerievorbereitung selbst bei größter Tapferkeit keine zwei Stunden halten können, denn wir hatten keine Artillerie, ja nicht einmal Maschinengewehre.« Jeder hilft mit gutem Herzen, wo er nur kann, dem Feind den Durchbruch zu verwehren. Die Greise gleich wie die Jünglinge. Andreas Hofer ist ihr Idol.

Zum Glück für sie zaudern die Italiener. Für große Teile der Truppen ist immer noch nicht klar, gegen wen sie eigentlich kämpfen sollen. Man hätte es vielleicht auch einfacher haben können. »Wir erwarteten jeden Tag einen Angriff der Italiener, aber Tage und Wochen vergingen, ohne dass sich etwas Besonderes in unserem engeren Abschnitte ereignete.« Den ganzen Juni tut sich nicht viel, und so hat die Standschützentruppe Zeit, Schützengräben auszuheben und sich notdürftig militärisch zu schulen. Vorerst müssen sie all ihre Wachsamkeit aufzubringen, um sich nicht selbst abzuknallen. Nachts sind sie noch zu ungeübt, um Freund und Feind unterscheiden zu können. Der Feldkurat, ein tschechischer Priester, verspricht ihnen mit glühenden Worten den sofortigen Einzug in den Himmel, währenddessen er inbrünstig alle Feinde direkt zur Hölle verdammt. Ganz überzeugt ist Karl Mayr nicht von dieser Hypothese.

In diesem für sie unbekannten Gelände von Sexten verirrt sich noch immer der eine oder andere Soldat, gelangt in Feindesland, um sich dann doch wieder irgendwie in Richtung Heimat durchzuschlagen. Sonst regt sich nicht allzu viel. Anfang Juli wird es plötzlich ernst, der richtige Krieg beginnt. Karl Mayr ist erstaunt. An die hundert Reiter in bunten Uniformen und geradliniger Paradeformation traben eines Tages wie bunte Vögel zum Kreuzbergpass. Es scheint, als wollten sie Wien im direkten Husarenstreich nehmen.

»Es waren italienische Lanzenreiter, sogenannte ›lanzieri‹, und ihre Fähnlein flatterten lustig im Morgenwind. Schon wollten wir das Feuer eröffnen, aber unser Zugsführer verbot es, denn er wollte zunächst das Weitere abwarten, und befahl nur, dass wir eine schussbereite Schützenlinie formieren und uns gut decken sollten. Bei den Zollhäusern angelangt, hielt die feindliche Kavallerietruppe, die Reiter sprangen aus den Sätteln und banden die Pferde in Koppeln an den Bäumen fest. Sie selbst aber begannen an der Straße mit ihrem Schanzzeug einen Schützengraben auszuheben. Uns gingen die Augen über über eine solche Unerfahrenheit im Gebirgskrieg, denn sie stellten, so viel wir beobachten konnten, nicht einmal Sicherungsposten auf. Endlich sagte unser Zugsführer:

›Denen wer mehr jetzt zoagn, wo der Bartl den Most holt.‹ Dann gab er uns die entsprechenden Befehle. In einem plötzlichen Feuerüberfall schossen wir, was die Rohre hergaben, aber gut gezielt, in die Pferdekoppel und auf die ahnungslos arbeitenden Reiter. Die Verwirrung, die wir anrichteten, war grenzenlos. Zunächst rannte alles toll durcheinander und erst als die ersten Toten und Verwundeten auf der Straße lagen, flüchteten sie in die Zollhäuser und hinter dieselben in Deckung und eröffneten auch ihrerseits ein blindes und planloses Feuer, das aber in eine ganz andere Richtung ging und uns nicht im Mindesten belästigte. Als sich uns keine Ziele mehr boten, traten wir den Rückzug an und lösten uns unbehelligt vom Feinde. Bei den Zollhäusern lagen aber mindest ein Dutzend Tote und Verwundete und auch eine Menge von Pferden lag erschossen am Boden.«

Wie aus einer Theaterkomödie entlehnt beginnt das große Sterben und für den Jüngling Karl Mayr der echte Krieg. Am Abend werden die Jungens ob ihres Mutes belobigt und fallen schnell todmüde auf die harte Liegestatt. Nicht lange können sie ruhen, schon bald heißt es wieder aufbrechen. Oben am Seikofl haben sich italienische Alpini eingenistet. Mit ihnen versehen alsbald honorige Herren ihren Dienst, die sich selbst als »Akademische Legion« tituliert haben. Mit »Herr Professor« und

»Herr Doktor« lassen sie sich anreden, lehren doch die meisten dieser Weisen an der Innsbrucker Universität oder sind sonst irgendwelche Mediziner, Rechtsanwälte oder Wissenschaftler. Ihren Studenten befehlen sie einstweilen sicherheitshalber sich im lehmigen Almboden einzugraben, um sich so vor den Kugeln des Gegners zu schützen. Nach einigen Stunden stecken sie vollkommen verdreckt knietief in ihrem selbst gegrabenen Loch.

Noch immer zeigen sich die Kämpfer ungeschult in der Kunst der Kriegsführung. »Als ich nach Mitternacht wieder einmal in mein Schützenloch gekrochen war, kam zu mir ein junger Patrouillenführer unseres 4. Zuges, der mir gleich sympathisch war. Er gab mir zwei Handgranaten, die aber eine derart primitive Improvisation, bestehend aus einer stacheldrahtumwickelten, an einem Brettchen befestigten Blechhülse, aufwiesen, dass ich ihn erstaunt fragte, was ich damit anfangen soll. Er sagte darauf:

›Ja mein Liebes, des woass i a nit. I kenn mi mit dem Glumpert selber nit aus. Schmeiss es ihnen halt auf den Schädel, wenn's daher kemmen!‹ (Ja, mein Lieber, ich weiß es auch nicht. Ich kenn mich mit dem Zeug nicht aus. Wirf es ihnen einfach auf den Schädel, wenn sie kommen!)

Auge in Auge liegen sie sich nun alle plötzlich gegenüber, die Angreifer und die Verteidiger, und harren der Dinge, die nun kommen mögen. In der Gegend der Drei Zinnen toben dagegen schon seit längerem harte Kämpfe. Sie hören Gefechtslärm und Detonationen. In diesen Tagen fällt Bergführer Sepp Innerkofler. Selbst einen Grabstein hätten ihm die Italiener gesetzt, erzählt man respektvoll Karl Mayr. »Das waren noch Kavaliere, die hüben und drüben den Gebirgskrieg führten, und es muss schon an dieser Stelle betont werden, dass die auf italienischer Seite im Hochgebirge eingesetzten Alpini eine tapfere, prächtige Truppe waren, die ihrer Aufgabe glänzend gewachsen war. Ein leichter Gegner waren diese Alpini nicht. Es waren harte, berggewohnte Soldaten, die sich ausschließlich aus den italienischen Hochalpengebieten rekrutierten und die sich Meter um Meter in jeder Felswand verbissen hatten.«

Die wackere freiwillige Abwehrtruppe wäre wohl trotz all ihres Heldenmutes schnell überrannt worden, wäre nicht Rettung in Form des deutschen Alpenkorps gekommen. In der Folge verstanden es diese – sich noch immer nicht mit Italien in Kriegszustand befindlichen – ausländischen Truppen meisterhaft, mit dem Bauern- und Bürgerheer zu kooperieren und langsam und mit viel Einfühlungsvermögen zu einer schlagkräftigen Truppe zu formen. Denn der Angriffsreigen wird ab Juli 1915 von Tag zu Tag stärker und intensiver. Die Italiener haben tausende von Soldaten an dieser Frontlinie zusammengezogen und setzen nun alles daran, mit geballter Macht über den Kreuzbergpass ins Pustertal durchzubrechen.

Wie ein urweltliches Tier – Ich begann wie ein Schlosshund zu weinen – Mancher stierte mit blutrot geäderten Augen zum Himmel – Helden gibt es nur in Romanen

»Grelle Blitze schlugen in unmittelbarer Nähe mit urweltlichem Krachen ein, das Bajonett musste ich vom Gewehr herunternehmen, da es vor Elektrizität zu knistern anfing. Auf den Drahtverhaustöcken im Vorderfeld standen überall die St. Elms-Feuer und sogar der Vollbart des Wachekommandanten, der einmal auf kurze Zeit zu mir kam, leuchtete und knisterte unheimlich, sodass es aussah, wie wenn ein urweltliches Tier zu mir kröche. Zu alledem aber öffneten sich die Schleusen des Himmels und peitschten im Sturmwind eine Wasserflut herunter, dass ich binnen weniger Minuten bis auf die Haut nass war. Doch nicht genug mit dem. In all diesem Wetterchaos erschallte plötzlich vor der Sarre-Feldwache ein wütendes Infanteriefeuer, das dann nach kaum 5 Minuten ebenso schlagartig wieder verstummte. Um Gottes willen, dort draußen musste etwas geschehen sein! Wahrscheinlich war unsere Feldwache, die zur guten Hälfte aus unseren Standschützen bestand, überfallen worden. Wir konnten aber bei der gegebenen Situation keine Hilfe bringen und mussten abwarten.

Es war wahrhaftig kein Wunder, wenn ich in dieser Lage gegen Mitternacht plötzlich beinahe einen physischen und psychischen Zusammenbruch erlitt. Ich begann zu weinen wie ein Schlosshund, zitterte an allen Gliedmaßen und ging zurück zu dem einige 20 Schritt hinter mir befindlichen Wachekommandanten, dem ich sagte, er solle mit mir machen, was er wolle, aber ich könne nicht mehr weiter. Dieser, ein alter Standschützenzugführer, dessen Name mir leider nicht mehr in Erinnerung ist, der aber ein ruhiger kerniger Tiroler Bergbauer war, sagte mit einer rührenden Menschlichkeit: »Aber Bua, wer wird denn do gleich weinen. Geh, leg Di do a Weil in mei Loch, rast Dich aus, und wenn Dich wieder derfangt hast, dann geh halt Schanzarbeiten. Aufn Posten brauchst de Nocht nimmer aussi. Geh holt i aussi!«

Der Krieg zeigt von jetzt an seine bestialischen Krallen, die alsbald die hoffnungsvolle Freiwilligen-Truppe wie mit Dornenstacheln umschlingen. Die Naturgewalten scheinen sich genauso gegen sie verschworen zu haben wie die nun immer besser organisierten italienischen Truppen. Der erste Tote ihres Zuges schreckt sie auf und schockt sie gleichermaßen. »Es war dies der Standschütze Klingenschmid, ein Bauer vom Vomperberg. Unglückseligerweise wurde ihm der in seinem Brotbeutel befindliche Löffel durch einen Schuss in den Unterleib gerissen.« Ein Zwillingspaar, 20 Jahre alt, das sich wie ein Ei dem anderen gleicht, stirbt genauso im Kugelhagel. Artur Wallpach, der Dichter jener Akademikergruppe setzt ihnen mit einem Gedicht ein literarisches Denkmal.

Das Sterben wird unvorhersehbar und vielfältig. Ihre trockenen Zungen kleben am Gaumen, tagelang robben sie ohne Nahrung im versumpften Gelände des Kreuzbergpasses herum, während sie sich wie die Maulwürfe in den Lehm graben. Manch ein Schützengraben sieht nach einem Angriff aus wie ein zerhacktes Trichterfeld. Auch die alten abgebrühten Standschützen leiden und zeigen Regung und Gefühle. »Sie schwiegen und nahmen sich sichtlich zusammen, die unvermeidbare psychische Schockwirkung mit Anspannung aller Kräfte zu überwinden, aber mancher stierte mit blutrot geäderten Augen zum Himmel, ob denn nicht endlich dieses unheimliche Heulen der schweren Geschosse aufhöre.«

Ihre Stellungen werden vorerst einmal von den Italienern sturmreif geschossen. Hunderte und Aberhunderte von Granaten prasseln in einem Inferno durch die Luft und gehen unvorhersehbar irgendwo nieder. Wo Karl Mayr eben noch saß und seine Schlafdecke ausgebreitet hatte, bleiben Sekunden später nur mehr ein paar Stofffetzen und ein Trichter übrig. Er hatte sich zufällig einen Augenblick lang entfernt.

Dieser Krieg beginnt die jungen Standschützen auszuzehren. Selbst die Ortschaft Sexten wird bombardiert. Meist müssen sie auf dem feuchten Erdboden schlafen, die Nacht wird zur quälenden Unvorhersehbarkeit. »Ich lag zunächst in einem etwas vorgeschobenen Schützenloch und spähte scharf in die Dunkelheit hinaus, denn der Postenführer hatte mir gesagt, ich soll um Gottes Willen nicht einschlafen, denn in demselben Loch sei vor etwa zehn Tagen ein Kaiserjäger, der vor Erschöpfung etwas eingenickt war, von einem feindlichen Spähtrupp lautlos erstochen worden.«

Nur die in den Schlachtfeldern Flanderns geschulten bayrischen Kompanien heben die Moral und weihen eifrig die Bauerntruppe in neue Kriegstaktiken ein. Diese zeigen sich als gelehrige Schüler. Trotzdem wird jeder Tag des Überlebens zu einem Glückstag. »Ich war keine halbe Minute in meinem Stand, als eine schwere Granate herunterheulte und ausgerechnet in dem Schützenstand als Volltreffer einschlug, in dem ich mich noch vor kaum einer Minute befunden hatte. Mir lief es zunächst kalt über den Rücken herunter, aber ich sandte dann ein ehrliches Dank- und Stoßgebet zum Himmel.«

Schon in diesen ersten Kriegsmonaten verliert Karl Mayr jede Illusion von Helden und Übermenschentum. Er wird zum nüchternen Menschen, der sich an alles klammert, was nur irgendwie dazu dienen kann, wieder einen Tag zu überleben. »Solche Helden, auf die das alles keinen beängstigenden Eindruck gemacht hätte, gibt es nur in Romanen, aber nicht in der Wirklichkeit und ich habe im Trommelfeuer Menschen vor Todesfurcht beten gehört, die sonst nur gotteslästerliche Worte im Mund hatten.«

Er wird zum subtilen Beobachter, der seine Augen genauso für Dinge schärft, die die Natur bietet. Im Hollbruckertal findet er einen kleinen See mit einem tiefsatten Grün, dass es ihm fast unwirklich vorkommt. Es scheint ihm als »bestünde der Seegrund aus leuchtendem Malachit.« Feine seelische Regungen und Empfindungen beginnen plötzlich in ihm wie magische Kräfte aufzukeimen. Der liebe, gütige Bergpfarrer der kleinen Osttiroler Gemeinde Hollbruck prägt sich ihm ein, weil er seine Schuhe selbstlos einem Standschützen gibt, weil diese löchrig sind und nun selbst den steinigen Weg ins Tal barfuß hinuntersteigt. Zuvor hat er noch alle Anwesenden mit inbrünstigen Worten aufgemuntert. Oder jene friedliebende Kuh, welche dauernd zwischen den beiden verfeindeten Linien hin- und hergrast, oder die plärrenden Schneehühner, die als eines der wenigen Wildtiere hier oben an der Frontlinie noch ausharren, nachdem alle anderen durch Kanonen und Gewehrkugeln verscheucht worden sind.

Die jungen Standschützen werden in diesen Tagen zu richtigen Männern, die nur mehr selten ihre inneren Regungen nach außen kehren. Sie bleiben stark, selbst als immer mehr alte Standschützen kraftlos und von den Anstrengungen gezeichnet ins Tal hinuntersteigen. Richtige Männer wollen sie sein, die kaum 18-jährigen Jungen. Sie greifen zum Alkohol, sie beginnen zu rauchen, um zu zeigen, dass sie richtige Männer geworden sind. »Wir hatten zwar sicherlich an Körpergewicht abgenommen, aber wir wurden zäher und drahtiger, wobei noch zu erwähnen ist, dass sich unsere Sinnesorgane durch die ständige Gefahr und die naturhafte Lebensweise ungemein geschärft hatten. Wir hörten in der Nacht auf gut einen Kilometer den geringsten Laut und auch unsere Augen bemerkten die kleinste Bewegung und Veränderung.«

Wir glaubten, das Weltende sei angebrochen – Der Soldat war nur ein kleines Glied in der Kette – Da und dort reckte sich ein Arm aus dem Erdreich – Durch einen gezielten Gnadenschuss von den Qualen erlösen

Am 14. August 1915 sollte sich das Leben des treuen Standschützen Karl Mayr grundlegend ändern. Denn an diesem Tag überfiel ihn und hunderte andere der Krieg mit einer Gewalt und einem »Höllenorkan, der kaum mehr zu steigern war«. Bald schon gab es am Roteck oberhalb des Kreuzbergpasses kaum mehr einen Quadratmeter Boden, der nicht durch Granaten umgepflügt worden war. Die italienischen Truppen hatten Befehl vom Generalstab erhalten, mit geballter Macht durchzubrechen, um über das Sextental in das offene Pustertal zu gelangen. Hier würden sie, so ihr Denken, auf eine schwache Verteidigung stoßen, hier musste es gelingen. Anfänglich wurde die kümmerliche Verteidiger-Truppe in den zum Glück nun fast fertig in die Sandsteinfelsen getriebenen Kavernen festgenagelt. Granate um Granate prasselte auf sie nieder und hinterließ riesige Trichter. Die Verteidigungsstellungen am Chinasattel sollten sturmreif geschossen werden.

Die italienischen Truppen hatten alles zusammengezogen, was nur irgendwie möglich war. Mit leichter und schwerer Artillerie schossen sie unentwegt und scheinbar planlos auf die Stellungen. Auf der anderen Seite versah nur eine ausgeleierte belgische Langrohrbatterie treu ihren Dienst, die aber mehr die eigenen Stellungen bedrohte als den Feind. Dann endlich, nach tagelangem Artilleriefeuer, erklärt man den italienischen Truppen allen Ernstes, »es handle sich nur mehr um einen militärischen Spaziergang, denn auf Roteck könne keine Maus mehr am Leben sein«. Den wackeren Standschützen erzählen dies später die italienischen Gefangenen.

General Antonio Cantore, Kommandant an diesen Frontabschnitt, berüchtigt für seine Härte, will den erzielten Durchbruch nach Wien als Geschenk seinem König vor die Füße legen. Cantore schafft weder dies noch sein Leben zu retten. Ein Tiroler Standschütze ballert ihm wenige Wochen später eine Kugel zwischen die Augen, zum allgemeinen Wohlgefallen der eigenen Truppen.

Dann wird der Angriffsbefehl erteilt. In Hunderterkolonnen sollten die Soldaten zum Ruhme ihres Vaterlandes vorrücken. Doch es sollte anders kommen, als geplant.

»Diese machten nämlich beim Infanterieangriff selbst einen entscheidenden Fehler, der ihnen zum Verhängnis wurde. Während sie in weiterer Entfernung von unseren Stellungen in wunderschönen, weit gezogenen Schwarmlinien, so wie sie es wahrscheinlich auf dem Exerzierfeld gelernt hatten, vorrückten, ballten sie sich, je näher sie zu unseren Stellungen kamen, immer mehr zusammen und boten so Massenziele, wie sie für unsere Maschinengewehrschützen nicht besser zu wünschen waren. Es dürfte hierbei der instinktive Drang des in drohender Todesnot stehenden Menschen, bei einem anderen Menschen Schutz zu suchen, maßgeblich gewesen sein. Trotzdem wäre es verfehlt, etwa annehmen zu wollen, dass die Kampfmoral der italienischen Infanteristen eine minderwertige gewesen wäre. Sie waren nur im Hochgebirgskrieg unerfahren und das musste sich unter den vorliegenden Verhältnissen bitter rächen. Auch die Offiziere der Italiener, die mit einer bewundernswerten Tapferkeit ihre Abteilungen mit gezogenem Säbel in den Kampf führten, machten insofern einen schweren Fehler, als sie ihre goldbetressten Offizierskappen aufgesetzt hatten, die sie unseren Scharfschützen von weitem als begehrenswertes Ziel zeigten. Die Offiziersverluste der Italiener waren daher an diesem Kampftage unverhältnismässig groß und sie wurden, soweit sie in den vorderen Kampflinien lagen, restlos fast ebenso abgeschossen wie die tollkühnen Sappeure, die mit mehr oder weniger Erfolg unsere Drahtverhaue mit Sprengröhren in die Luft gehen ließen.«

Was nun beginnt, ist ein Drama und Hinmetzeln, bei dem die Blüte Italiens blind in den Tod getrieben wird. »Hunderte und Aberhunderte von italienischen Soldaten sind damals buchstäblich als Kanonenfutter gegen unsere Stellungen getrieben worden und haben auf den Almhängen verbluten müssen.« Die »Evviva«-Rufe der italienischen Soldaten ersterben grauenvoll im Blut, die erste große Schlacht an dieser ausgedehnten Front endet im Gemetzel. Denn was die Standschützen mit ihren primitiven Gewehren nicht schaffen, löst bald auf wundervolle Weise ein Maschinengewehr des Alpenkorps. »Dieses Maschinengewehr mähte fürchterlich die sich immer mehr zusammenballenden Sturmtruppen der Italiener nieder und uns blieb nur noch übrig, einzelne Feinde abzuschießen.« Und jene wenigen, die es trotzdem schaffen, in die vorderen Stellungen am Roteck einzudringen, werden mit Bajonetten zusammengestochen, und als sich die Schützengräben mit Leichen füllen, kollern sie »die Getroffenen über den Berg hinunter«.

Als die Standschützen endlich glauben, für diesen Tag ihre Haut noch einmal gerettet zu haben, beginnt von neuem ein entsetzliches Artilleriebombardement, »dass wir glaubten, das Weltende sei angebrochen. Es war dieses Trommelfeuer das Fürchterlichste, was ich in dieser Beziehung im ganzen Krieg erlebt habe.« Überall blitzen die Geschütze, von überall krachen die Granaten daher und übersprühen die Knaben mit Fontänen aus Steinen und Erde. Eng kauern sich alle in den Gräben zusammen, bis plötzlich der Unterjäger Nitzlnader in höchster Verzweiflung einen Rosenkranz aus seiner Hosentasche hervorzaubert.

»Und er begann den Rosenkranz vorzubeten. Es war keiner unter uns, der nicht andächtig nachgebetet hätte, und es war wunderbar, wie uns dieses Gebet in höchster Todesnot beruhigte. Mehr als eine Stunde dauerte dieses fürchterliche Trommelfeuer an.« Jede Minute, die sie überleben, kommt ihnen wie ein Wunder vor. Überall schlagen in nächster Nähe die Mörsergranaten ein, bis um neun Uhr vormittags das Trommelfeuer mit einem Schlag endet. Nun wissen sie, was als Nächstes folgen wird. »Wieder sprang eine Welle nach der anderen gegen unsere Gräben vor und erscholl das heisere ›Evviva‹ und ›Avanti Savoia‹ der Italiener.« Nochmals werden die italienischen Truppen wie die Lemminge in den Tod getrieben. Das Maschinengewehr schießt wieder ratternd vom Chinasattel in die anstürmende Menge, bis es plötzlich verstummt. Ein schwerer Kopfschuss hat den wackeren Maschinengewehrschützen niedergestreckt. Doch auch die italienischen Truppen sind vorerst wieder am Ende. Die jungen Standschützen können es nicht fassen.

»Dies ging deshalb sehr gut, weil diese wie Schattenbilder vom Himmel abstachen, und wir konnten auch jedes Mal den Erfolg unserer Schüsse beobachten, da die Getroffenen den Berg hinunterrollten. Auf solche Weise schoss mein Freund Jud M. in kurzer Zeit acht Gegner ab und ich konnte von fünf behaupten, dass ich sie sicher getroffen hatte.« Noch immer will die fürchterliche Todeshetzerei nicht enden. Noch einmal setzt das Trommelfeuer der italienischen Artillerie ein. Diesmal gegen die eigenen Truppen gerichtet. Um sie ein letztes Mal nach vorne zu peitschen. Vorne fletscht der Tod seine Zähne, hinten lauern die eigenen Kugeln, ausweglos.

»Keine 20 Meter vor unserem Graben sprang plötzlich ein italienischer Offizier aus einem Granattrichter und warf offensichtlich wutentbrannt seinen Säbel über den Berg in Richtung der italienischen Stellungen hinunter, dann brach er von mehreren Geschossen unserer Schützen durchbohrt zusammen. Durch diese grausame Unmenschlichkeit der italienischen Artillerie veranlasst, ergaben sich nun in unserem Vorfeld immer mehr Italiener und kamen mit erhobenen Händen in unsere Stellungen.«

Nun erst bemerken die Standschützen, dass auch sie fast ohne Munition dastehen. Durst quält sie, während die pralle Augustsonne herunterbrennt. Einer erklärt sich bereit, den lebensgefährlichen Gang in Richtung Rückfront anzutreten. Sie segnen ihn, glauben schon, dass er nicht überlebt hat, da kommt er schwer beladen zurück. Gerade noch rechtzeitig. »Der dritte Angriff der Italiener, der bald nach Mittag einsetzte, hatte nicht mehr die Kraft, die nötig gewesen wäre, um bis in unsere Gräben einzudringen. Er dauerte nur kurze Zeit und als er in unserem Feuer zusammengebrochen war, ergaben sich im Vorfeld wieder rudelweise die gänzlich erschöpften feindlichen Soldaten.«

So ersticken die Schlacht und das Gemetzel am Kreuzbergpass im Blut der Angreifer. Überall liegen die Toten und Verwundeten wie niedergemähte Blumen herum. »Am späten Nachmittag war dann das feindliche Artilleriefeuer gänzlich verstummt und wir gingen nun auch ungestört ins Vorfeld hinaus, das mit gefallenen Italienern förmlich übersät war und wo wir auch einige schwer verwundete Gegner bargen, nachdem wir sie mit unseren Mitteln notdürftig verbunden hatten. Ein italienischer Hauptmann, der zuerst ganz apathisch mit mehrfach durchschossenen beiden Beinen in einem Granattrichter lag, konnte mir dabei nicht genug danken und war sichtlich gerührt, von mir in seiner Landessprache angesprochen zu werden.«

Vierhundert Italiener, die hoffnungsvoll und siegessicher ausgezogen sind, liegen zwischen den Felsen. Tot. Dazu Aberhunderte von Verletzten. Überall modert der Geruch des Todes zwischen den zurückgelassenen Gewehren und Waffen. »Als die Sonne des 15. August hinter dem bizarren Gipfel des Col Quaterna aufgegangen war und die Bergspitzen und Almen mit ihrem Licht übergossen hatte, herrschte auf der ganzen Front Ruhe. Die italienischen Stellungen lagen wie ausgestorben da und kein Laut und kein Schuss drangen herüber. Mit wankenden Beinen rückten wir nach Hochgränten ein, schlürften noch einige Schlucke heißen Kaffee und fielen dann todmüde auf unser Lager.«

Karl Mayr ist am Ende. Er will Frieden, ihn martern die Gewissensbisse und die Suche nach dem Sinn des Lebens. Er will ein anderes Leben suchen. Ein besseres, ehrlicheres und vor allen Dingen friedvolleres. Und er richtet seine Anklagen gegen jene, die von oben her befehlen. Die hinter der Front in luxuriösen Zimmern sitzen und am Reißbrett tausende Menschen hin- und herbewegen.

»Der Soldat war auch im Ersten Weltkrieg nur ein kleines Glied in der Kette der großen Armee, er hatte kaum jemals die Möglichkeit, auf sich allein gestellt eine große ausschlaggebende Entscheidung herbeizuführen und er hatte in der Kampflinie auch nie die Möglichkeit, das Geschehen als ein einheitliches Ganzes zu überblicken.« Inbrünstig versucht er sein Tun und das der anderen zu entschuldigen und zu rechtfertigen. »Jedes Denken und jede spekulative Überlegung waren vollkommen ausgeschaltet, man handelte nur mehr in einem Taumel der Sinne.« Es sind selten gehörte Worte in diesem Krieg, hingeschrieben von weiß Gott keinem begnadeten Dichter oder Philosophen, sondern von einem 18-jährigen Freiwilligen.

»Wenn der Unterjäger Nitzlnader auf der Sarre in einem Handgemenge dem Feinde den schwer verwundeten Kameraden entriss und wie ein wilder Berserker herumhieb, oder wenn der italienische Offizier seinen Soldaten mit gezogenem Säbel unerschrocken voranstürmte, so waren sie im Grunde genommen doch keine Helden, so sehr es auch den Anschein hatte. Sie handelten nur instinktiv, so wie es ihr Charakter und ihr Menschentum bedingte. In der höchsten Todesnot gibt es kein Verstecken und Verbergen mehr, da gibt sich der Mensch, wie er wirklich ist, und diese Wirklichkeit ist oft ganz anders wie der Schein des konventionellen Menschen.« Was sie alle zusammenhält, unabhängig von Nation, Alter oder Beruf, ist ihr Wille zum Überleben. So lange, bis das Schicksal einseitig würfelt.

»Wenn schon ein gemeinsames Erleben Menschen enger bindet, so hat die gemeinsame Todesgefahr diese Bindung von Menschen, die sich im gewöhnlichen Leben vielleicht gar nicht beachtet hätten, nur noch inniger gestaltet.« Was hier erzählt wird, entstammt keinem Roman, sondern ist wirklich Erlebtes. Nicht einmal ausgeschmückt, sondern in ehrlichen Worten niedergeschrieben, als Aufruf für künftige Generationen. Karl Mayr ahnt schon das nächste Unheil voraus, den nächsten Krieg. Denn dieser hier – so fühlt er – ist nur der Beginn eines noch grauenvolleren.

»Der Krieg des nächsten Jahrhunderts – sofern es noch einen solchen geben wird, was Gott verhüten möge – wird ein unbarmherziger, jeder seelischen Regung barer Massenvernichtungskrieg sein, in dem die fortgeschrittene Technik den Ausschlag geben wird. Die Initiative eines einzelnen Menschen oder etwa dessen Tapferkeit und Heldentum wird dabei vollkommen ausgeschaltet sein. Dieser Krieg wird vielleicht am Schachbrett geführt werden, von dem aus kosmische Vernichtungskräfte gelenkt werden.«

Je mehr der brave Standschütze sinniert, desto tiefer dringt er in die Abgründe des menschlichen Daseins vor, wo es immer weniger Platz für Gefühle und seelische Regungen gibt. Und er erkennt, »dass wir Frontsoldaten kein Konglomerat von Freunden, sondern nur ein Block von Kameraden waren, die, durch die höchste Not zusammengeschmiedet, sich gegenseitig bis zur Selbstaufopferung geholfen haben. Nur so konnte man dieses Schicksal Wochen, Monate, ja Jahre ertragen.«

Tagelang liegen hunderte von Toten und Schwerverletzten auf der Sarre herum. Italienische Parlamentäre kommen und zeigen sich mehr darüber besorgt, wie sie in den Besitz der Waffen der Toten gelangen können, als wirklich die Gefallenen ins Hinterland zu schaffen, um sie dort in Ehre und Würde zu begraben. Man beginnt zu feilschen und langatmig zu verhandeln. Als endlich eine Vereinbarung erzielt wird und eine sechsstündige Feuerpause beginnt, wird von den Parlamentären die Order an ihre Sanitätsmannschaft ausgegeben, die Toten nur notdürftig in den größeren Granattrichtern zu verscharren und diese, so gut es eben geht, zuzuschütten. Nicht einmal ein hölzernes Kreuz wird hingestellt. »Da und dort reckte sich noch immer ein Arm oder ein Fuss aus dem Erdreich.« Es sind die Mahnmale der Namenlosigkeit. Die Parlamentäre aber ziehen, nachdem es ihnen trotz zäher Verhandlungen nicht gelungen ist, in den Besitz der Gewehre und Geschütze zu kommen, eilig von dannen. Die am Schachbrett bewegten Menschenmassen haben ihre Pflicht getan, und ein neues Spiel kann beginnen. Die Kommandierenden unten in den Tälern wollen nichts hören und nichts wissen vom zu Ende gehenden Leben hoch oben. Sie konzentrieren sich schon auf die nächsten Schlachten. Auf neue Pläne.

»Auf der Sarre herrschte in dieser Nacht Kampfesruhe und dennoch hatten wir keine Ruhe. Dies deshalb, weil im Niemandsland östlich der Sarre, besonders aber in den felsigen Steilhängen vor der Demut noch einige schwer verwundete Italiener lagen, die die ganze Nacht laut um Hilfe schrien. Ihr ›Aiuto‹ klang schauerlich durch die Nacht.« Karl Mayr spricht perfekt italienisch. Er empfindet es als seine Pflicht, einen solchen armen Soldaten zu retten. Unter Lebensgefahr kriecht er in Rufweite der italienischen Stellungen. Er bietet dem Feind an, dass niemand schießen würde. Sie könnten ruhig kommen, um den Verwundeten zu bergen. Frieden soll herrschen für ein paar Minuten nur. Doch von der anderen Seite setzt bloß das Rattern des Maschinengewehres ein. So liegt der Verwundete im Niemandsland einsam im Sterben. Auch in der übernächsten Nacht hören sie noch sein immer stiller werdendes Wimmern. Weitum sichtbar liegt er auf einem Felsband. Noch einmal versuchen sie ihn zu retten. Es gelingt wieder nicht. Dann überlegen sie mitfühlend, »ob wir ihn nicht durch einen gut gezielten Gnadenschuss von seinen Qualen erlösen sollten. Wir hatten ja einige Scharfschützen unter uns, für die dies eine Kleinigkeit gewesen wäre, aber es war keiner unter ihnen, der sich zu dieser Tat hätte entschließen können, und so musste dieser arme italienische Soldat, der doch auch eine Mutter, vielleicht auch Frau und Kinder hatte, die um ihn bangten, in qualvollster Weise ohne Hilfe sterben. Damals erkannte ich so recht das erste Mal die furchtbare Tragik und Grausamkeit des Krieges.«

Im Sterben endete so die Hoffnung alle jener, die meinten, dass dieser Krieg ein besseres Leben bringen würde.

Menschen, die Röcke anhatten – Eine unförmige Masse von Fleisch und Knochen – Er lädt mich ein, ihn nach dem Kriege zu besuchen – Ein Häuflein von verlausten, abgemergelten Gestalten

Karl Mayr ist am Ende seiner Kräfte. Fieber und Bronchitis plagen ihn, eine schwere Lungenentzündung ist im Anzug. Man rät ihm, ins Feldspital nach Kartitsch hinunterzusteigen. Erst gegen Abend kommt er, sich mühevoll plagend, nach Hollbruck. Der gütige Bergpfarrer nimmt ihn liebevoll auf, bietet ihm sogar sein eigenes Bett an. Doch Mayr fühlt sich zu verwildert und verlaust. So schläft er, sich trotzdem wie ein Fürst fühlend im Heu eines Stadels. Dann wankt er nach Sillian weiter, da das Feldspital vollkommen überfüllt ist. Zum ersten Mal in seinem Leben stellt er mit Erstaunen fest, dass die Welt aus zwei verschiedenen Geschlechtern besteht. »Beinahe verwundert starrte ich die Menschen an, die Röcke anhatten und Weiber waren. So lange hatte ich schon Vertreter des zarten Geschlechtes nicht mehr gesehen, wenngleich diese Bauerndirnen auf den Kornfeldern das Eigenschaftswort ›zart‹ kaum verdienten.«

Er wird entlaust, hernach weist man ihm eines der Betten mit blütenweißen Leinen zu. »Das war schöner und herrlicher, wie im Paradies. Ich, der ich seit Wochen und Monaten nur mehr bei Wind und Wetter verlaust und verdreckt auf dem bloßen Boden geschlafen hatte, jederzeit gewärtig vom Schlafe aufzuspringen und zum Gewehr greifen zu müssen, sollte mich nun in dieses weiche, weiße Bett legen und kein Mensch durfte meine Ruhe stören.«

Doch Standschütze Karl Mayr fühlt sich als zu pflichtgetreuer Soldat. Schnell erwachen in ihm Gewissensbisse wegen seines trägen Lebens. Es zieht ihn wieder an die Front, hin zu seinen Kameraden. Zu jener Truppe, die mit fünfzig Mann ausgezogen ist und jetzt noch sechzehn Mann zählt. Und jeden Tag fehlt einer mehr. Der junge Standschütze hat sich das Rauchen angewöhnt. Pfeife, Zigarren, alles, was nur irgendwie glimmt und scheinbar die Angst vertreibt, ist recht und billig. Auch Flecktyphus bricht am Roteck aus. Dann geht es von neuem los. Die Italiener planen noch einen Angriff, die verwegene Tiroler Truppe ahnt mit Schaudern, dass dieser noch schrecklicher sein wird als der vorhergehende. Viele seiner Mitkameraden halten jetzt nicht mehr dem Druck stand. Es mehren sich die »Fälle von Wahnsinnsausbrüchen und der provisorische Friedhof auf der Nemesalpe wurde immer größer«.

Es kommt der 9. September 1915. »Wir letzten Angehörigen des 3. Zuges der Haller Standschützen lagen in friedlichem Schlaf.« Da werden sie geweckt. Leutnant Erlacher, schwer unter Alkohol stehend, befiehlt ihnen den Chinasattel zu besetzen. Sie zünden sich ihre Pfeifen an, zur Beruhigung ihrer flatternden Nerven. Es geht um Leben oder Tod. Im feindlichen Feuer irren sie an den Frontlinien hin und her und erachten es als Glück, dass sie nicht getroffen werden. Ein Streifschuss schlägt Karl Mayr sein Gewehr derart an sein Knie, dass er niedersinkt. Er rappelt sich auf und flüchtet sich, nach Luft hechelnd, in die Schützenstellungen auf Hochgränten. »Dabei war so große Kälte, dass wir uns die Füße mit Sackfetzen umwickelten, um nicht allzu sehr zu frieren.«

Das alte Geschütz ohne Rohrrücklauf bockt bei jedem Schuss und wilde Purzelbäume schlagend werden die Artilleristen jedes Mal durch die Luft geschleudert. Überall herrscht Verwirrung. Ein Artillerieunteroffizier kommt wankend daher. »Fix Laudon, mi hots!« Bei der Baracke riss er sich die Uniformbluse und das Hemd auf, das schon vollkommen durchblutet war. Er hatte einen Lungenschuss.

Ruhe muss wieder in die völlig überraschten eigenen Abteilungen gebracht werden. Denn sie sind sich bewusst, dass sich von neuem Schreckliches anbahnt. »Was sich nun in der folgenden halben Stunde abspielte, war eine der dramatischsten Szenen, die ich während des ganzen Feldzuges gegen Italien gesehen und erlebt habe.« Die Italiener halten einige Schützengräben besetzt. Angehörige des bayrischen Infanterieleibregimentes werfen einige Handgranaten in die Gräben und überraschen damit den Gegner. An die zweihundert ergeben sich sofort. »Nur wenige Sekunden später sprang aber plötzlich aus dem Maschinengewehrstand am nördlichen Ende des Chinasattels ein italienischer Offizier heraus und schoss mit seiner Pistole den Leutnant der Bayern aus nächster Nähe nieder. Dieser kollerte tot über den Hang hinunter. Darüber waren die Bayern derart erbost, dass sie in den Maschinengewehrstand eindrangen und dort alle Italiener mit ihren Messern in einem grauenhaften Handgemenge erstachen. Den italienischen Offizier hieben sie mit ihren Gewehrkolben zu einer unförmigen Masse von Fleisch und Knochen zusammen. Wir verstanden anfänglich diese unmenschliche Wut der Bayern gar nicht und ihre Erklärung erfuhren wir erst etwa eine Stunde später. Der bayrische Leutnant, der noch nach der Kapitulation der Italiener so heimtückisch erschossen wurde, war nämlich ein derartiger Liebling seiner Mannschaft, dass sein Verlust seine Soldaten so persönlich traf, dass sie vor Wut die Besinnung verloren hatten und direkt zu wilden Bestien geworden waren. Auch der Fähnrich, der bei dem schon erwähnten Gebirgsgeschütz kommandierte, war über diesen Vorfall derart erbost, dass er noch zwei Granaten in die schon kapitulierten Italiener hineinfeuern ließ.«

Karl Mayr ist verzweifelt. Wieder sterben einige jener Freunde, mit denen er voller Ideale in den Krieg gezogen ist. Seinen Mitschüler Rudolf Reiter erwischt es mit einem Schuss ins Rückgrat, Mitschüler Karl Schumacher liegt mit einem schweren Halsdurchschuss und einem zertrümmerten Oberarm am Boden, Unterjäger Nitzlnader liegt im Sterben, zwei andere sind gefallen. Der 18-jährige Rudolf Reiter schafft es noch bis ins Feldlazarett. Mit Morphium stillen sie seine furchtbaren Schmerzen, dann geht auch sein Leben dem Ende zu.

»Inzwischen hatte sich aber im Raume zwischen Roteck und dem Chinasattel und der Sarre eine für den Feind furchtbare Tragödie abgespielt. Die Italiener hatten nämlich in diesen Raum fast drei Bataillone des Infanterieregimentes Nr. 92, also insgesamt etwa 3.000 Mann hineingepresst, die in ein mörderisches, flankierendes Maschinengewehrfeuer hineingerieten, das von drei Seiten in sie hineinschoss. Hunderte von Toten und Schwerverletzten bedeckten in kurzer Zeit die Hänge der

Nemesalpe und Hunderte ergaben sich schließlich und kamen mit aufgehobenen Händen gegen unsere Stellungen.« Keine dreihundert Männer schaffen es, am Ende wieder heil in die eigenen Linien zurückzukehren. Eine Vielzahl ergibt sich demoralisiert.

»Dennoch waren ich und meine Mitschüler, sofern sie unversehrt davongekommen waren, über diesen Sieg gar nicht erfreut, denn die Verluste, die unser ohnedies schon dezimierter Zug erlitten hatte, gingen uns sehr nahe. Wir waren nun auf ganze zehn Mann zusammengeschmolzen und kamen uns wie die verlorenen Schafe vor. Pfui Teufel, das war kein frischfröhlicher Krieg mehr! Wir hatten die grausame Wirklichkeit dieser Geisel der Menschheit erkannt. Am 9. September 1915 ist der erste Schleier von unseren Augen gefallen und wir erkannten den Krieg nunmehr als ein Schicksal, dem wir nicht aus dem Wege gehen konnten und das mit einem eisernen Muss für uns bis auf weiteres ein Gebot war. Wir glaubten zwar noch, dass wir einen gerechten Krieg führten – wir waren ja schließlich die Angegriffenen und wir mussten uns wehren – aber wir fühlten das alles als ein hartes Schicksal. Nein, es war nicht ›süß‹ für das Vaterland zu sterben. Das schmerzhafte Verbluten von 18-jährigen, hoffnungsvollen Jünglingen auf den Steinhängen dieses Berges als ›süß‹ zu bezeichnen, wäre eine furchtbare Blasphemie gewesen.«

An die 2.000 Tote und Schwerverletzte liegen auf engstem Raum am Roteck herum, dazu kommen noch fünfhundert Gefangene, doppelt so viele Mann, wie überhaupt die österreichischen Truppen noch zählen. Es sind traurige Bilder. »Auf der Hochgrantner Senke verband gerade ein Standschützensanitäter verwundete Italiener, und da fiel mir ein hoch gewachsener italienischer Soldat auf, der einen Durchschuss des Bauches hatte. Er lag aber verwunderlicherweise nicht etwa am Boden, sondern stand aufrecht da, wie wenn nichts geschehen wäre, und beobachtete von oben beinahe gleichgültig seine Wunde, die der Sanitäter in kniender Stellung mit Jod bepinselte und sodann verpflasterte.« Ein Projektil war ihm durch den ganzen Unterleib gegangen und wieder in der Nähe des Rückgrates herausgetreten. Karl Mayr wundert sich über viele dieser Einzelschicksale.

»Da wurde ein schwer verwundeter italienischer Hauptmann mit einem kohlrabenschwarzen Spitzbart auf einer Tragbahre herangebracht. Sein Körper war mit einer Decke verhüllt und er verbiss tapfer seinen sicherlich großen Schmerz und versäumte es doch nicht, sich bei unseren Soldaten und besonderes bei einem unserer Offiziere für die humane Behandlung mit den bewegtesten Worten zu bedanken. Zum Zeichen seiner Dankbarkeit wollte er sogar zwei sehr kostbare Ringe, die er an den bleichen, aristokratischen Fingern trug, den Sanitätern schenken, die sie aber nicht annahmen.«

Die Toten überlässt man wieder ihrem Schicksal, diesmal kommen auch keine Parlamentäre mehr. Das Töten ist mittlerweile zur Gewohnheit geworden. Jeder überlässt das Wie und Wohin der Bestattung dem Ehrgefühl und der Moral des Gegners. Sogar zwei Tage nach dem Gefecht findet man noch Verwundete: »Ich trat zu ihm hin und bemerkte bald, dass der Mann tatsächlich noch atmete. Er hatte nur einen schweren Kopfstreifschuss und lag ohnmächtig da. Es war ein groß gewachsener Soldat, mit einem zwar verschwollenen, aber nicht unsympathischen Gesicht. Mit viel Mühe brachten wir ihn wieder langsam zum Bewusstsein und dies glückte wohl nicht zuletzt deshalb, weil ich ihn in seiner Landessprache anrief. Er klagte fortwährend ›sete, sete‹ (Durst, Durst). Aber woher sollten wir Wasser nehmen. Da bemerkte ich in der Nähe einen kleinen Flecken Altschnee und von dort holten wir mit einer der herumliegenden Shrapnell-Hülsen Schnee und flössten davon dem armen Verwundeten ein. Dieser kam dann tatsächlich ganz zu sich, wir verbanden seine Kopfwunde und er konnte uns für unsere Hilfe nicht genug danken. Er erzählte uns, dass er der Sohn eines reichen Landgutbesitzers aus der Nähe von Vicenza sei, nannte uns einen Namen und lud besonders mich ein, ihn und seinen Vater nach dem Kriege zu besuchen, damit sie mir ihre Dankbarkeit beweisen könnten. Wir veranlassten dann den Abtransport des Verwundeten und hatten das Empfinden, eine gute Tat vollbracht zu haben.«

Trotzdem geschehen immer wieder Dinge, die unerklärlich und geheimnisvoll bleiben. »Auf dem wüsten Schlachtfeld der Nemes-Alpe konnte ich an diesen Tagen auch noch eine andere Kuriosität beobachten, für die ich mir heute noch keine Erklärung weiß. Da lag ein toter italienischer Soldat und neben ihm lag sein Gewehr. Das Schloss des Gewehres war aber mit einem Wachsleintuch vernäht. Dieser Soldat ist also in bestimmter Absicht mit einer nicht gebrauchsfähigen Waffe in den Kampf gegangen. Welche Absicht war dies aber?«

Für die wenigen Übriggebliebenen der einst so hoffnungsvoll gestarteten Truppe heißt es nun Abschied nehmen, vom Roteck und den Hochgränten. Zum ersten Mal dürfen sie nach Hause. Sie sind gereift, sie sind Männer geworden, gehärtet. Aber immer noch mit Gefühlen.

»Der Tod, so mancher liebwerter Kameraden, hatte uns zwar persönlich schwer getroffen, im übrigen aber waren wir durch die blutigen Ereignisse des 9. September gegen den Tod sehr abgestumpft, ja ich möchte fast sagen seelisch verwildert. Der Anblick von Toten mit oft grässlichen Wunden und das lieblose Verscharren von Menschen, die doch Ebenbilder Gottes sein sollen, berührten uns nicht mehr im Mindesten. Das waren wir gewohnt und nahmen es als etwas Selbstverständliches hin, über das man sich nicht weiter aufregt. Leben? Was war das schon wert, das Leben? Eine kleine mit Blei gefüllte Stahlhülse konnte dieses Leben auslöschen, kein Hahn krähte danach und keine Träne floss darüber. Es war nur eine lästige Unannehmlichkeit, den Toten irgendwie und wo(zu?) beseitigen zu müssen, eine Unannehmlichkeit, die umso lästiger war, wenn solche Tote Dutzendweise herumlagen und die Humusschicht über dem Felsboden oft nur wenige Zentimeter betrug.«

Im Gepäck eines gefallenen italienischen Offiziers findet Karl Mayr zwei Bücher. Er nimmt sie zu sich. Das eine enthält verschiedene Reden des italienischen Dichters Gabriele D'Annunzio, das andere auf prachtvollem Büttenpapier Gedichte von Giovanni Papini. »Aus diesen beiden Büchern, durch die ich mich mit beharrlichem Fleiß durcharbeitete, begann ich eine neue, eine andere Welt zu ahnen, eine

Welt, die voll von berauschender Schönheit war. Die Reden Gabriele D'Annunzios, besonders die von Quarto, waren Meisterstücke dichterischer Rhetorik und ich konnte mir gut vorstellen, dass sie für eine junge gesunde Nation, die noch nicht den staatspolitischen Höhepunkt erreichte hatte, wie Fanfaren-Töne wirken mussten, die Tausende in einen Begeisterungstaumel versetzten. Von diesen zündenden Worten musste eine Kraft ausgegangen sein, die mit elementarer Wucht eine ganze Nation erfasst und zur Tat gedrängt hat.« Karl Mayr beginnt einige der Gedichte von Giovanni Papini ins Deutsche zu übersetzen und scheitert trotzdem sehr schnell. Die »berauschende Schönheit dieser Sprache« bleibt unübersetzbar.

Von Sexten aus schauen sie dann noch einmal zurück. In die Vergangenheit. »Wir sahen wehmütigen Blickes noch einmal hinunter zum Chinasattel, der das Blut unserer liebsten Kameraden getrunken hatte.« Dann heißt es Abschied nehmen. Von einer Zeit, die sie lebenslang prägen wird.

»Dann gingen wir neun Mann in weiten Abständen über das Hornischeck ins Hinterland zurück. Es war ein trauriger Zug, diese paar abgehärmten, verwilderten Gestalten, denen die Uniform nur noch in Fetzen am Leibe hing und deren Schuhe da und dort Löcher hatten, dass die nackten Zehen hervorschauten. Was war aus dem stolzen Studentenzug geworden, der einmal weit über 50 Mann zählte? Ein ärmliches Häuflein von verlausten, abgemergelten Gestalten, die wie todmüde Wanderer über das Gebirgskar keuchten!«

Archiv Manfred Häringer

Drei Kaiserschützen und drei Alpini, ohne Waffen, lächeln im Sommer 1916 friedlich in die Kamera. Sie wollen einfach nicht mehr Krieg führen. Das Bild wurde zwischen dem Großen und dem Kleinen Eiskögele am Ortler aufgenommen.

Sie alle freuen sich endlich zum ersten Mal nach Hause zu kommen und werden doch wieder hinweggetröstet. Hoher Besuch ist angesagt. Jene Helden, die sich besonders bei diesen Sommerkämpfen hervorgetan haben, werden auserkoren, während des Besuches des Thronfolgers Erzherzog Karl an einer Parade teilzunehmen. Es sei eine besondere Ehre und Auszeichnung, flüstert man ihnen zu. Noch aber sorgt man sich, wie sie am besten gründlich gebadet, entlaust und mit neuen Uniformen und Schuhen versehen werden können, »denn in diesem verwilderten Zustand konnten wir doch nicht gut dem Thronfolger gegenübertreten«. Zum ersten Mal nach langer Zeit fühlen sie sich wie neu geboren und bekommen sogar eine nagelneue Uniform, nachdem die bisherige nur mehr in Fetzen herunterhängt. Da sehen sie nun die Dolomitenbergführer mit umgehängtem Seil und Gletscherpickel, Standschützen, Kaiserjäger und alle anderen, eine bunte Schar jener Männer, die die Last der Sommerkämpfe in ihren Knochen tragen, ehrfürchtig vor jenen Männern paradieren, die schlussendlich dazu beitrugen, dass sie verheizt wurden.

Ein Mann mit einer eigenartigen Biberpelzmütze fällt ihnen auf. Als er ihnen am Nachmittag bei einem Waldspaziergang wiederum begegnet, fordern sie ihn auf, sich auszuweisen. »Der Mann lächelte und übergab uns einen Ausweis, aus dem wir ersahen, dass wir es mit dem berühmten Asienforscher Sven Hedin aus Stockholm zu tun hatten, der auf Grund dieses vom höchsten Oberkommando ausgestellten Attestes die Erlaubnis hatte, alle Stellungen und Truppenteile besuchen zu können.« Die jungen Studenten können es nicht fassen und verbeugen sich andächtig vor jenem Mann, dessen Abenteuerbücher sie alle kennen und schätzen.

Endlich, am 5. Oktober 1915, erreicht sie die unerwartete Nachricht, dass sie abgelöst werden. Ein Hauch von friedlicher Heimatluft winkt ihnen entgegen. Karl Mayr und die wenigen übrig gebliebenen müssen wieder an die Schule denken. Sie wollen die Kriegsmatura ablegen. Um danach – zum ersten Mal – als richtige Soldaten in den Krieg eintreten zu können. So nehmen sie Abschied von einer Zeit, die ihr Leben verändert hat. Ein »verwilderter junger Soldat mit einem Bart« kommt heim, den selbst die eigene Mutter nicht erkennt. Da sagte der Soldat: »Ja schau ich denn so verändert aus, Mama?« Da flog sie mir aber schon an den Hals und küsste mich unter Tränen.

Die Mutter bereitet ihm ein Frühstück und wäscht den immer noch verdreckten Sohn. Und sie lässt ihn ausschlafen. Doch als sie ihn behutsam wecken will, schreckt er auf und sucht nach etwas nicht Vorhandenem. »Es war der Griff nach dem Gewehr, denn mein Unterbewusstsein war doch noch immer auf den Frontdienst eingestellt und wenn man dort plötzlich aus dem Schlaf aufgeweckt wurde, dann hieß es zum Gewehr greifen, denn dann war etwas los.« Sogar die Verwandten sind stolz auf den lebend Zurückgekehrten. Ein Onkel schenkt ihm einen aus dem Aluminium und Kupfer eines Schrapnells verfertigten Ring. Der Krieg war selbst bis in die entlegendsten Stuben und entferntesten Orte gedrungen. Und er beherrschte alles Denken.

Karl Mayr tritt nun als 18-Jähriger zur Matura an. Man legt ihm die Themen für den Aufsatz vor. Zwischen »Süß ist es, für das Vaterland zu sterben« und »Die Ausnützung der Wasserkräfte« soll er sich entscheiden. »Der Deutschprofessor meinte, ich würde wohl sicher das erstere Thema wählen, aber ich sagte zu ihm »Nein Herr Professor, das kann ich nicht, denn ich müsste lügen. Glauben Sie mir, es ist keineswegs süß für das Vaterland zu sterben, im Gegenteil, es ist sehr bitter.« Traurig gibt er dies dem verdutzten Professor zur Antwort und wählt hingegen jenes Thema, das Wasser, Dampfmaschinen, Staudämme und Turbinen zum Inhalt hat. Die Professoren verzweifeln am Jüngling, der die ganze Zeit nur eines gelernt hatte: Zu kämpfen und zu schießen. Sie schlagen die Hände zusammen über das Fehlen der elementarsten Kenntnisse der Rechenkunst und versuchen doch bis zur Selbstaufopferung, ihm die wenigen vorhandenen Kenntnisse über Mathematik zu entlocken. Dann endlich – mit viel gutem Willen von allen Seiten – besteht der einfache Standschütze Karl Mayr die Matura. Was er aber nicht schafft, ist, in einem Leben der Normalität Fuß zu fassen.

»Wer in so vielfältiger Gestalt mit achtzehn Jahren dem Tod ins Auge gesehen hat, und wer, so wie ich selbst, Menschen getötet hat, dem sind die landläufigen Ideale der Jünglingszeit zerbrochen und er muss erst langsam über den Scherben dieser Ideale sich neue Ideale gestalten, die ihm als Grundlage für eine spätere reale Beziehung zum Leben dienen können. So stand ich denn in rein seelischer Beziehung nach meiner abgelegten Matura auf dem geborstenen Sockel meiner Jugendideale, die mir nicht mehr als Grundlage für mein weiteres Handeln dienen konnten.«

Selbstzweifel reißen den Jüngling nieder. Der Sinn des Lebens ist ihm nicht mehr klar. Wäre vielleicht jetzt Frieden gewesen, er hätte sich mit Mühe zurechtgefunden, doch der Krieg geht auch ohne ihn immer noch mit unverminderter Härte weiter. »Es war Krieg und dieser Krieg war so total, dass er den zivilen Sektor des Staates gänzlich in den Hintergrund geschoben hatte.« Resignation macht sich beim jungen Standschützen breit. Wie ein Irrer beginnt er in seiner Heimatstadt Gott als Sinnbild für Gerechtigkeit und Frieden zu suchen und findet ihn doch nirgends. »Der Krieg hatte wie ein Baalsmoloch alle und alles aufgefressen, auch mich, und man hatte noch keine Vorstellung, wie man mühsam schwimmend in dieser bewegten See wieder das Ufer eines friedlichen Daseins würde gewinnen können. Auch die religiöse Einstellung nach dem konfessionellen Bekenntnis konnte mir in dieser Stimmung keine Klarheit verschaffen. Wo war da Gott und was war das für ein Gott, der es zuließ, dass Tausende und Abertausende seiner Ebenbilder sich gegenseitig auf das grausamste zerfleischten und zu dem sie hüben und drüben mit Inbrunst beteten, er möge den Sieg und damit die Vernichtung des Gegners an ihre Fahnen heften? Warum schwieg er? War seine Allmacht so klein geworden, dass er nicht einmal mehr dieser Selbstvernichtung seiner eigenen Kinder – das waren wir doch nach der Lehre des Evangeliums – Einhalt gebieten konnte? Hüben und drüben segneten seine Priester die furchtbarsten Mordwaffen, die je Menschengehirne ersonnen hatten, und er schwieg. Wer da zu denken anfing, der musste an der Güte, Allmacht und Gerechtigkeit dieses Gottes zu zweifeln anfangen, und die Gebete, die da ein 18-jähriger Jüngling an ihn richtete, konnten kein erlösendes Echo finden. Wie gut und schön wäre es gewesen, wenn ich damals einen Priester oder Menschen gefunden hätte, der mir das alles hätte erklären können und der imstande gewesen wäre, die Unruhe meines gequälten Herzens zu besänftigen. Um mir einen klaren Blick für die Zukunft zu verschaffen! Aber ich fand keinen. Alle, die ich kannte, selbst die, deren vornehmste Aufgabe es gewesen wäre, dem reifenden Manne jenen

Trost und jene innere Ruhe zu geben, die er nötig hat, um als fest gefügter, religiös denkender Charaktermensch von heute in das Morgen hineinzuschreiten, hatten Scheuklappen auf und konnten nur auf den ausgetretenen Pfaden der bürgerlichen Moral mit reichlich abgestandenen Redensarten mühsam weitertrotten.«

Zweifel über Zweifel plagen Karl Mayr. Welchen Beruf soll er ergreifen? Er scheitert an sich selbst und am Krieg. Seine Mutter bemerkt die innere Unruhe, sie versucht ihn zu trösten: »Jetzt musst du einmal schauen, wie du als Soldat mit diesem Krieg fertig wirst.« Und sie rät ihm erst nach Kriegsende einen Beruf zu ergreifen. Eine Lösung bahnt sich plötzlich ganz unvermittelt und eigenartig von selbst an.

Bei der Musterung – nun für das richtige Heer – »wurde ich zunächst als untauglich erklärt, da sich eine bei mir schon seit Jugendzeit bestandene leichte Rückgratverkrümmung während des vergangenen Sommers so verschlechtert hatte, dass auch das Herz irgendwie in Mitleidenschaft gezogen war.« Er, der über Monate den Unbilden der Natur getrotzt und bis zum Umfallen gekämpft hatte, soll untauglich sein. Der wackere Soldat wird trotzig. »Wenn mich das Vaterland nun als aktiven Soldaten verschmäht, dann will ich mich auch als Standschütze nicht weiter opfern.« Und wirklich. Er wird beurlaubt. Das Vaterland hat für den Standschützen Karl Mayr eigenartigerweise keine Verwendung mehr. Trotzig beschließt er Jus zu studieren. Doch die Tücken der Gesetze setzen ihm zu. Er hat zwar die Matura geschafft, aber nur als Soldat. Das für die Inskribierung benötigte Zeugnis wird ihm trotz eifriger Bemühungen nicht ausgefertigt. Trotzdem will er die vorhandene Zeit fleißig nützen, indem er Vorlesungen besucht. Es gibt kaum mehr Studenten an den Universitäten, nur Studentinnen. Immer mehr beginnt er sich als Einzelgänger zu fühlen, »denn vor den Studentinnen, die übrigens fast durchwegs keine weiblichen Schönheiten waren, hatte ich mangels jeder Erfahrung im Umgange mit dem anderen Geschlecht eine gewisse Scheu. Dies alles war für mich damals ein recht unbefriedigender Zustand, der mich beinahe zum Misanthropen machte. Während die Jugend des Volkes draußen an den Fronten stand und mit den Waffen für den Bestand und die Zukunft des Reiches kämpfte, sollte ich da seelisch vereinsamt unter meist brillenbewehrten und eifrig büffelnden Studentinnen sitzen.« Schließlich fällt es den Professoren an der Universität Innsbruck auf, dass Student Mayr eigentlich keine Berechtigung zum Besuchen der Vorlesungen hat. Höflich und bestimmt komplimentiert man ihn hinaus. Er ist zum Bürger dritter Klasse geworden, zum Verfemten, zum außerhalb des Gesetzes Stehenden. Ein Jüngling, der an sein Vaterland geglaubt hat und bereit gewesen ist, dafür sein Leben hinzugeben, ist nun überflüssig geworden.

Unvermittelt tut sich eine neue Tür auf. Wie zum Hohn bedürfen verzweifelt die treuen Standschützen seiner und rufen nach ihm, weil höchste Not am Mann ist. Stolz lehnt Karl Mayr ab. Der Kaderkommandant wird deutlicher und schlägt eine Bresche in Mayrs Seele. Wenn er nicht gehe, »dann müsste eben ein älterer Familienvater mit fünf Kindern gehen.« Dieses Schicksal will Karl Mayr dem Familienvater ersparen. Wieder muss der für den allgemeinen Wehrdienst untaugliche 18-Jährige als Standschütze in den Krieg.

Lauter Meuterer – Heute dir, morgen mir – Nur Leichen und immer wieder Leichen – Man kann seinem Schicksal nicht entgehen

Am 25. Februar 1916 zwängt sich der treue Standschütze Karl Mayr in seine Uniform und schlägt sich zu seinem Feldbataillon nach Innichen durch. Die Standschützen sollen nach den starken Aderlässen wieder mit neuem Menschenmaterial aufgefüllt werden. Noch immer gleichen sie einer Arme-Leute-Armee.

»Von den alten Studenten des Vorjahres war keiner mehr da, dafür waren aber einige neue Studenten und auch sonstige Intelligenzler aufgetaucht, denen ich mich bald kameradschaftlich anschloss.« Von den regulären Truppen wird den Standschützen der Vorwurf gemacht, dass es sich nur um eine unorganisierte Freiwilligentruppe handelte. Andere wiederum sprechen ihnen überhaupt jede Aufgabe in diesem Ringen ab. Aber auch die Standschützen müssen sich selbst oft eingestehen, dass sie zum großen Teil bloß aus einer wilden Horde unorthodox auftretender rauer Burschen bestehen.

»Es war interessant, damals die Stimmung unserer Standschützen zu beobachten. Ein oberflächlicher Beobachter hätte den Eindruck gewonnen, dass er es mit lauter Meuterern zu tun habe.« Sie scheren sich nicht um Kriegsgericht und militärische Richtlinien. Sie fluchen und schimpfen wie die Berserker auf ihre Vorgesetzten. »Den älteren Standschützen, die fast durchwegs aus der bäuerlichen Bevölkerung stammten, dauerte der Krieg schon viel zu lange. Ihre Höfe und Bauerngüter entbehrten schwer ihrer Arbeitskraft und es war noch immer kein Ende dieses Krieges abzusehen.« Und doch gehörten sie zu den treuesten Streitern, die selbstlos bereit waren, sich für ihre Heimat einzusetzen.

Die Idylle in Innichen dauert keine drei Tage. Dann wird Alarm gegeben. Sie müssen ausrücken. Major Hans Fuchs tänzelt mit seinem Schimmel unruhig im Hof herum. Man teilt allen mit, dass »im Frontabschnitt von Schluderbach etwas Furchtbares geschehen sei«. Sie alle müssten so schnell als möglich aufbrechen. Gegen Abend setzt sich endlich das ganze Standschützenbataillon Richtung Höhlensteintal in Marsch. Als sie Richtung Landro einbiegen, »setzte ein derartiger Schneesturm ein, dass er von den schwer bepackten Leuten das Äußerste an Kraftanstrengung erforderte. Der Vortrab, das war unsere Kompanie, stapfte bis über die Knie im Schnee, der in unheimlicher Schnelligkeit die Straße verwehte, und der Sturm heulte um die Ohren, dass einem angst und bange wurde. Es wurde kaum eine Rastminute der ohnedies schon fast erschöpften Truppe gestattet. »Vorwärts, weiter« hieß es und der Major ritt auf seinem Schimmel fortwährend die Marschkolonnen ab. Er achtete darauf, dass niemand zurückblieb, denn ein solcher wäre wohl unweigerlich in dem furchtbaren Schneesturm erfroren. In Schluderbach hat sich ein schweres Lawinenunglück ereignet. Trotz des unvermindert andauernden Schneesturms kämpfen sie sich in Richtung Lawinenkegel, um vielleicht doch noch Menschenleben zu retten. Nun erst erfahren sie, welche Tragödie sich dort abgespielt hat.

Dreihundert Kaiserschützen waren aus dem Gemärk herausmarschiert. In diesem Augenblick löste sich von den Hängen des Raukofels eine Schneestaublawine und verschüttete die vorausgehende Truppe mit ihren zwanzig Mann. Als die rückwärtige Truppe zu Hilfe eilen wollte, geschah das Unfassbare. »Es löste sich eine zweite noch weit mächtigere Lawine von den Hängen des Raukofel und verschüttete sämtliche zwei Kompanien, nachdem sie noch einen schütteren Wald mitgerissen hatte. Dieses Unglück schuf aber auch noch insoferne eine gefährlichere Situation, als damit ein ganzer Frontabschnitt seiner Verteidiger entblößt war, und die große Gefahr bestand, dass die Italiener die dadurch entstandene Lücke und Verwirrung ausnützen und vorstoßen würden. Aber dies geschah, gottlob, nicht und wiewohl sich dieses furchtbare Lawinenunglück fast vor ihren Augen abgespielt hatte, verhielten sie sich ruhig und störten unsere Rettungsaktionen nicht durch einen Schuss. Man wusste, dass auf der Seite des Gegners Alpini standen und diese vorzügliche Hochgebirgstruppe, von der ich schon früher gesprochen habe, wusste aus eigener Erfahrung von der Gewalt solcher Naturkatastrophen im Hochgebirge und sie waren genug Kavaliere, um unsere, durch die Naturgewalten bedingte Not, nicht auszunützen. Wahrscheinlich sagten sie sich: »Heute dir, morgen mir.«

Die ganze Nacht hindurch arbeiten die Standschützen, trotz Müdigkeit und Lebensgefahr, um doch noch einige Überlebende zu retten. »Nur Leichen und immer wieder Leichen, die vielfach durch die mitgerissenen Bäume und Steine schrecklich verstümmelt waren, gruben sie aus dem Schnee aus und als wir am anderen Tage beim Morgengrauen gegen Landro gingen, um auch zu helfen, sahen wir am Rande der Straße in langen, fast unübersehbaren Reihen die Toten liegen. Mehr als 250 Mann, 6 Offiziere und einen Feldkuraten hatte der weiße Tod gefordert. Es war ein schauderhafter Anblick, der selbst harten Männern Tränen in die Augen trieb.« Nur dreißig Kaiserschützen der einst so stolzen Truppe graben sie zum Teil mit bloßen Händen noch lebend aus dem steinharten Schnee heraus.

Der junge Karl Mayr kann es nicht unterlassen, eine bittere Anklage gegen die Befehlshaber zu richten. »Einheimische Standschützen, die die örtlichen Verhältnisse kannten, hatten wohl ab und zu davor gewarnt, aber an den grünen Tischen des Generalstabes war man ja gescheiter und so mussten dann diese Katastrophen kommen.« Zu wenig hörte man auf die geländekundigen einheimischen Standschützen, zu oft baute man im Sommer, in Unkenntnis der Lage im Winter, Stellungen und Unterkünfte in die Nähe von lawinengefährdeten Strichen. Ausgewählt von Kommandanten, die das Leben im Gebirge nur vom Hörensagen kannten.

Der kriegsuntaugliche Standschütze Karl Mayr wird den Telefonisten zugeteilt. Es ist eine kleine Telefonzentrale, die Verbindungen zu allen Frontstellungen hat. »Anlässlich eines kurzen Frontbesuches war der Thronfolger Erzherzog Karl in diese Telephonbude getreten und hatte dort am Fernsprecher mit dem Kommandanten der Stellungen am Monte Piano sprechen wollen. Als er anrief, meldete sich am Monte Piano der Telephonist, der ein Witzbold war und sich gewohnheitsmäßig beim Aufruf anderer Telephonisten immer als ›Kaiser von China‹ meldete. Als der

Thronfolger anrief und sich als Erzherzog Karl zu erkennen gab, glaubte der Telephonist am Monte Piano natürlich, sein Kollege in der Nasswand mache einen Witz, und er meldete sich prompt als der ›Kaiser von China‹. Er erkundigte sich sogleich mit humoristischen Worten um das werte Befinden seines ›kaiserlichen Vetters.‹ Der Thronfolger Erzherzog Karl, der ein dem Humor zugänglicher Mensch war, durchschaute bald die Situation und begann mit dem ›Kaiser von China‹ ein Gespräch, dass sich alles vor Lachen bog. Die Stimmung dieses Telephonisten auf dem Monte Piano muss eine furchtbare gewesen sein, als er erkannt hatte, mit wem er da tatsächlich gesprochen hatte, und er ahnte die schrecklichsten Strafen.« Doch der Thronfolger versuchte zu beruhigen, dass gerade solcher Humor in Kriegszeiten etwas Einzigartiges sei und trug allen auf, den »Kaiser von China« hoch oben auf dem Monte Piano ungeschoren zu lassen und auf keinen Fall zu bestrafen.

Einige Tage nach diesem Vorfall soll der ob dieses Missverständnisses schon fast trübsinnig gewordene Telephonist eine Schachtel guter Zigaretten mit einem Handbillet des Thronfolgers erhalten haben, auf dem stand: »Seinem Vetter, dem Kaiser von China, der Thronfolger Erzherzog Karl«.

So gehen die Kriegstage dahin. Karl Mayr fühlt sich fast unnatürlich glücklich, »aber da kam in diesen Tagen mit einem neuen Mannschaftsersatz aus der Heimat ein Standschütze, von dem man sich schon wegen seiner eleganten Äußerlichkeit – er trug eine Extrauniform aus feinstem Stoff – fragen musste, wie kommt der überhaupt als einfache Mannschaftsperson zu dieser Standschützengilde. Dieser Mann war der Redakteur und Buchdruckereibesitzer Ferdinand Zelenka, ein etwa 40-jähriger Mann mit dem Antlitz eines Intelligenzlers. Er wurde gleich an meiner Stelle zur Dienstleistung in die Bataillonskanzlei kommandiert und ich wurde wieder zur Telephonordonanz ›versetzt‹.«

Dieser Mann sollte das Leben von Karl Mayr urplötzlich verändern. Denn obwohl der junge Standschütze Zorn in sich trägt, gewinnt ihn Zelenka augenblicklich zum Freund. Er rät ihm zur Besonnenheit, er bittet, ihm zu vertrauen, da er imstande sein könne, sein Leben zu bereichern. Und Karl Mayr erkennt instinktiv im älteren Standschützen die große Kraft seiner Lebenserfahrung. Ihr beiderseitiges Schicksal kettet sich in der Folge immer enger zusammen.

»Ferdinand Zelenka war nicht nur ein Mensch mit einem ungeheuren Universalwissen, sondern er war auch nach den damaligen Begriffen ein reicher Mann, der in der besten Gesellschaft verkehrte. Seine Frau, die ihm kurz vor seinem Einrücken gestorben war, war eine nahe Verwandte des nordischen Dichters Knut Hamsun, mit der er eine ideale Ehe geführt hatte. Er muss diese Frau abgöttisch geliebt haben, denn als sie ihm starb, warf er, um nur vergessen zu können, alles über Bord und rückte als einfacher Standschütze ein. So wollte er in einem vollkommen veränderten Milieu den Schmerz um den Verlust seiner Frau überwinden und nur darum war dieser Mensch plötzlich bei uns aufgetaucht. Dies mag umso mehr Wunder nehmen, als Zelenka in seiner Weltanschauung ein ausgesprochener Pazifist war, der aus dem Standpunkte einer höheren Warte diesen Krieg und seine Auswirkungen ganz anders sah als ich. Ich habe in den folgenden Wochen viel mit ihm über dieses Thema gesprochen und langsam dämmerte mir selber die Erkenntnis auf, dass es wohl so sein müsse und so kommen werde. Er glaubte nicht, dass wir diesen Krieg gewinnen würden, denn alle Aspekte der politischen Weiterentwicklung der europäischen Staaten und vor allem Amerikas sprächen dagegen. Wenn ich ihn dann fragte, warum er unter solche Auspizien überhaupt die Uniform angezogen habe, zuckte er nur die Achseln und sagte: ›Man kann seinem Schicksal nicht entgehen und vielleicht habe ich das Schicksal bei den Hörnern gepackt. Das führt für den Einzelnen oft eher zu einer Lösung wie ein passives Verharren.‹

Noch in einer anderen Beziehung habe ich von diesem Manne viel profitiert. Es war nun einmal so, dass man im Kreise der Soldaten und auch von Kameraden in der gegebenen Situation oft über sexuelle Dinge sprach und dass dabei mit geradezu allzu offenherzigen Worten gesprochen wurde. Nicht zuletzt mein Freund, der Mediziner Wurnig, war da einer von jenen, die da Bilder beschreiben konnten, die gelinde gesagt in Damengesellschaft unmöglich gewesen wären. Das reine Physische der Liebe wurde derart durch solche Reden in den Vordergrund gestellt, dass ein junger, noch reiner Mann, wie ich es damals war, sicherlich in die Versuchung gekommen wäre, dadurch die Liebe als solche gründlich zu verkennen. Da aber war es mein Freund Zelenka, der immer und immer wieder diesen wüsten Reden einen gehörigen Dämpfer aufsetzte, als er mit dem überzeugenden Übergewichte seiner Persönlichkeit betonte, dass das ja alles ganz schön sei, aber es nicht das wahre Wesen der Liebe sei. Diese erschöpfe sich vielmehr in der geistigen Beziehung zwischen Mann und Frau und nur in der Gestaltung dieser Beziehungen könne eine Liebe jene Höhe erreichen, die sie zum gemeinsamen Glück zweier Menschen mache. Nicht der Geschlechtsakt beinhalte das Wesen der Liebe, sondern das Um und Auf, bis es dazu komme. Er nahm keinen Anstand, uns die Richtigkeit dieser Ansicht aus der Art seiner eigenen Ehe zu erklären und zu beweisen. ›Die Liebe, meine lieben Freunde‹, sagte er öfters, ›die ist wie ein schweres Musikinstrument, dessen Spiel man erst erlernen muss. Viele erlernen es nie, denn sie greifen nur mit rohen, ungeschlachten Fingern in die Saiten und da gibt es nur Dissonanzen. Viele erlernen es nur wie stümperhafte Dilettanten und ihr Liebesspiel kann daher auch nicht befriedigen. Wenige aber werden Meister auf diesem Musikinstrument und die Töne die sie ihm dann entlocken, sind himmlische Musik.‹«

Karl Mayr beginnt immer mehr Zelenka und seine Art und Weise zu bewundern. Er ist welterfahren und hoch stehend, ein Mensch den man einfach respektieren muss.

Einmaliges in der Geschichte dieses unseligen Krieges – Diese Toten kann kein Patriotismus rechtfertigen – Sollen die da unten weiter Krieg führen! – Wir schließen Frieden

Der Rauhkofel bewacht zusammen mit dem Monte Piano den Durchzug durch das Höhlensteintal und er stand fest in Tiroler Hand. Doch in einer handstreichartigen Aktion in der Nacht zwischen 31. März und 1. April 1916 war es 700 bergerfahrenen Alpini gelungen, den Gipfel unter ihre Kontrolle zu bringen. Zwar schossen nun von der Schönleitenscharte die österreichischen Gebirgshaubitzenbatterien ununterbrochen auf den Rauhkofel, dass die Kanoniere Brandwunden an den Händen bekamen und ihre fast glühend geschossenen Geschützrohre mit Schnee abkühlen mussten, doch die tapferen Alpini verteidigten sich zäh und sämtliche Angriffsversuche seitens der k.u.k. Truppen forderten unzählige Opfer. In einer Meisterleistung wurden daher zwei schwere Maschinengewehre über eine dreihundert Meter hohe vereiste Felswand auf die Schönleitenspitze gebracht, und man begann sich noch wirksamer auf die tapferen Italiener einzuschießen. Endlich, nach sechstägigem harten Ringen, nach dem von den 700 Alpini nur mehr 90 am Leben waren, und auch diese zum größten Teil schwer verwundet, ging der Gipfel wieder in den Besitz der Österreicher über. Eine total abgezehrte, von den Strapazen hohläugig gewordene Truppe, humpelnd und mit allerlei Verbänden, wurde in das Lager Nasswand geführt. Und nun ereignete sich etwas, was der junge Tiroler Standschütze Karl Mayr als »in der Geschichte dieses unseligen Krieges Einmaliges« bezeichnete:

»Als die gefangenen Italiener auf der Straße durch das Lager wankten, wurden sie von Angehörigen des ruthenischen Landwehrregimentes, jenen traurigen Gestalten, die sich so unrühmlich ausgezeichnet hatten, verspottet und beinahe attackiert. Da griff aber der Lagerkommandant von Nasswand (Kaiserschützenmajor Fuchs) ein und statuierte ein Exempel, das an die Ritterlichkeit längst vergangner Jahrhunderte erinnerte. Er hieß die gefangenen Italiener anhalten, ließ eine Kompanie der Landwehrtruppe in voller Ausrüstung an der Straße antreten und diese mussten den vorbeigehenden italienischen Gefangenen die Ehrenbezeugung leisten. Die Italiener, die sich zunächst nicht recht auskannten, was da vorgehe, schauten mit verschüchterten Blicken auf die Front der die Ehrenbezeugung leistenden Truppe, doch als sie erkannt hatten, um was es da ging, trat plötzlich ein Alpini-Leutnant, dessen Kopf mit einem durchbluteten Verband umwickelt war, aus ihren Reihen heraus, ging zu dem Kaiserschützenmajor, reichte ihm die Hand und sagte einfach: ›Grazie, tante grazie!‹ (Danke, vielen Dank).« Selbst Karl Mayr wird von diesem Augenblick überwältigt.

»Es ist jammerschade, dass diese Szene, die von einer heroischen Größe war, nicht in einem Lichtbild festgehalten wurde, denn dieses Bild wäre ein wirkliches Dokument menschlicher Größe gewesen.«

Leider! Bilder von diesen Augenblicken richtiger Menschenwürde kann es nicht geben, denn hätte es dies Kriegsfoto gegeben, das so auch beitragen könnte, zukünftige Kriege zu vermeiden, es wäre wohl nie aufgetaucht. Man hätte es vernichtet, und den Autor verdammt. Wie viel leichter ist es, Fotos, sehr oft auch gestellte, von Geschützen, von vor Waffen strotzenden Menschengruppen zu machen, und wie schwer ist es, die Augenblicke des Friedens im Krieg darzustellen. »Damals habe ich die furchtbare Tragik des Krieges und das Unsinnige dieser Selbstzerfleischung von Menschen das erste Mal erkannt und mein neuer Freund Zelenka hatte Recht, wenn er sagte: ›Diese Toten kann kein Patriotismus rechtfertigen oder entschuldigen.‹«

Noch in den Tagen nach diesen Kämpfen, die an die tausend Tote forderten, wurden in der Nacht »die steif gefrorenen Toten zu Hunderten wie Holzstämme über Stein und Schneeriesen« heruntergedriftet und begraben. Im Generalstabsbericht des 8. April 1916 hört es sich wesentlich nüchterner an: »Die Kämpfe um den Rauhkofl sind durch die Wiedereroberung dieses Berges siegreich abgeschlossen.« Keine Spur davon steht hier geschrieben; wie es wirklich war, keine einzige Zeile erwähnt jenes Bild der Hochachtung und des Friedens, das sich beim Zusammentreffen der geschundenen Truppen abgespielt hat. Krieg ist immer dort, wo es keine Wahrheit gibt.

«Noch eine andere Episode aus den Winter- und Frühlingskämpfen in diesem Teile der Dolomitenfront möchte ich hier erwähnen, die dem Geschehen eine mehr versöhnliche Note gab und von der mein Freund Zelenka mit leuchtenden Augen erwähnte, dass es so schön wäre, wenn wir alle es so machen würden. Ich erwähne diese Begebenheit nicht nur wegen ihrer Besonderheit, sondern auch deshalb, weil ich bezweifle, ob sie in der Geschichte des 1. Weltkrieges irgendwie und -wo eine Erwähnung gefunden hat. Man könnte diese Episode als den ›Friedensschluss auf der Schönleitenspitze‹ bezeichnen und dies kam so:

Auf der Schönleitenspitze, einer 2.722 Meter hohen und im Winter vollkommen isolierten und unzugänglichen Erhebung im Vormassiv des Monte Cristallo, befand sich ein Zug der Kaiserschützen in der Stärke von etwa 40 Mann unter dem Kommando eines Leutnants. Auf dem südlichen Vorgipfel dieser Spitze, etwa 50 Schritt von den Unseren entfernt, befand sich eine etwa ebenso starke Gruppe der Alpini in genau derselben Situation. Während der Sommermonate des Jahres 1915 führten diese beiden Gruppen gegeneinander brav Krieg. Als aber der Winter drohte – das war dort oben schon im Oktober der Fall –, wurden sie noch schnell mit Proviant für den ganzen Winter ausgerüstet und ihrem Schicksal überlassen, denn nach dem ersten Schneefall im November konnte schon kein Nachschub mehr erfolgen.

Dass die Wintermonate auf der Schönleitenspitze schon wegen des Kampfes gegen die Naturgewalten kein Honiglecken waren, ist verständlich. Vierzig Mann, die dort in einer notdürftigen Baracke hausten, waren vollkommen auf sich allein gestellt und konnten von niemand eine Hilfe erwarten. Sie mussten eben sehen, wie sie über den Winter hinwegkamen. Da es den Italienern auf dem Vorgipfel auch nicht besser ging, wurde es bald zu einer stillschweigenden Vereinbarung, dass man sich gegenseitig nicht mehr beschoss. Wozu auch? Das hatte doch keinen Sinn mehr, da man auf beiden Seiten alle Kräfte einsetzen musste, um sich gegen die Naturgewalten, den Sturm und die Kälte behaupten zu können. Dies ging so recht und schlecht bis Feber 1916, aber da trat dann auf unserer, wie auf der Feindesseite die Situation ein, dass verschiedene Versorgungsgüter so knapp wurden, dass man ernstlich Sorge hatte, ob man noch bis zum Frühling durchhalten könne. Und da war es gekommen, dass einmal ein italienischer Posten herüberrief – man war ja nur einige 50 Schritt voneinander entfernt – sie hätten nichts mehr zu rauchen, ob wir ihnen nicht aushelfen könnten. Unser Posten entgegnete darauf, nachdem er sich erkundigt hatte, Tabak hätten wir noch genug, aber bei uns sei das Brennmaterial knapp geworden. Daraufhin wurde von irgendeiner Seite der Vorschlag gemacht, einen Waffenstillstand abzuschließen und sich gegenseitig auszuhelfen. Die Kommandeure beider Seiten waren damit einverstanden und nachdem man zusammengekommen war, konnte man feststellen, dass es ganz gut möglich war, dass uns die Italiener mit Brennmaterial versorgten und dafür im Tausch von uns Tabak bekamen. Dieser Austausch und Ausgleich von Versorgungsgütern wurde aber dann in der Folge noch auf verschiedene Lebensmittel ausgedehnt, denn es stellte sich heraus, dass die Italiener noch ganz beträchtliche Vorräte an Reis hatten, von dem sie gerne einige Säcke für unser Dörrgemüse abgaben. Es zeigte sich überhaupt für uns und auch für die Italiener, dass der Gegner eigentlich auch ein ganz netter Mensch war, und da beide Gruppen denselben Kampf gegen die unbarmherzigen Naturgewalten führen mussten, entwickelte sich bald eine gewisse menschliche Bergkameradschaft, die solche Formen annahm, dass beide Teile sagten: ›Sollen die da unten weiter Krieg führen! Wir da heroben haben jedenfalls keine Veranlassung, uns gegenseitig die Köpfe einzuhauen und uns mit Kugeln zu durchlöchern! Wir schließen Frieden und wollen ihn auch halten, solange man ihn uns halten lässt!‹

So soll es dann von selbst gekommen sein, dass unsere Leute von den Italienern in ihre Stellungen eingeladen wurden und auch umgekehrt. Es soll Verbrüderungsszenen gegeben haben, die mit italienischem Wein und österreichischem Schnaps und Rum befeuchtet wurden, kurz und gut, da droben auf der Schönleitenspitze war in den Wintermonaten jener Friede verwirklicht worden, den drunten im Tale Hunderte von Soldaten hüben und drüben schon mit allen Fasern ersehnten und nicht verwirklichen konnten, weil es die Führer und Diplomaten der Staaten nun einmal nicht wollten.

Dieser Zustand auf der Schönleitenspitze ließ sich recht gut aufrechterhalten, solange man von der übrigen Menschheit isoliert war, als aber im April des Jahres 1916 wieder eine Verbindung zum Tale zu funktionieren anfing, wurde die Sache denn doch kritisch. Der Kommandant der österreichischen Truppe begann Schlimmes zu ahnen und dem italienischen Kommandanten ging es wahrscheinlich auch nicht besser. Man begann notgedrungen sich wieder gegenseitig zu separieren, man beschoss sich zwar nicht, aber es war wieder die Front da. Diese Episode hatte dann noch ein Nachspiel vor dem Kriegsgericht. Da sich dieser »Friede« auf der Schönleitenspitze nicht verheimlichen ließ, wurde die Truppe abgelöst und ihr Kommandant musste sich vor den Schranken des Divisionsgerichts rechtfertigen. Vielleicht ist es dem Kommandanten der italienischen Besetzung dieses Berges auch nicht viel besser ergangen. Welchen Ausgang das Kriegsgerichtsverfahren hatte, weiß ich nicht. Ich habe davon niemals etwas erfahren.«

Die Knochenmühle mahlt unausgesetzt weiter – Sie sangen erhaben das »Vaterunser« – Kaiser Karl war für diese harte Zeit ein schwacher Mann – Eine Tapferkeitsmedaille macht noch keinen Helden aus

Die Dolomiten stellten nur eine kleine Insel im allgemeinen Töten und Gemetzel dar. Ab April 1916 konzentriert man alle Kräfte im Valsugana-Tal, um von dort in die oberitalienische Ebene vorzudringen und so einen Keil bis zur Isonzo-Front zu treiben. Doch das Wetter spielte nicht mit, während gleichzeitig in Galizien General Brussilow eine noch gewaltigere Offensive startete. Überstürzt verlegte man von den Dolomiten Soldateneinheiten an die Ostfront, um dort der nahenden Katastrophe zu entgehen und die durchlöcherten Stellungen mit frischem Menschenmaterial aufzufüllen. »Inzwischen mahlte aber die Knochenmühle am Isonzo unausgesetzt weiter und forderte hüben und drüben Hekatomben von Menschenleben. Eine Isonzo-Schlacht nach der anderen wurde geschlagen, und mit dem Einsatz aller verfügbaren Kräfte war die italienische Heeresleitung bestrebt, den Durchbruch nach Triest zu erzwingen. Es gelang ihr nicht. Unsere Front am Isonzo bröckelte zwar etwas ab, aber sie hielt, und Italien musste den Gewinn von nur wenigen km^2 Geländes mit zehntausenden von Toten bezahlen.«

Für Karl Mayr beginnen vorerst einmal ruhigere Zeiten. Er, der es gewohnt gewesen ist, an vorderster Front Verantwortung zu tragen, fühlt sich als Telefonist fehl am Platz. Zumindest kann er nun in aller Ruhe lesen und sich weiterbilden.

»Von zu Hause bekam ich in dieser Zeit und in der Folge keine guten Nachrichten. Mein Stiefvater war infolge einer böswilligen Verleumdung seines Dienstes enthoben worden und er musste wegen angeblicher irredentistischer Betätigung, die ja nun als Hochverrat galt, sogar vor den Schranken eines Militärgerichtes erscheinen. Nach langwierigen Prozessverhandlungen, während denen er sogar eine Zeit in Haft saß, wurde er endlich doch freigesprochen, wurde aber nicht mehr zum Dienst zugelassen, sondern musste zum Militär einrücken, wo er trotz seiner zivilen Stellung und Vorbildung als gemeiner Soldat zum Eisenbahn- und Telegraphenregiment eingezogen wurde.« Er wird an die Front verlegt, von allen Seiten schikaniert und seiner Menschenwürde beraubt.

Jeder Tag lässt Standschütze Karl Mayr reifen. Er hält seine Augen offen, will lernen, zum anständigen Menschen werden. Im Höhlensteintal werden zu dieser Zeit russische Kriegsgefangene beim Straßenbau eingesetzt. Man behandelt sie schlecht, gibt ihnen nur das Kärglichste zu essen. Man bringt diesen zumeist älteren Männern nur einmal am Tage, zu Mittag, einen gekochten Maisbrei. Und obwohl Karl Mayr merkt, dass aufgrund ihrer anstrengenden Arbeitstätigkeit dieser bei weitem nicht ausreicht, ist er über ihre Gesten der Brüderlichkeit überrascht. »Sie stellten sich im Kreise um den Maisbreikessel auf, zogen ihre Kopfbedeckung herunter und sangen in ihrer russischen Muttersprache das Vaterunser. Sie sangen es aber derart schön und erhebend, mehrstimmig mit tiefen Bässen und jubelnden Tenören, dass ich aufhorchen musste und davon selbst ganz ergriffen war. Welchen abgrundtiefen Glauben mussten diese einfachen russischen Kuschiks gehabt haben, die Gott so herrlich für dieses Essen, das eher einem Schweinetrank glich, danken konnten.«

Auch von anderer Seite gibt es Neuigkeiten. In diesen vom Schicksal bewegten Tagen stirbt in Schloss Schönbrunn in Wien Kaiser Franz Josef, »nachdem er noch am Vortage mit einer vor Fieber zitternden Hand seine letzte Signatur auf seinen letzten Akt gesetzt hatte. Mit ihm ist eigentlich in aller Stille der letzte wirkliche Kaiser des Abendlandes dahingegangen, denn sein Nachfolger, der Kaiser Karl, konnte nicht mehr die ihm vom Schicksal aufgebürdete Last eines österreichischen Kaisertums ertragen, er konnte nur noch mit der Monarchie untergehen.« Was sich nun weiter fortsetzt ist der unaufhaltsame Untergang. »Sein Nachfolger, der Kaiser Karl, auf den wir Soldaten sofort vereidigt wurden, war nicht eine ebenso überragende Herrscherpersönlichkeit wie sein Vorgänger und er war der Letzte, der das drohende Unheil des Staatsunterganges hätte abwenden können. Er war zwar ein Mensch mit gutem Willen und mit verschiedenen anderen guten Eigenschaften, die ihm bisher als Thronfolger und Armeeführer eine gewisse Beliebtheit unter den Soldaten verschafft hatten, aber er war im Grunde genommen ein für diese harte Zeit allzu weicher und schwacher Mensch. Als es immer mehr offenbar wurde, dass er ganz unter dem Einfluss seiner herrschsüchtigen Gattin, der Bourbonenprinzessin Zita stand, verlor er gegen Ende auch die letzten Sympathien seiner Völker, die der alte Kaiser Franz Joseph trotz der nationalen Zentrifugaltendenzen immer noch hatte.«

Mit immer neuen Techniken versucht man sich gegenseitig zu übertrumpfen. Fortwährender Minenbeschuss am Monte Piano durch die Italiener fordert unzählige Tote auf Seiten des Standschützenbataillons. Im Unterschied zu den Granaten, die nur ein großes Loch aufrissen, breiteten sich die explodierenden Minen in alle Richtungen aus. Der Luftdruck allein brachte ganze Baracken zum Einsturz und mordete qualvoll die Soldaten.

Der älteste in der Runde, Ferdinand Zelenka, wurde schnell von allen anerkannt und alle betrachteten ihn nun als heimlichen Führer. Dazu trug auch bei, dass er sich in allen Situationen den anderen jüngeren oder sehr oft auch geistig weniger versierten Kameraden in bemerkenswerter Art und Weise anpasste. Er versuchte zu vermitteln wo es nur ging. Karl Mayrs Freund Sieberer zeigte ihm einen Feldpostbrief eines Standschützen der dritten Kompanie an seine Frau: »Meine herzallerliebste Moidl! Vom Leitner Simmerl, der was auf Urlaub war, hob i gehört, das du mid dem Loislnachbarn a Gspusi hast. Mei Liaber! Oes kennts enk freun, wen i Hoam kimm. Vom Loisl wird nit viel übrig bleibn und die Fotzn, die du kriegst, die wern ausgiebig sein. Im Uibrigen sei herzlich gegrisst … Dein dich stehts libender Gatte Franz.« (Meine allerliebste Moidl. Vom Leitner Simmerl, der auf Urlaub weilte, habe ich erfahren, dass du mit dem Loisl-Nachbarn eine Liebelei hast. Meine Liebste. Freut Euch nur, wenn ich heim komme. Vom Loisl wird nicht viel übrig bleiben, und die Ohrfeigen, die Du abkriegst, werden ausgiebig sein. Im Übrigen grüße ich Dich recht herzlich, Dein Dich stets liebender Gatte Franz!) Um die Liebe und Treue stand es in all den Kriegszeiten schlecht. Wollte man den heutigen Tag überleben, durfte man an den morgigen gar nicht erst denken.

Wieder begannen die Italiener von Cortina d'Ampezzo aus mit aller Vehemenz Toblach zu beschießen. Die Bahnlinie sollte damit ausgeschaltet werden. Die Züge wurden nicht getroffen, wohl aber die Bahngleise schwer beschädigt. Und dazu noch die vielen großartigen Hotels, in denen einige Jahre zuvor Europas Adel abgestiegen war. Es gab keine Toten, nur einmal durch Leichtsinn, als halbwüchsige Burschen »von dem Blindgänger einer Granate den kupfernen Führungsring herunterschlagen wollten, wobei das Geschoss explodierte und die beiden unglücklichen Burschen total zerriss«. Trotzdem ließen sich die Toblacher von einer fast normalen Tätigkeit nicht abbringen, und »es war bewundernswert, mit welcher Ruhe die Bauern ihrer Arbeit auf den Feldern nachgingen, obwohl sie oft keine 200 Meter von der Schusszone entfernt arbeiteten«.

Karl Mayr bekommt auch seine erste Kriegsauszeichnung, das »Karl-Truppenkreuz«. Er hat sich zwar eine höhere Auszeichnung erwartet, gibt sich aber sarkastisch, »dass das Signum einer Tapferkeitsmedaille auch nicht immer gerade einen Helden charakterisiert hat«.

Im September 1916 beschießt die italienische Fernartillerie noch vehementer die Ortschaften Toblach, Niederdorf, Innichen und Sillian, die Österreicher zur Vergeltung dagegen Cortina. Trotzdem wird es allgemein ruhiger. Die Fronten sind auf allen Seiten erstarrt, die Stellungen hat man auf beiden Seiten so ausgebaut, dass sie zu uneinnehmbaren Bollwerken geworden sind; zudem verspürt keiner mehr ein außerordentliches Interesse daran, die andere Seite zu reizen. Überall ist eine Fülle von unterirdischen Kavernen angelegt worden, über die nun ein Großteil des Nachschubs läuft. Zwar hat man lange Zeit versucht, einzelne gegnerische Stellungen in die Luft zu sprengen, aber auch diese Kriegslist hat nicht den erhofften Erfolg gebracht. Mittlerweile hat man auch fast alle Punkte oben in den Bergen durch ein dichtes Netz von Telefonleitungen verbunden, einige Unterkünfte waren selbst mit elektrischem Licht versorgt werden. So »wurde der Krieg zu einem richtigen Festungskrieg, der bei der Ausgewogenheit der beiderseitigen Kräfte nicht mehr besondere Überraschungen bringen konnte, zumal wir ja alle wussten, dass die eigentliche Entscheidung dieses Krieges nicht an unserer Front fallen konnte«.

Es schneite unentwegt Tag und Nacht – Schneehöhe vier Meter – Friede den Menschen auf Erden – Gott tut keine Wunder auf Wunsch von uns kleinen Menschen

Die warmen Monate des Jahres 1916 gingen vorüber, schon bereitete man sich auf den kommenden Winter vor. Man erwartete ihn beruhigt, nachdem man aus dem vorangegangenen die nötigen Lehren gezogen zu haben glaubte und man davon ausging, dass die Stellungen und Versorgungswege von Lawinen geschützt seien. Am 20. Oktober herrschte noch ein wunderschöner, sonniger Herbsttag. »Da trübte sich plötzlich an einem Nachmittag um den 24. Oktober herum der Himmel ein, es brach frühzeitig die Dämmerung herein, es wurde kalt und vom Himmel schwebten die ersten Schneeflocken herunter. Erst waren es nur vereinzelte Flocken, aber bald wurde der Schneefall dichter und in der darauf folgenden Nacht schneite es, wie ich es noch nie in meinem Leben schneien gesehen hatte. Es war ein immer mehr sich verdichtender Schleier von ungewöhnlich großen Schneeflocken, der sich auf die Natur heruntersenkte. Es schneite die ganze Nacht ununterbrochen und als der fahle Morgen anbrach, der uns die Wälder, Berge und Wiesen schon im Winterkleid zeigte, schneite es unentwegt über den ganzen folgenden Tag und die folgende Nacht ohne Unterbrechung weiter. Als am dritten Tage der Schneefall wenigstens zeitweise aufhörte, steckten wir in etwa drei Meter Schnee.« Nun begann ein Kampf gegen die Natur, der alles lähmte. Doch all dies war nur eine jämmerliche Atempause gewesen. Bald setzte von neuem Schneefall mit einer nie gekannten Intensität ein. Die Baracken versanken unter meterhohen Schneemauern. Mühselig quälte man sich auf Schneereifen oder Skiern dahin.

»Auf der Dolomitenstraße wurden Hunderte von russischen Kriegsgefangenen eingesetzt, um die Straße für den Verkehr freizuschaufeln, aber es zeigte sich in der Folge, dass dies auch nur bis zu gewissen Grenzen ging. Als die Schneehöhe die Viermetermarke überschritten hatte, war an ein Ausschöpfen der Straße nicht mehr zu denken. Was nun? Da begann man Schneetunnels zu bohren. Zu Weihnachten 1916 wickelte sich bereits der ganze Straßenverkehr von der Nasswand bis zu den Frontstellungen nur mehr in Schneetunnels ab.« Bis zur Nasswand im Höhlensteintal war es mit Hunderten von Kriegsgefangenen notdürftig gelungen, die Straße freizuhalten, auch wenn man sich zwischen meterhohen Schneemauern hindurchquälen musste. Unter Lebensgefahr musste man den hoch oben in den Bergen ausharrenden Truppen Nahrungsmittel zukommen lassen. »Die schweren Pferde unseres Trains waren den Strapazen nicht gewachsen und gingen fast alle ein, nur die Maultiere und die dürren, drahtigen Huzulenpferde hielten durch.«

Das Leben ruhte an der Front. »Auch die Artillerie gab keinen Schuss mehr ab, denn es hatte sich gezeigt, dass die Granaten meist doch nur als Blindgänger im Schnee stecken blieben. Die Mannschaft lag aber über den ganze Winter drunten in ihren tief verschneiten Unterständen und vertrieb sich die Zeit mit Schlafen und Kartenspielen.« Überall herrschte nun Ruhe und Frieden. Ein Frieden, der die Soldaten beider Seiten beglückte. Und selbst die Lawinen wüteten nicht mehr so schrecklich wie im letzten Jahr.

»Ab und zu ging wohl in den Wintermonaten da und dort eine Lawine herunter, aber man hatte die Erfahrungen des letzten Winters, war auf der Hut und so ereigneten sich keine wesentlichen Unglücksfälle. Nur bei der Katzenleiter riss eine kleine Lawine einmal eine italienische Grabenstellung herunter und streute einige Alpini direkt in unseren Graben hinein, wo sie gleich von unseren Leuten lachend in Empfang genommen wurden.«

Weihnachten nahte, zum zweiten Mal. Obwohl es allen schien, als dauere dieser Krieg schon seit ewigen Zeiten. »Auf einige Train-Schlitten hatte die Mannschaft kleine, mit färbigen Papierflittern geschmückte Christbäumchen hinaufgesteckt, die daran erinnern sollten, dass vor 1916 Jahren in Bethlehem der Heiland geboren worden war und dass die Engel ›Friede den Menschen auf Erden‹ gesungen hatten. Aber war das ein Friede? Der schien noch weit, so weit, dass wir an ihn schon gar nicht mehr glauben konnten.« An diesem 24. Dezember 1916 ersäuft der junge Standschütze Karl Mayr seine Hoffnungslosigkeit in Wein. »Es wurde Wein getrunken, viel Wein, denn die Soldaten hatten alle Geld und wollten offensichtlich im Alkohol ihre trübe Stimmung an diesem Heiligen Abend ertränken.«

Das Jahr 1917 begann, das vierte Kriegsjahr. Mit allen Mitteln versuchte man notdürftig die immer weiter dezimierte Truppe wieder aufzufüllen. »Dies gelang letzten Endes hauptsächlich deshalb, weil so mancher 18-Jährige aus den Standbezirken unserer Kompanien, die sonst zum aktiven Heer im Wege der Absentierung hätte einrücken müssen, lieber vorher freiwillig sich als Standschützen anwerben ließen, da sie bei dieser Truppe immerhin unter ortseigenen Bekannten waren und auch die Ausbildung und Disziplin nicht so hart war wie beim aktiven Heer. Dadurch verjüngte sich auch etwas der Mannschaftsstand unserer Kampftruppe, denn von den Alten waren ja nicht mehr allzu viele da.«

Eine Kindertruppe wird zum letzten Aufgebot. Hiobsbotschaften kommen von allen Seiten. Die Vereinigten Staaten treten in den Krieg ein. Abgrundtiefe Resignation macht sich überall breit. Der Würgegriff der Blockade lässt alles knapper werden. Neue bisher nie gekannte Techniken halten Einzug ins Kriegsgeschehen. Der Krieg in der Luft wird zu einem neuen Zauberwort, erste Panzer werden in Frankreich eingesetzt. Selbst größte Tapferkeit zählt nun nicht mehr allzu viel. Der Gaskrieg stellt den Kampf auf eine neue mörderische Ebene. »Gegen das sogenannte Blaukreuz- und Grünkreuzgas, die als Blausäuregifte über die Atmungsorgane Lunge und Herz zerfraßen, konnte man sich noch schützen, vorausgesetzt, dass man eine gute Gasmaske zur Hand hatte und mit ihr umzugehen verstand, aber gegen das Gelbkreuzgas, ein Senfgas, konnte auch die Gasmaske nicht helfen, denn dieses Gift drang durch die Poren der Haut in den Körper ein und tötete den Menschen auf die qualvollste Weise.«

Aber noch immer herrschte irgendwo, weit weg von den einfachen und ausgezehrten Truppen makabre Siegeszuversicht. »In den Offiziermessen der hohen Kommandostellen hatte man zu Neujahr 1917 das neue Jahr mit sturer Voreiligkeit bereits als das Jahr des endgültigen Sieges gefeiert und mit Wein und Liquör begossen. Wir einfache Soldaten, soweit wir über die nötige Intelligenz und ein logisches Denken verfügten, waren aber nicht mehr so siegeszuversichtlich.« Und selbst sein Freund Zelenka stellte in Gesprächen mit »unerbittlicher Klarheit die These auf: ›Diesen Krieg haben wir bereits verloren.‹« Mochten immer noch Generäle und Kommandierende Tausende Menschen in den Tod treiben, im Untergrund tut sich immer mehr eine neue Welt auf. »Ich wollte an ein Wunder glauben, das vielleicht zu unseren Gunsten noch geschehen könnte, aber Zelenka tat dies mit den Worten ab: ›Gott tut keine Wunder auf Wunsch von uns kleinen Menschen.‹« Jeder musste das Joch des Krieges anders ertragen, manch einer tat es mit lähmender Apathie, ein anderer wieder versuchte, als sei das Weltende angebrochen, animalisch in den Tag hineinzuleben.

Museo della Grande Guerra – Passo Fedaia

Eine Geste der Mitmenschlichkeit: Ein Tiroler Standschütze transportiert einen verletzten italienischen Soldaten zum Feldlazarett.

Unsere Familie ist vollkommen zerrissen – Wir werden andere Menschen sein – Dies ist kein Kaiser, sondern ein Säufer – Hier siehst du die Hölle

Wieder versetzt man Karl Mayr zu jener Stätte zurück, wo er vom Kind zum Manne gealtert ist. Er muss von neuem zum Kreuzbergpass. Wie zum Hohn liegen dort noch die eigenen verrostenden Rollbomben der früheren Jahre herum. »Diese riesigen, schwarzen Ungetüme waren eiserne, mit Sprengstoff gefüllte Hohlkugeln, die gegen einen anrückenden Feind über den Berg hinuntergerollt werden konnten. Wie die Sprengladung zur Explosion gebracht werden sollte, wusste eigentlich keiner, sie wurden aber auch nie verwendet.« Die »Festung Seikofl« kennt er noch aus dem Jahr 1915, als dort mörderische Kämpfe tobten. Auch jetzt sind die italienischen Schützengräben nur vierzig Schritte entfernt. »In diesem Schützenstand, hinter dem sich das gut gepflegte Grab eines unbekannten italienischen Soldaten befand, war es nicht ratsam, sich ohne Deckung zu exponieren, ohne den gut gezielten Schuss eines gegnerischen Scharfschützen herausfordern zu wollen. Aber vielleicht gerade deshalb war diese Stellung die verhältnismäßig ungefährlichere, da beide Teile daran ein Interesse hatten, einander Ruhe zu geben.«

Überall findet er noch die Spuren des Sterbens aus dem Jahr 1915. »Gerade aus dieser Gegend habe ich auch im Sommer desselben Jahres einmal einen wunderschön erhaltenen Skelettkopf geborgen, den ich dann meinem Bruder für seine Studienzwecke als Mediziner heimbrachte.« Der Krieg hat jeden abgestumpft. Ereignisse, die früher die Seelen aufgerüttelt hätten, nimmt man nun gelassen und ohne seelische Regungen zur Kenntnis. »Zwei- oder dreimal kam auch vom Gegner ein Überläufer herüber, der uns bewies, dass es mit der Kampfmoral der Italiener nicht am besten stand und dass sie auch schon mehr als genug vom Kriege hatten, aber das alles waren keine so besonderen Ereignisse, dass sie den normalen Dienstablauf irgendwie beeinträchtigt hätten.«

Ein neuer Frühling zieht am Seikofl ein. Sie vertreiben sich die Zeit mit dem Ausbau der Stellungen. Es ist alles nicht mehr wie zu Beginn des Krieges, als sie sich noch in den Lehm hineinwühlen mussten, um einigermaßen gesichert zu sein. Der Sommer kommt, auch die nahe gelegenen italienischen Truppen sind von den Kämpfen gezeichnet und müde. Doch der Oktober 1917 verändert die Landschaft. »An der Isonzo-Front, im Raume von Tolmein, war über unseren Gegner ein Gewitter hereingebrochen, das dann für ihn zur Katastrophe wurde.« Zusammen mit dem deutschen Generalobersten von Below gelingt unerwartet der Durchbruch bei Karfreit. Die Reste der geschlagenen italienischen Armee fluten in völliger Auflösung zurück, tausende ergeben sich kampflos, ungeheure Mengen von Kriegsmaterial bleiben zurück. Siegeszuversicht herrscht allenthalben. Die italienischen Truppen ziehen sich fluchtartig von Schluderbach und Cortina zurück, am Kreuzbergpass verschießen sie noch einmal ein letztes Mal ihr ganzes Munitionslager. Dann räumen sie überall kampflos das Feld. Viele ergeben sich kampflos, sie alle sind zermürbt und demoralisiert. Doch was sie an Nahrungsmitteln zurücklassen, ist vom Feinsten für die immer hungrigen Standschützen und Kaiserjäger.

»Südlich von Padola war man auch auf ein ungeheures Weinlager der Italiener gestoßen und dort sind bei einer Plünderung durch Angehörige eines sogenannten Trachombataillons – das war eine Straftruppe unserer Armee – einige Soldaten buchstäblich im Wein ertrunken. Man hat dann ein Riesenfass dieses Weinmagazins auf der Straße aufgestellt und jeder Soldat, der die Straße nach Norden oder Süden passierte, durfte sich eine Menageschale voll Wein abzapfen. Nach drei Wochen soll dieses Fass noch nicht geleert gewesen sein.

Unsere Soldaten erzählten aber auch noch von anderen unerquicklichen Dingen. Die Bevölkerung des oberen Comelicotales war wahrscheinlich schon früher fast zur Gänze evakuiert worden, so dass die Dörfer und Gehöfte fast durchwegs verlassen und leer waren. Wiewohl der Rückzug der Italiener überstürzt war, hatten sie aber doch vielfach unangenehme Fallen gestellt, die wenigstens anfänglich Verluste unter unseren Leuten verursachten. Abgesehen davon, dass sie da und dort die Lebensmittel vergiftet hatten, kam man durch Unglücksfälle bald darauf, dass der Gegner öfters in Privathäusern die Öfen mit Dynamit geladen hatte und in einigen Fällen wurden bei der Heizung solcher Öfen durch die Explosion des Sprengstoffes unter den Soldaten Verluste zugefügt. Es hatte sich erfahrungsgemäß bald als notwendig erwiesen, beim Öffnen einer jeden Türe insofern vorsichtig zu sein, als der Gegner in vielen Fällen im Raume Handgranaten zurückgelassen hatte, deren Abzugsschnur mit der Türklinke verbunden war. Öffnete man nun die Türe, so brachte man gleichzeitig die Handgranaten zur Explosion.«

Doch die Hoffnung, dass nun die Italiener besiegt seien, erweist sich als Illusion. Es ist nur ein letzter Funke vor dem Untergang. So sucht Karl Mayr noch einmal bei seinem Freund Ferdinand Zelenka Rat und fragt ihn, wie nach seiner Ansicht alles enden werde. Mit einer überzeugenden Bestimmtheit weiht er den jungen Standschützen ein:

»Wie das enden soll? Nun es wird, wenn nichts Außergewöhnliches eintritt, das dem Kriege ein vorzeitiges Ende setzt, so enden, wie es eben mit den versprengten, abgeschnittenen Alpinitrupps auf dem Elferkofl und auf dem Monte Cristallo geendet hat. Diese hielten sich auf verlorenem Posten so lange, bis sie eben, vor Hunger ermattet, physisch kampfunfähig geworden sind. So wird es auch bei uns enden.« Karl Mayr kann dem nur mehr stumm zustimmen. Er ist Realist geworden, und abgebrüht. Der letzte schwere Gang steht bevor, und aus dem gibt es trotz aller Siegesmeldungen kein Entrinnen. Noch einmal wird die letzte Reserve ausgehoben, auch sein jüngerer Bruder Artur wird im Herbst 1917 eingezogen. Schon am dritten Tage erkrankt er schwer an einer Lungenentzündung. Mit einer angegriffenen Lunge wird er von Spital zu Spital geschoben. Seinen Stiefvater lässt man dagegen an der Valsuganer Front härtesten Dienst tun und schwere Strapazen ertragen. Die

Mutter bleibt, wie viele andere Frauen, alleine zu Hause zurück, jeden Tag hoffend, dass der Postbote sie vor schlechten Nachrichten verschone. Der Hunger in den ländlichen Gegenden wird immer quälender.

Im Spätherbst 1917 erreicht Karl Mayr noch ein Brief von seinem Stiefvater, der aus irgendwelchen Gründen seinen Weg durch die Zensur gefunden hat: »Lieber Karl! Es ist nicht der Krieg und seine unmittelbaren Tatsachen, die mich so bedrücken, sondern es sind die Folgen, die ich schon heute sehe. Auch unsere Familie ist nun vollkommen zerrissen und kann wohl nie mehr so zusammenfinden und in Frieden leben, wie es einmal war. Und selbst wenn wir wieder zusammenfinden, was Gott geben möge, dann werden wir andere Menschen sein und es ist die Frage, ob wir wieder die Grundlagen zu unserer harmonischen Familiengemeinschaft von einst finden werden. So wie uns geht es aber jetzt Zehntausenden von Familien. Mir graut vor der Zukunft.«

Noch einige Zeit lässt man Karl Mayr am Seikofl verharren. Man hat für den eigentlich wehruntüchtigen Mann, der jederzeit als treuer Soldat seinen Dienst versehen hat, keine rechte Verwendung mehr. »Unser Bataillon verblieb auf dem Seikofl ungefähr bis zum 6. November und wurde dann ins Pustertal zurückgezogen, wo für uns eine etwa zwei Wochen dauernde, anscheinend sinnlose Wanderschaft begann. Man wusste bei den höheren Kommandostellen offenbar im Augenblick nicht, was man mit uns anfangen sollte, denn bestimmungsgemäß durften wir nur zur Verteidigung der Grenzen des Landes Tirol verwendet werden.« Einige seiner Kameraden glauben nun hoffnungsvoll daran, dass sie endlich in die Freiheit entlassen werden, doch auch dies erweist sich als Täuschung. Das kränkelnde und sterbende Vaterland hat noch immer nicht genug an Menschenopfern. Der Krieg muss weitergehen. Bis zum bitteren Ende.

Vorerst lässt man sie in die Osttiroler Gemeinde Sillian marschieren, um dort bei Aufräumarbeiten Dienst zu tun. Der Winter ist mittlerweile angebrochen und wieder türmen sich überall meterhohe Schneewände. In einem Wirtshaus schlafen sie zu zwanzig in der kalten Gaststube. Sie beheizen den Bauernofen mit Holz, um sich notdürftig zu wärmen. Vor dem Einschlafen legen sie ihre schneenassen Socken und Fußfetzen auf den Ofen. »Ich war vor Müdigkeit bald eingeschlafen und hatte dann während des Schlafes nur im Unterbewusstsein das Empfinden stark zu husten. Da wurden wir in der Nacht plötzlich aufgeweckt. Unsere Tagcharge stand mit einer Laterne in der Tür und brüllte: ›Auf Mander! Ihr derstickts ja!‹ Der Raum war voll von Rauch und alle drohten zu ersticken. Die Socken hatten zu glimmen angefangen.«

Dann werden sie nach Innichen versetzt, um von dort irgendwo an eine Front mit unbestimmtem Ziel verschickt zu werden. Mit der Bahn geht es eines Tages weiter nach Trient. Dort sieht er, wie ein langer Zug italienischer Kriegsgefangener, welche bei den Kämpfen in den Sieben Gemeinden gefangen genommen worden sind, auf der Piazza d'Armi mit Scheinwerfern abgeleuchtet werden. »Es ist dies ein gespenstisches Bild des Krieges«, das ihm wie viele andere lange in Erinnerung bleibt.

Auch eine weitere Episode bleibt für ihn unvergesslich. »Es war dies eine traurige Parade, die gerade uns erschütterte. ›Ist das ein Kaiser?‹ so fragten wir uns. Was war aus dem sonnigen Erzherzog Karl des Jahres 1915 geworden? Es war unverkennbar, dass der Kaiser betrunken war. Mit gerötetem Antlitz taumelte er von Abteilung zu Abteilung, sprach anbiedernde, lallende Worte zu den wie Säulen stehenden Soldaten und wurde immer wieder von seiner Suite sanft weitergedrängt. Neben ihm aber ging die schwarze unheilvolle Gestalt seiner herrschsüchtigen Gemahlin, der Kaiserin Zita, die uns wie ein böser Engel vorkam. Die Parade wurde dann vorzeitig abgebrochen, da dem Kaiser angeblich unwohl geworden sei.

Es gab nach dieser Parade unter uns einige alte Standschützen, harte kriegserprobte Männer, die buchstäblich weinten und sagten: ›Was sollen wir mit diesem Kaiser? Das ist kein Kaiser! Das ist ein Mensch, der sich vor Elend besauft!‹« Der Kaiser Karl, der inzwischen selig gesprochen worden ist, wegen seiner Güte. Zum Hohn für alle jene, die in den Tod gehetzt wurden. Der schleichende Niedergang wird immer offensichtlicher. Die Tragödie geht ihrem Ende entgegen. Auch wenn man jetzt noch versucht, all die Freuden des Lebens mit offenen Armen zu genießen.

»Am Abend erklärten unter uns so manche Standschützen, dass sie ins ›Castell Links‹ gingen. Dies war das offizielle Soldatenbordell in Trient. Mein Freund Ferdinand Zelenka sagte zu mir: Komm wir gehen auch hin!

Ich wehrte entrüstet ab und fragte, ob er denn gar kein Gewissen und keine Achtung vor sich selber habe, um so etwas nur in Erwägung zu ziehen. Aber mein Freund, der erfahrene Weltmann, lächelte.

›Du verstehst mich falsch. Ich will dich nicht dorthin führen, damit Du Dich dort vergnügst, sondern damit Du in einen Abgrund siehst und damit du für immer vor diesem Gift der Liebe gefeit bist.‹

Ich sah tatsächlich in einen Abgrund moralischer Verkommenheit, vor dem ich mit Schaudern zurückwich. Man erspare mir eine Schilderung des grauenvollen Milieus dieses Vorzimmers der gemeinen, käuflichen Liebe. Mein Freund Zelenka kam mir vor wie der Mentor Vergil, der Dante die Höllenkreise zeigt. Er flüsterte mir zu:

›Du bist noch ein unverdorbener, reiner, junger Mann, der von schönen Idealen träumt. Ich habe Dir dies gezeigt, damit Du dies bleibst und damit Du erkennst, was nicht die Liebe ist, die Du anstreben sollst. Die Liebe kann der Himmel oder die Hölle sein. Hier siehst Du die Hölle, die hässliche, grässliche Hölle. Die wahre Liebe, mein Freund, die kann sich nur in Ästhetik und Schönheit entfalten und nur der, der es versteht, die Würde des Menschen auch in sexuellen Dingen zu wahren, kann die wahren Früchte der Liebe ernten. Merk Dir das für Dein Leben!‹

Ich drückte meinem Freund stumm die Hand und wir gingen von dieser Stätte des Grauens.«

Wie Irrläufer einer längst abgelaufenen Zeit müssen sie von Trient weitermarschieren. Es geht zum Gardasee, dann zum Toblinosee. Immer noch tragen sie ihre Wintermäntel aus den Dolomiten, doch ein Soldat nach dem anderen entledigt sich dieser nun unnütz gewordenen Lasten. Bis selbst der letzte Standschütze, der noch immer seine Skier mitgeschleppt hat, sie missmutig in weitem Bogen in den See wirft. Es ist allen klar, dass sie nicht mehr gebraucht werden. Als sie in den Vormittagsstunden mit ihren heruntergekommenen Uniformen in die Ortschaft Dro einmarschieren, kommt ihnen noch einmal eine Militärkapelle entgegen. Mit ihren feldgrau gestrichenen Musikinstrumenten intoniert sie einen Tiroler Marsch, während stramm das Bataillon mit seinen traurigen Gestalten in das Dörfchen einzieht. Man bejubelt sie alle, preist sie als Helden. Sie werden von einem General empfangen, der sie artig lobt und sie nach ihren Wünschen befragt. Einem älteren Standschützen platzt es heraus, dass er großen Hunger verspüre. Mit einem Fluch weist der General dieses Ansinnen zurück. Mit Essen könne er nicht dienen, da auch er schon seit Tagen mit knurrendem Magen hier verweile. So trösten sie sich gegenseitig, dass hier wenigstens die Sonne wohltuend wärme.

Die Essensrationen werden noch dürftiger und knapper, die zwanzig Gramm Brot reichen nicht einmal mehr zum Frühstück. Die Not macht sie erfinderisch. »Unsere Leute waren da nicht faul und griffen auch mitunter zur Selbsthilfe. Zu was strolchten da so viele, fette Katzen im Orte herum? Auch ich habe damals einige Male Katzenfleisch gegessen und ich muss sagen, es schmeckte mir wunderbar. So ein fetter Kater, der da in unserer ebenerdig gelegenen Küche in der Bratpfanne mit einigen hart organisierten Kartoffeln brutzelte, das war für uns vier Hausbewohner ein Festessen.«

Das Wesen des schwachen Geschlechts bringt Karl Mayr noch mehr ins Grübeln. »Ob die in der Ortschaft befindlichen zahlreichen jungen Mädchen – es waren darunter manche verdammt hübsche – gewöhnliche Soldatendirnen oder ganz harmlose Dorfbewohner waren, war schwer zu enträtseln.« Bis er nach langem Nachdenken zum gewagten Schluss kommt, »dass diese Weiber doch irgendeine mit dem Militär zusammenhängende Funktion gehabt haben mussten, denn von dem, was sie hatten, konnten sie doch nicht leben.« So bröckelten auch beim braven Standschützen Mayr, nun schon zwanzig Jahre alt, allmählich die letzten Reste seiner reinen Unschuld im Angesicht der harten Realität dahin.

Der Krieg interessierte mich nicht mehr – Sollten sie ohne mich fertig werden – Nun haben wir alles verloren – Unsere Heimat, die Täler, die Berge, die Wälder kann uns niemand nehmen

Dieses Weihnachten 1917 ist noch hoffnungsloser als jenes ein Jahr zuvor. Man gewährt dem Standschützen Karl Mayr Heimaturlaub, damit er einige Prüfungen an der Universität ablegen kann. Eine Rot-Kreuz-Schwester erbarmt sich seiner und flickt ihm – bevor er zum ersten Mal nach langer Zeit wieder in seine Heimat zurückkehren darf – notdürftig die Hose. »Schön ist es nicht, aber besser geht es eben nicht zu machen«, meint sie in Anbetracht der durchgescheuerten und überall durchlöcherten Uniform. Doch Karl Mayr bekümmert dies alles nicht mehr. Er hat sich längst von allem verabschiedet. Diesem Land, diesem Leben, diesem Krieg. Der verdutzten Krankenschwester kann er nur entgegnen, dass er »die Hose ohnedies zu den Lumpen« werfe. Trotzdem bedankt er sich noch einmal höflichst für ihre herzliche Hilfsbereitschaft.

Karl Mayr hat in all diesen Jahren gelernt, hinter die Dinge des Verlautbarten zu schauen. »Erfolgreiche Abwehrkämpfe in Frankreich ... erfolgreiche Kämpfe an der italienischen Front, Versenkung Zehntausender von Registertonnen durch unsere U-Boote und protzige Berichte über den Reichtum der Ukraine, der uns nun zur Verfügung stehe, von dem wir aber doch nichts merkten.« Der tapfere Soldat ist gereift und an Weisheit reich geworden. Er will einfach nicht mehr kämpfen. Nicht nur er. Doch sein Vaterland greift immer noch wie ein Moloch nach ihm, dem offiziellen Kriegsuntüchtigen. Noch einmal wird er an die Front gerufen. Doch nun kann ihn kein Idealismus mehr dazu bringen, keine Liebe zum Vaterland, kein noch so flehender Aufruf der Kriegsherren. »Der Krieg und die Kriegsereignisse interessierten mich nicht mehr. Sollten sie ohne mich fertig werden, denn ich konnte den immer mehr verfahrenen Karren auch nicht mehr aus dem Morast ziehen helfen.«

Der brave Standschütze Mayr hat zu vieles in all den Jahren gelernt. Er hat das Wesen der Anführer durchschauen gelernt, die Herzlosigkeit der Mächtigen, das Hin- und Herschieben des einfachen Mannes. Seine mit Wunden gepflasterte Seele ist krank und diese hat er nach außen gekehrt. Er verweigert sich dem Krieg und kein noch so in die Seele gehender Appell kann ihn umstimmen. Er möchte sein eigenes Ich endlich aus diesem Sumpf der Sinnlosigkeit führen. Und dazu ist ihm nun jedes Mittel recht. Wie ein Beobachter einer sterbenden Zeit sieht er die »weißen Zensurflecken« in den Zeitungen immer größer werden. Die Nachrichten von meuternden Truppenteilen erreichen selbst die kleinen Tiroler Dörfer. Das alte Kaiserreich liegt im Sterben. Die Völker wollten frei bestimmen können, wohin sie sich wenden wollen. So gehen die letzten Monate qualvoll dahin. Der September, der Oktober. Am 2. November 1918 füllt sich Tirol mit zurückflutenden Soldaten. »Jeder wollte nur in seine Heimat und war bestrebt, dieses Ziel möglichst bald zu erreichen. Die Reichsstraßen wimmelten von einzelnen Soldaten und Soldatengruppen, die scheinbar ziellos irgendwohin strebten. Auch aus den Kriegsgefangenenlagern war alles herausgeströmt und wollte in die Heimat.«

Wie klapprige Skelette schleppen sich alle dahin und selbst die Rösser sind mager und ausgehungert. Man schlachtet sie und verteilt das dürftige Fleisch an die gleichfalls hungernde Bevölkerung. Für den Krieg werden sie nicht mehr gebraucht. An einem der letzten schönen Novembertage steht Karl Mayr mit seinem, wegen der schweren Lungenkrankheit ausgemusterten Bruder Artur hoch über dem Inntal und blickt über die Berge seiner Heimat, an die er so lange geglaubt hat.

»Da sagte mein Bruder mit einem traurigen Unterton: ›Nun ist der Krieg aus. Nun haben wir alles verloren!‹ Ich war optimistischer als er und entgegnete: ›Alles? Warum alles? Unsere Heimat, die Täler, die Berge, die Wälder und der blaue Himmel sind doch gleich geblieben. Die kann uns doch niemand nehmen. Auch die Menschen sind schließlich die gleichen geblieben, es dreht sich jetzt doch nur darum, wie sich diese Menschen wieder neu staatlich organisieren.‹ – ›Ja, das ist schon richtig‹, bemerkte mein Bruder, ›aber vergiss nicht, dass die Besten draußen auf den Schlachtfeldern geblieben sind und dass heute die schlechte Hefe des Volkes, die übrig geblieben ist, obenauf gärt.‹

Ich schwieg. Er hatte Recht. Aber schließlich sagte ich doch mit einem brunnentiefen Seufzer: ›Ich kann es nicht glauben, dass das das Ende ist. Das Leben wird schließlich doch stärker sein und wir beide leben!‹«

Als Österreicher, Tiroler, Italiener, Russen Frieden feierten. An einem Tag während des Ersten Weltkrieges beschlossen die Soldaten im Gebiete des Adamello nicht mehr zu kämpfen, sondern einfach gemeinsam zu feiern. Sie vergaßen, dass Krieg herrschte.

Was sonst noch geschah! – Zerbrechen wir die Waffen – Lebenserkenntnisse, die an keiner Schule gelehrt werden

»Der Sieberer Hansl, der Volderer Student, war ein gutmütiger Mensch, dessen Aufgabe die Zensur und Besorgung der Feldpost war und der sich dieser Aufgabe mit viel Humor unterzog.« Er blieb Karl Mayr während des ganzen Krieges kameradschaftlich verbunden. Nach dem Krieg setzte er sein Medizinstudium fort und als »er ganz zufällig bei mikroskopischen Übungen sein Sputum untersuchte, fand er es voll von Tuberkelbazillen. Seit dieser Zeit brach bei ihm eine galoppierende Kehlkopftuberkulose aus, und im Herbste des Jahres 1921 starb er.«

Auch für Major Hans Fuchs, den Kunstmaler, der unzählige Kirchen in Tirol mit seinen Freskoarbeiten schmückte, brach eine Welt zusammen. Als sein Bataillon im November des Jahres 1918 während des Rückzuges am Übergang von Trient ins Sarcatal gefangen genommen wurde, soll er auf einem Stein gesessen sein und geweint haben wie ein kleines Kind, nachdem er als letzten Befehl angeordnet hatte, dass seine Leute alle Waffen zerbrechen und in die Bergschlucht werfen sollten. Jener untersetzte stämmige Mann mit annähernd sechzig Jahren und seinem grau melierten Vollbart konnte es nicht fassen. Er, der »doch im Grunde genommen ein Mensch mit einem weichen Kinderherzen und vor allem ein Tiroler mit der, ich möchte fast sagen, naiven Frömmigkeit eines Patriarchen« war.

Das war das Schicksal des Standschützenbataillons Hall, dessen Leute ausgezogen waren, um in einem Krieg der Grausamkeit ein bisschen Frieden und Ehre zu suchen. Und der 18-jährige Standschütze Karl Mayr erlernte im Laufe dieser wenigen Jahre die »Wissenschaft der Menschenkenntnis, die man weder auf Mittelschulen noch an Universitäten lernt und die ich aber doch für unendlich wichtiger für die Formung der eigenen Persönlichkeit erachte, wie die Kenntnis der Logarithmen oder die Geschichte des 30-jährigen Krieges«.

Erster Weltkrieg in den Dolomiten. Zu tausenden werden Menschen dahingemetzelt. Doch inmitten des Massakers regen sich die »Seelen der guten Herzen«. Der 18-jährige Karl Mayr ist eine davon. Er notiert die kleinen Gesten der Menschlichkeit auf beiden Seiten der Front und erzählt damit eine ganz andere Geschichte des Krieges. Jene des Friedens und der Hoffnung.

»An besonders hohen kirchlichen Feiertagen … war es an der Front ein ungeschriebenes, aber von beiden Teilen geachtetes Gesetz, dass keine Kampfhandlungen stattfanden.«

»Haltet zu Weihnachten Frieden! Wir werden auch nicht schießen.«

»Man wusste genau, wer einem da gegenüberlag, kannte oft sogar die Namen der Gegner und mitunter schlug da die Menschlichkeit unsichtbare Brücken, die zumindest das unnütze Opfer von Menschenleben vermieden.« (Karl Mayr)

Aus einer bisher nie beachteten Sichtweise erzählt Michael Wachtler die Geschichte des Ersten Weltkrieges. Grundlage ist das Tagebuch des 18-jährigen freiwilligen Tiroler Standschützen Karl Mayr, das er interpretiert, analysiert und abrundet.

Es entstand ein einzigartiges Bild der Menschlichkeit mit einer bisher nie gekannten Aussagekraft.

So wühlt sich dieses Buch zeitlos in die Seelen aller auf ihrer ewigen Suche nach ein bisschen Frieden.

Der Autor:
Michael Wachtler, 1959 in Innichen, Südtirol, geboren, hat ein umfangreiches erzählerisches und journalistisches Werk vorgelegt. Die Aufarbeitung von Menschenschicksalen gehört zu seinen Hauptschwerpunkten.